2011年度教育部哲学社会科学发展报告培育项目

石伟平◎主编

中国职业教育发展报告

2016—2017

华东师范大学出版社

·上海·

图书在版编目(CIP)数据

中国职业教育发展报告.2016—2017/石伟平主编.
上海:华东师范大学出版社,2024. —ISBN 978 - 7
- 5760 - 5365 - 4

Ⅰ.G719.2

中国国家版本馆 CIP 数据核字第 2024CR3887 号

中国职业教育发展报告(2016—2017)

主 　编　石伟平
责任编辑　王丹丹
特约审读　潘家琳
责任校对　江小华
装帧设计　卢晓红

出版发行　华东师范大学出版社
社 　址　上海市中山北路 3663 号　邮编 200062
网 　址　www.ecnupress.com.cn
电 　话　021 - 60821666　行政传真 021 - 62572105
客服电话　021 - 62865537　门市(邮购)电话 021 - 62869887
地 　址　上海市中山北路 3663 号华东师范大学校内先锋路口
网 　店　http://hdsdcbs.tmall.com

印 刷 者　上海新华印刷有限公司
开 　本　787 毫米×1092 毫米　1/16
印 　张　15
字 　数　257 千字
版 　次　2024 年 12 月第 1 版
印 　次　2024 年 12 月第 1 次
书 　号　ISBN 978 - 7 - 5760 - 5365 - 4
定 　价　68.00 元

出 版 人　王 焰

(如发现本版图书有印订质量问题,请寄回本社客服中心调换或电话 021 - 62865537 联系)

■ 目 录

■ 前　言

　　《中国职业教育发展报告(2016—2017)》是教育部哲学社会科学发展报告培育项目的系统性成果之一。继《中国职业教育发展报告(2011)》《中国职业教育发展报告(2012)》《中国职业教育发展报告(2013—2014)》和《中国职业教育发展报告(2015)》之后,立足于2016—2017年中国职业教育的改革与发展,《中国职业教育发展报告(2016—2017)》如期付梓。此次《中国职业教育发展报告(2016—2017)》的出版,一方面,在中国改革开放40周年的重要时间节点上,系统总结2010年到2017年的中国职业教育改革发展的新进展、新成就与新问题,具有"继往开来"的时代意义;另一方面,《中国职业教育发展报告(2016—2017)》不仅得到了教育部哲学社会科学发展报告培育项目的资助,而且被纳入了教育部发展规划司、华东师范大学国家教育宏观政策研究院的年度报告研究项目,成为华东师范大学智库建设的重要成果之一。可以说,系列报告的研究踏上了新的台阶。

　　秉承系列报告全景式反映中国职业教育成就、体现中国职业教育特色、指明中国职业教育发展趋势的宗旨,在国家教育宏观政策研究院系列报告"问题导向、研究取向"的风格引领下,《中国职业教育发展报告(2016—2017)》力求以2010年到2017年间职业教育领域的政策举措和改革进展为重点,从总到分、层层解剖、层层推进,对党的十八大以来我国职业教育发展的经验、教训进行客观描述和深入剖析,不仅全面描述中国职业教育的发展现状,也对区域和地方的职业教育发展情况进行定性和定量的描述,以再现中国职业教育事业的蓬勃发展。

　　在研究的内容上,本报告在充分汲取过往经验的基础上进行了大胆创新,在已有的分析我国职业教育事业发展的评价指标体系的基础上,实现了进一步的优化完善,基于对相关数据的统计分析,全面、客观地展现了每一年度职业教育宏观发展的现状。在具体的内容板块设计上依然坚持宏观与微观相结合的思路,包含了中国职业教育发展宏观现状、中国职业教育发展区域现状以及地方及部分职业院校实践探索的经验。最终,《中国职业教育发展年度报告(2016—2017)》分为五个板块:

第一部分,宏观发展报告——全景式反映党的十八大以来中国职业教育发展的成就、经验与问题,并提出未来发展建议。

第二部分,区域发展报告——系统比较 2010—2017 年中国各个区域内职业教育在规模、水平、服务能力等方面的现状与差异。

第三部分,专题发展报告——重点追踪 2016—2017 年中国职业教育在供给侧结构性改革、"互联网＋"和新型城镇化与职业教育创新等方面的成就、问题与政策建议。

第四部分,案例发展报告——深度呈现职业教育改革的重点及院校实践的典型案例。

第五部分,国际动态报告——从国际职业教育改革的重大趋势,分析日本农业职业教育、新加坡产教融合职业教育与国际应用型本科建设三个专题的新动向、新成就与新经验,为中国职业教育改革提供借鉴。

整体来说,本报告呈现出以下特征:一是问题导向——聚焦 2016—2017 年职业教育发展的重大问题,深化近年来职业教育统计数据的挖掘,全景式展示中国职业教育的发展状况;二是咨询服务——基于实证研究,分析重点问题的形成原因,并形成相应的解决措施,转化为政策专题报告,为国家及各级各类教育主管部门职业教育政策制定、战略规划以及日常管理提供翔实的数据支撑;三是实证研究——除了国家宏观统计数据,还围绕所研究的专题进行抽样与案例分析,每一个部分、每一个章节,尽量都有问题、有假设、有数据(证据)、有结论,为后续相关研究的开展提供数据积累和支持。

通过这份报告,我们想感谢长期以来关心、支持中国职教事业的领导、朋友和同行们。他们在巨大压力之下,自己出题、自己解题,把中国职业教育从规模发展带入了内涵发展的新阶段,他们为中国职业教育事业开拓出了一片更为广阔的天地。希望他们能在这本书里找到自己辛勤耕耘的足迹。

尽管我们力求完美,但由于研究尚有许多不足,错误在所难免,真诚期盼各方提出宝贵意见,不吝指正,为推进我国职业教育事业的发展共同努力!

2018 年 12 月 30 日

第一部分

宏观发展报告

2012 年 11 月,中国共产党第十八次全国代表大会胜利召开,将"加快发展现代职业教育"作为党的十八大报告中"努力办好人民满意的教育"的重要任务,为职业教育改革发展提供了基本遵循。过去 5 年,我国围绕加快发展现代职业教育开展了哪些主要工作? 取得了哪些工作成效? 这些问题的解决将为谋划职业教育在党的十九大以后进一步改革发展的任务奠定基础。为此,本报告将对党的十八大以来职业教育加快现代化发展的重点工作进行回顾,并结合职业教育各项事业发展情况分析,把握当前职业教育面临的问题和未来改革发展任务。

一、党的十八大以来五年的职业教育改革发展关键行动

党的十八大提出"加快发展现代职业教育"重大时代命题以后,5 年内国家层面又在一系列政策文件和领导人批示中对职业教育的系统性变革进行顶层设计,包括《中共中央关于全面深化改革若干重大问题的决定》(2013 年)、《习近平总书记关于职业教育工作的重要指示》(2014 年)、《国务院关于加快发展现代职业教育的决定》(2014 年)、《全国人大常委会执法检查组关于检查〈中华人民共和国职业教育法〉实施情况的报告》(2015 年)等,为职业教育的现代化转型提供了明确指引。

(一) 职业教育改革总体思路

2013 年 11 月,党的十八届三中全会通过了《中共中央关于全面深化改革若干重大问题的决定》,其中明确提出要"加快现代职业教育体系建设,深化产教融合、校企合作,培养高素质劳动者和技能型人才",从工作重心、关键抓手、根本任务三个维度对"加快发展现代职业教育"的基本内涵进行了清晰阐述,也为职业教育现代化指明了发展方向。2014 年 6 月,全国职业教育工作会议召开,习近平总书记专门对加快职业教育发展作出重要指示,提出"各级党委和政府要把加快发展现代职业教育摆在更加突出的位置,更好支持和帮助职业教育发展,为实现'两个一百年'

奋斗目标和中华民族伟大复兴的中国梦提供坚实人才保障"。从国家和民族发展高度确立了加快发展现代职业教育的战略地位。

国务院也在全国职业教育工作会议召开前夕发布当年5月成文的《国务院关于加快发展现代职业教育的决定》(国发〔2014〕19号),进一步明确了现代职业教育体系建设目标:"到2020年,形成适应发展需求、产教深度融合、中职高职衔接、职业教育与普通教育相互沟通,体现终身教育理念,具有中国特色、世界水平的现代职业教育体系。"

在党和国家总体部署基础上,全国职业教育工作会议从优化教育结构、基本实现教育现代化的层面进一步提出了中国现代职业教育发展的行动方略,可以概括为五点:一是提高发展地位,进一步突出职业教育的战略地位;二是聚焦主攻方向,构建以就业为导向、体现终身教育理念、面向人人的现代职业教育体系;三是畅通育人渠道,促进职业教育与其他类型教育有机衔接,畅通人才多元化成长渠道;四是创新培养模式,深化产教融合、校企合作,培养更多适应经济社会需要的技术技能人才;五是改革办学体制,支持社会力量兴办职业教育,不断增强职业教育发展活力。

(二) 提高职业教育发展地位

党的十八大以来,职业教育在我国战略发展格局中占据了重要位置,为进一步推动职业教育的发展地位,国家重点抓了两件大事:一是以执法检查为抓手,摸清职业教育发展实情,自上而下提高职业教育重视程度;二是以职业教育活动周为契机,营造职业教育发展社会氛围,推广宣传职业教育良好风尚。

在党中央对加快发展现代职业教育做出重大战略部署,党的十八届四中全会通过《关于全面推进依法治国若干重大问题的决定》的背景下,全国人大常委会于2015年初启动对《职业教育法》实施情况的执法检查工作。这是全国人大常委会在1996年《职业教育法》颁行后,首次就此开展的执法检查活动。检查范围覆盖全国31个省(自治区、直辖市),检查包括制定配套法规、政策情况和发展职业教育的情况;促进就业、提升劳动者技能以及人力资源开发的情况;保障职业教育经费和改善办学条件的情况;加强职业教育教师队伍建设的情况;面向农村、贫困和民族地区的职业教育发展情况以及资助家庭经济困难学生的情况;推进校企合作和企业、行业组织发挥作用的情况;毕业生就业情况等主要内容。在执法检查中,重点是全面了解、掌握职业教育事业发展和职业教育法实施情况,对影响和制约职业教育发展的突出问题、职业教育法实施的薄弱环节进行抓取,并深入分析原因后,研究提出解决思路和对策,以便进一步推动改进工作、解决问题、完善法律制度。在执法检查中,全国人大常委会还开展了首次职业教育专题询问。与此相呼应,一些地方人大常委会也开展了本地的职业教育执法检查和职业教育专题询问。这次从上到下、覆盖全国的职教法执法检查活动,极大地提高了各级党委和政府依法落实发展职业教育责任的意识。

国务院决定自2015年开始,将每年5月的第二周设为职业教育活动周。职业教育活动周由教育部、中宣部、人力资源社会保障部、工业和信息化部、共青团中央、中华职教社等多部门共同举办,通过各种形式的展示、宣传、教育活动,大力弘扬劳动光荣、技能宝贵、创造伟大的时代风尚,营造"崇尚一技之长、不唯学历凭能力"的良好氛围。2015年5月10日—16日,首届职业教育活动周举行,活动内容主要是开放校园,面向中小学生、家长和社区居民开展职业体验活动、观摩教育教学成果,组织师生开展技能竞赛或演示;开放企业,组织有条件的行业、企业开展相关活动,介绍产业发展前景、企业产品研发等情况;为民服务,各职业院校在市(区、县)的主要广场、主要街道上进行招生就业咨询,发挥专业特长,开展健康饮食咨询、家政服务、形象设计、园艺插花、家用物品使用与保养、民族文化、传统工艺、职业礼仪培养等服务活动。第二届职业教育活动周于2016年5月8日至14日举行,在开放校园、开放企业、服务人民等活动内容基础上,增加了"开放院所"和"开放赛场"两项活动内容,即职业教育研究机构、学会(协会)等主题,举办论坛、讲座、展览等;行业职业教育教学指导委员会要结合行业特点,面向职业院校和企业开展产教对话、校企合作案例推介等活动;2016年中国技能大赛、全国职业院校技能大赛、中等职业学校文明风采竞赛赛场要为中小学生、家长和社区居民设立观赛通道、项目体验和成果展示区域,为企业设立人才招聘洽谈区域。2017年5月7日—13日,第三届职业教育活动周举行,活动内容中将"服务人民"调整为"走进社区",组织师生积极走进社区,充分发挥专业优势,开展紧贴城乡居民生活的服务活动;开展"田野青春"职校行活动,把优质职业教育资源送到贫困县、乡、村,联合驻村第一书记、大学生村官等共同推进脱贫攻坚;与普通中学密切联系,开发优质职业技术教育课程和活动项目。作为一项重要的国家制度设计,职业教育活动周已经成为提高全社会对职业教育认识的重要载体和途径,有力推动了职业教育社会声誉的改善。

(三)构建现代职业教育体系

2014年,《国务院关于加快发展现代职业教育的决定》印发后,教育部、国家发展改革委、财政部、人力资源社会保障部、农业部(现农业农村部)、国务院扶贫办(现国家乡村振兴局)六部门共同印发了《现代职业教育体系建设规划(2014—2020年)》(教发〔2014〕6号),提出现代职业教育体系建设目标,并对现代职业教育体系的层次结构、终身一体、办学类型、开放沟通四维架构进行了阐释,明确了十二项具体建设任务、九项制度保障和机制创新、四项保障实施举措。同中央政策相呼应,全国各省市也陆续出台了地方加快发展现代职业教育的决定或意见,向社会公布本省市未来5至15年《现代职业教育体系建设规划》,明确各省市构建现代职业教育体系的整体设计与行动指南。

在职业教育学校体系上,国家近年来重点从加快中高等职业衔接和推动应用型高校转型两方面进行发力。在加快中高等职业衔接上,各地方普遍提高高等职业院校、普通本科院校招收中等职业学校毕业生的比例,进一步对中等职业与高等职业的课程体系、师资建设、专业设置等进行统筹协调,不同地区也产生了一批经验性做法。在推动应用型高校转型上,2014年国务院决定引导一批普通本科高校向应用技术型高校转型;2015年,教育部、国家发改委、财政部三部委出台《关于引导部分地方普通本科高校向应用型转变的指导意见》;2016年,中央财政投入100亿元,以"产教融合发展工程规划项目"为抓手,重点支持100所"转型发展和应用技术型本科高校建设示范校"。通过加快中高等职业衔接、推动应用型高校转型,中等职业教育与高等职业教育的纵向贯通机制不断完善,作为应用型人才培养体系的职业教育学校体系得到进一步健全。

为进一步夯实现代职业教育体系的制度支撑基础,国家还高度重视以各类标准为框架的制度体系建设。长期以来,我国职业教育缺少符合职业教育办学性质和规律的标准和制度,中等职业教育参考中小学的执行,高等职业教育参考普通高等教育的执行。职业教育原本作为类型教育的定位,就因为缺乏自己的标准制度体系,不仅"类型"特征难以突显,更成为普通教育的附庸,沦为层次上低人一等的"次等教育"。党的十八大以来,国家层面密集出台了一系列文件,对职业教育领域学校设置、专业教学、教师队伍、学生实习、经费投入、信息化建设等重点办学标准进行建设,并对生均拨款制度、职业教育督导制度、教学工作诊断与改进制度、年度质量报告制度、学生免学费和资助制度等办学制度进行完善。同时,国家还鼓励地方根据实际情况制定出台涉及教育管理、中本贯通、专本贯通、中高等职业衔接、普职沟通、院校建设、考试招生等方面的创新性政策。通过建立健全国家、地方的职业教育标准体系、制度体系,适合现代职业教育发展的制度环境得到全面改善。

（四）畅通人才多元成长通道

《现代职业教育体系建设规划（2014—2020年）》提出,系统构建从中等职业到专业学位研究生的完整人才培养体系,推动构建职业教育和普通教育双向沟通的桥梁,促进普通学校和职业院校之间的课程和学分互认,鼓励普通学校与职业院校联合培养高层次应用型人才,实现学习者在两种类型教育之间的转学、升学。该文件致力于实现的双轨制、双通制教育改革目标,为建立普通教育与职业教育的融通机制,畅通人才多元成长通道提供了基本指引。

首先,完善职业教育招生考试制度。一方面是健全"文化素质＋职业技能"、单独招生、综合评价招生和技能拔尖人才免试等考试招生办法,为学生接受不同层次高等职业教育提供多种机会。另一方面在学前教育、护理、健康服务、社区服务等领域,健全对初中毕业生实行中高等职业贯通培养的考试招生办法。同时,适度提高专科高等职业院校招收中等职业学校毕业生的比例、本科高等学校招收职业院校毕业生的比例。逐步扩大高等职业院校招收有实践经历人员的比例。

其次,构建职业教育人才成长"立交桥"。为了让更多学生学习职业技能,把各类型、各阶段的教育有机衔接起来,职业教育一方面向基础教育渗透,让基础教育阶段的学生能够根据自身个性和能力禀赋,找到适合自己的职业生涯发展方向;另一方面,职业教育还要突破专科层次壁垒,继续向本科及以上的人才培养层次延伸。此外,职业教育学历教育与非学历教育、继续教育等之间建立紧密协作的关系,打造多层次、多样化的职前职后一体化人才培养体系。为此,建立学分积累与转换制度,推进学习成果互认衔接,是必要的保障。

最后,深化职业教育教学改革。2015年,教育部印发《关于深化职业教育教学改革全面提高人才培养质量的若干意见》（教职成〔2015〕6号）,通过推进落实立德树人根本任务、改善专业结构和布局、提升系统化培养水平、推进产教深度融合、强化教学规范管理、完善教学保障机制等重点工作,对职业教育人才培养过程进行改进。尤其是构建教学标准体系,健全教学质量管理和保障制度,为职业院校切实改革教育教学方式、提高人才培养质量提供了基本准则,为人才的多元化成长奠定了质量基础。

（五）深化产教融合、校企合作

坚持产教融合、校企合作,是深化职业教育体制机制改革的重要举措,是推动职业教育模式创新的必要路径。党的十八大以来,我国不断完善产教融合、校企合作制度体系,优化行业企业参与职业教育办学的政策,出台系列专项政策、专项措施、专项投入,推动形成职业教育产教融合、校企合作育人的基本格局。

《国务院关于加快发展现代职业教育的决定》(国发〔2014〕19 号)确立"加快现代职业教育体系建设,深化产教融合、校企合作,培养数以亿计的高素质劳动者和技术技能人才"的战略任务后,相关部委单独或联合发布系列配套政策,增强职业教育与经济社会发展的契合度,以及服务国家战略的支撑能力。2014 年 6 月,教育部等六部委联合印发《现代职业教育体系建设规划(2014—2020 年)》,提出"以产教融合为主线,建立各级政府、行业、企业、学校和社会各方面共同参与的制度创新平台";2015 年 10 月,国家旅游局、教育部联合印发《关于加快发展现代旅游职业教育的指导意见》(旅发〔2015〕241 号);2016 年 10 月,交通运输部、教育部联合印发《关于加快发展现代交通运输职业教育的若干意见》(交人教发〔2016〕179 号);2016 年 12 月,教育部、人力资源社会保障部、工业和信息化部联合印发《制造业人才发展规划指南》(教职成〔2016〕9 号)……以多部门联动的形式出台政策,推进产教融合、校企合作。

在深化产教融合、校企合作的改革举措中,办学模式改革层面,教育部于 2015 年印发《关于深入推进职业教育集团化办学的意见》(教职成〔2015〕4 号),对完善职业教育集团化办学的形式、治理结构、运行机制做出了具体规定;2014 年和 2015 年,教育部印发《关于开展现代学徒制试点工作的意见》,教育部办公厅发布《关于公布首批现代学徒制试点单位的通知》(2015),明确了现代学徒制试点范围、试点内涵、试点管理、试点项目任务书及备案审核制度。在教师队伍建设层面,2016 年,教育部等七部门印发《职业学校教师企业实践规定》,对职业学校教师到企业实践的内容和形式、组织管理与实施、保障条件与机制、考核奖惩措施、适用范围和对象等作出明确规定,以及各主体应当履行的职责,为教师企业实践提供了可操作的指引。在学生培养层面,2016 年,教育部等五部门印发《职业学校学生实习管理规定》,对职业学校学生实习中的实习组织、实习管理、实习考核、安全职责等关键事项进行了规范,为保障职业学校学生实习工作,维护学生、学校和实习单位的合法权益,提高技术技能人才培养质量提供了基本遵循。

此外,为了进一步提高产教融合、校企合作水平,教育主管部门联合行业组织搭建平台、加强沟通。包括建立行业指导职业教育的组织平台,由教育部委托相关行业主管部门或行业组织牵头,组建行业职业教育教学指导委员会,分类制定专项政策,推动校企联合实施教育教学改革。教育部联合行业主管部门和行业组织加大举办产教对话活动力度,教育、地方、行业、企业共议产教融合、校企合作事项。大力举办以产教融合、校企合作为主题的经验交流会和学术论坛,包括区域性、全国性及国际性的座谈会和学术论坛,建立起教育界、产业界、学术界与各级政府共同推动职业教育产教融合、校企合作的平台,促进校企合作理论研究水平及实践水平的提升。

(六) 改革职业教育办学体制

党的十八大以来,统筹发挥好政府和市场的作用,以"政府推动、市场引导"为基本原则,以"发挥好政府保基本、促公平的作用,着力营造制度环境、制定发展规划、改善基本办学条件、加强规范管理和监督指导;充分发挥市场机制作用,引导社会力量参与办学,扩大优质教育资源,激发学校发展活力,促进职业教育与社会需求紧密对接"为职业教育办学体制改革的基本思路,并推动了以下几项重点工作。

首先,完善现代职业学校制度,尤其是推动职业教育现代治理体系与能力建设。不断完善职业院校的内外部治理体系,扩大职业院校在专业设置和调整、人事管理、教师评聘、收入分配等方面的办学自主权,并建立由政府主导,学校、行业、企业、社区等共同参与的学校治理结构。鼓励多元主体组建职业教育集团,鼓励中央企业和行业龙头企业牵头组建职业教育集团,尤其是探索组建覆盖全产业链的职业教育集团。通过制定校长任职资格标准,推进校长聘任制改革和公开选拔试点,建立企业经营管理和技术人员与学校领导、骨干教师相互兼职制度,提升职业院校人员素质,增强职业院校办学实力。此外,对职业院校办学和管理特点的绩效考核内部分配机制进行改革,以增强职业院校办学活力。

其次,健全行业企业参与制度。在职业教育职责分工中,通过授权委托、购买服务等方式,让行业组织承担更多职责,并通过政策支持、服务监管保障职责履行质量。在职业院校办学过程中,引导规模以上企业对接职业院校,设立学生实习和教师实践岗位,组织实施职工教育培训。同时,支持企业建设兼具生产与教学功能的公共实训基地,对举办职业院校、参与职业教育相关工作的企业,不仅可以通过购买公共服务的方式来购买其提供的职业教育服务,还按照国家有关规定给予税收等优惠。

最后,支持各类办学主体通过独资、合资、合作等形式举办民办职业教育,探索发展股份制、混合所有制职业院校。允许以资本、知识、技术、管理等要素参与办学并享有相应权利,职业院校教师和学生拥有知识产权的技术开发、产品设计等成果,可依法依规在企业作价入股等。推动职业院校与行业企业共建技术工艺和产品开发中心、实验实训平台、技能大师工作室等,成为国家技术技能积累与创新的重要载体,探索公办和社会力量举办的职业院校相互委托管理和购买服务的机制,引导社会力量参与教学过程,共同开发课程和教材等教育资源。

二、党的十八大以来五年的职业教育改革发展数据表现

党的十八大以来,在自上而下的政策指引和推动下,我国职业教育在五年中围绕加快发展现代职业教育这条主线,对职业教育治理体系、办学体制机制、人才培养模式、课程教学标准等不同层面的关键要素进行了全面改革,对职业教育现代化办学水平的提升起到了关键作用。那么,在一系列改革举措推行的过程中,职业教育办学实力的具体表现就集中反映在一些关键教育事业和经费指标上,对这些关键教育指标的数据进行分析,能够在一定程度上把握职业教育近年来的发展状况。当然,真实的职业教育发展涉及面非常广,再细致的指标体系也很难全部测量,因而,重点从官方统计年鉴和统计公报的统计口径中,筛选职业教育办学规模、经费投入、办学条件、师资队伍、培养成效、服务能力等方面的关键指标,以期对职业教育发展的状况进行观测。由于相关统计年鉴和公报未将港澳台地区的职业教育发展指标纳入统计口径,因而,本研究的全国职业教育发展状况只包含北京、天津、河北、山西、内蒙古、辽宁、吉林、黑龙江、上海、江苏、浙江、安徽、福建、江西、山东、河南、湖北、湖南、广东、广西、海南、重庆、四川、贵州、云南、西藏、陕西、甘肃、青海、宁夏、新疆等 31 个省(自治区、直辖市)的数据。

(一)办学规模

1. 学校数

(1)中等职业教育学校数

从图 1－1 结果可知,2012 年至 2017 年全国中等职业教育学校数从 9 762 所下降至 8 181 所,2012 年至 2017 年分别为 9 762 所、9 380 所、9 060 所、8 657 所、8 367 所、8 181 所,整体呈现逐年下降趋势。全国中等职业教育学校数共计下降了 1 581 所。全国中等职业教育学校数最高值出现在 2012 年,为 9 762 所,最低值出现在 2017 年,为 8 181 所。从年度环比看,2013 年至 2017 年环比分别为 －3.91%、－3.41%、－4.45%、－3.35%、－2.22%,其中,2017 年环比下降幅度最小,为 －2.22%;2014

年环比下降幅度最大,为−4.45%。年度环比幅度呈现先下降后上升再下降趋势。

图1−1　2012—2017年全国中等职业教育学校数变化情况(单位:所)

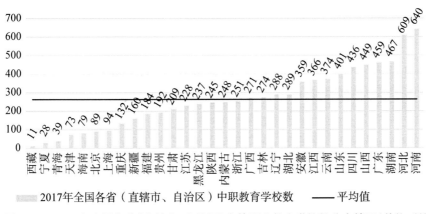

图1−2　2017年全国各省(直辖市、自治区)中等职业教育学校数分布情况(单位:所)

　　根据2017年全国中等职业教育学校数各省(直辖市、自治区)数据,全国中等职业教育学校数从高到低排序分别是河南640所、河北609所、湖南467所、广东459所、山西449所、四川436所、山东401所、云南374所、江西366所、安徽359所、湖北289所、辽宁288所、吉林274所、广西271所、浙江251所、内蒙古248所、陕西245所、黑龙江237所、江苏228所、甘肃209所、贵州192所、福建184所、新疆160所、重庆132所、上海94所、北京89所、海南79所、天津73所、青海39所、宁夏28所、西藏11所。2017年全国各省(直辖市、自治区)中等职业教育学校数的均值为263所。其中,高于均值的有河南、河北、湖南、广东、山西、四川、山东、云南、江西、安徽、湖北、辽宁、吉林、广西。可以看出,中等职业教育学校数高于全国均值的主要集中在河南、河北、湖南等人口大省。

（2）高等职业学校数

从图1-3结果可知,2012年至2017年全国高等职业教育学校数从1297所增长至1388所,2012年至2017年分别为1297所、1321所、1327所、1341所、1359所、1388所,整体呈现逐年增长趋势。在党的十八大以后的五年里,全国高等职业教育学校数增长了91所。全国高等职业教育学校数最低值出现在2012年,为1297所,最高值出现在2017年,为1388所。从年度环比看,2013年至2017年环比分别为1.85%、0.45%、1.06%、1.34%、2.13%,其中,2017年环比上升幅度最大,为2.13%;2014年环比上升幅度最小,为0.45%。年度环比幅度呈现先下降后上升趋势。

图1-3　2012—2017年全国高等职业教育学校数变化情况(单位:所)

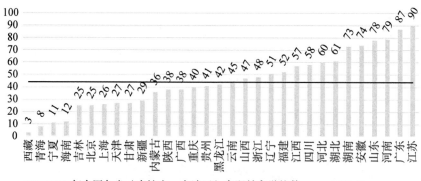

图1-4　2017年全国各省(直辖市、自治区)高等职业教育学校数分布情况(单位:所)

　　根据2017年各省(直辖市、自治区)数据,全国高等职业教育学校数由高到低排序分别是江苏90所、广东87所、河南79所、山东78所、安徽74所、湖南73所、湖北61所、河北60所、四川58所、江西57所、福建52所、辽宁51所、浙江48所、山西47所、云南45所、黑龙江42所、贵州41所、重庆40所、广西38所、陕西38所、内蒙古36所、新疆29所、甘肃27所、天津27所、上海26所、北京25所、吉林25所、海南12所、宁夏11所、青海8所、西藏3所。2017年的均值为44所。其中,高于均值的有江苏、广东、河南、山东、安徽、湖南、湖北、河北、四川、江西、福建、辽宁、浙江、山西、云南。

　　2. 在校生人数

　　(1)中等职业在校生人数

　　从图1-5结果可知,2012年至2017年中等职业在校生人数从3 319万人下降至2 464万人,2012年至2017年分别为3 319万人、3 019万人、2 784万人、2 625万人、2 507万人、2 464万人,整体呈现逐年下降趋势,五年间,中等职业在校生人数下降了854.86万人。中等职业在校生人数最高值出现在2012年,为3 319万人,最低值出现在2017年,为2 464万人。从年度环比看,2013年至2017年环比分别为−9.05%、−7.76%、−5.74%、−4.48%、−1.71%,其中,2017年环比下降幅度最小为−1.71%;2013年环比下降幅度最大,为−9.05%。年度环比幅度呈现逐年减少趋势。

图1-5　2012—2017年全国中等职业在校生人数的变化情况(单位:万人)

　　根据2017年中等职业在校生人数各省(直辖市、自治区)数据,从高到低排序分别是河南107万人、广东99万人、四川86万人、山东79万人、安徽76万人、河北71

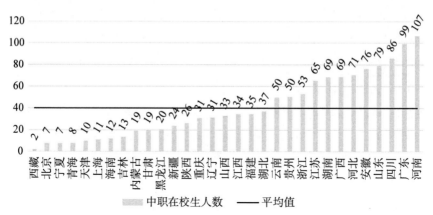

图 1-6 2017 年全国各省(直辖市、自治区)中等职业在校生人数分布情况(单位:万人)

万人、广西 69 万人、湖南 69 万人、江苏 65 万人、浙江 53 万人、贵州 50 万人、云南 50
万人、湖北 37 万人、福建 35 万人、江西 34 万人、山西 33 万人、辽宁 31 万人、重庆 31
万人、陕西 26 万人、新疆 24 万人、黑龙江 20 万人、甘肃 19 万人、内蒙古 19 万人、吉
林 13 万人、海南 12 万人、上海 11 万人、天津 10 万人、青海 8 万人、宁夏 7 万人、北
京 7 万人、西藏 2 万人。2017 年中等职业在校生人数的均值为 40 万人。其中,高
于均值的有河南、广东、四川、山东、安徽、河北、广西、湖南、江苏、浙江、贵州、云南。

(2)高等职业在校生人数

从图 1-7 结果可知,2012 年至 2017 年高等职业在校生人数从 1 886 万人增长
至 2 166 万人,2012 年至 2017 年分别为 1 886 万人、1 904 万人、1 968 万人、
2 052 万人、2 120 万人、2 166 万人,整体呈现逐步增长趋势。在党的十八大以后的五
年里,高等职业在校生人数增长了 280 万人。高等职业在校生人数最高值出现在

图 1-7 2012—2017 年全国高等职业在校生人数的变化情况(单位:万人)

2017 年,为 2 166 万人,最低值出现在 2012 年,为 1 886 万人。从年度环比看,2013
年至 2017 年环比分别为 0.93％、3.41％、4.22％、3.35％、2.13％。其中,2015 年环
比上升幅度最大,为 4.22％;2013 年环比上升幅度最小,为 0.93％。年度环比幅度
呈现先上升后下降趋势。

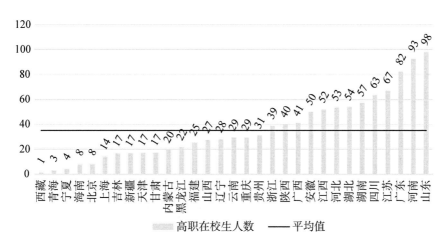

图 1－8　2017 年全国各省(直辖市、自治区)高等职业在校生人数分布情况(单位:万人)

根据 2017 年高等职业在校生人数各省(直辖市、自治区)数据,从高到低排序分
别是山东 98 万人、河南 93 万人、广东 82 万人、江苏 67 万人、四川 63 万人、湖南 57
万人、湖北 54 万人、河北 53 万人、江西 52 万人、安徽 50 万人、广西 41 万人、陕西 40
万人、浙江 39 万人、贵州 31 万人、重庆 29 万人、云南 29 万人、辽宁 28 万人、山西 27
万人、福建 25 万人、黑龙江 22 万人、内蒙古 20 万人、甘肃 17 万人、天津 17 万人、新
疆 17 万人、吉林 17 万人、上海 14 万人、北京 8 万人、海南 8 万人、宁夏 4 万人、青海
3 万人、西藏 1 万人。2017 年高等职业在校生人数的均值为 35 万人。其中,高于均
值的有山东、河南、广东、江苏、四川、湖南、湖北、河北、江西、安徽、广西、陕西、浙江。

3. 招生人数

(1) 中等职业学校招生人数

从图 1-9 结果可知,2012 年至 2017 年中等职业学校招生数从 597 万人下降至
452 万人,2012 年至 2017 年分别为 597 万人、541 万人、495 万人、480 万人、466 万
人、452 万人,整体呈现逐步下降趋势。近年来,中等职业学校招生数下降了 146 万
人。中等职业学校招生数最高值出现在 2012 年,为 597 万人,最低值出现在 2017

年,为 452 万人。从年度环比看,2013 年至 2017 年环比分别为－9.35％、
－8.48％、－3.14％、－2.85％、－3.14％,其中,2016 年环比下降幅度最小,为
－2.85％;2013 年环比下降幅度最大,为－9.35％。年度环比幅度呈现先减小后平
稳趋势。

图 1-9　2012—2017 年全国中等职业学校招生人数变化情况(单位:万人)

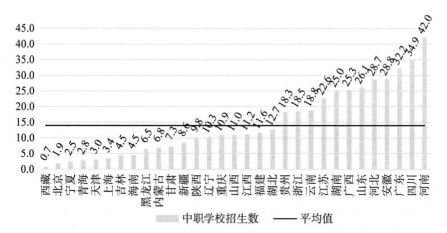

图 1-10　2017 年全国各省(直辖市、自治区)中等职业学校招生人数分布情况(单位:万人)

　　根据 2017 年中等职业学校招生人数各省(直辖市、自治区)数据,从高到低排
序分别是河南 42.0 万人、四川 34.9 万人、广东 32.2 万人、安徽 28.8 万人、河北
28.7 万人、山东 26.1 万人、广西 25.3 万人、湖南 25.0 万人、江苏 22.6 万人、云南
18.8 万人、浙江 18.5 万人、贵州 18.3 万人、湖北 12.7 万人、福建 11.6 万人、江西
11.2 万人、山西 11.0 万人、重庆 10.9 万人、辽宁 10.3 万人、陕西 9.8 万人、新疆

8.6万人、甘肃7.3万人、内蒙古6.8万人、黑龙江6.5万人、海南4.5万人、吉林4.5万人、上海3.4万人、天津3.0万人、青海2.8万人、宁夏2.5万人、北京1.9万人、西藏0.7万人。2017年中等职业学校招生人数的均值为14万人。其中,高于均值的有河南、四川、广东、安徽、河北、山东、广西、湖南、江苏、云南、浙江、贵州。

（2）高等职业学校招生人数

从图1-11结果可知,2012年至2017年高等职业学校招生数从315万人增长至351万人,2012年至2017年分别为315万人、318万人、338万人、348万人、343万人、351万人,整体呈现逐步增长趋势。在党的十八大以后的五年里,高等职业学校招生数增长了36万人。高等职业学校招生数最高年份出现在2017年,为351万人,最低值出现在2012年,为315万人。从年度环比看,2013年至2017年环比分别为1.15％、6.15％、3.09％、−1.50％、2.19％,其中,2014年环比上升幅度最大,为6.15％;2016年环比上升幅度最小,为−1.50％。年度环比幅度呈现出区间震荡趋势。

图1-11　2012—2017年全国高等职业学校招生人数变化情况(单位:万人)

根据2017年高等职业学校招生数各省(直辖市、自治区)数据,从高到低排序分别是河南31.13万人、山东28.55万人、广东28.18万人、四川20.79万人、江苏18.92万人、湖北18.11万人、湖南17.95万人、河北17.60万人、江西15.36万人、广西14.91万人、安徽14.68万人、陕西12.01万人、贵州11.31万人、浙江10.95万人、云南9.89万人、重庆9.66万人、辽宁8.35万人、山西8.22万人、福建8.10万人、黑龙江6.52万人、甘肃5.99万人、内蒙古5.97万人、新疆5.53万人、天津5.29万人、吉林5.29万人、上海4.05万人、海南2.41万人、北京2.23万人、宁夏

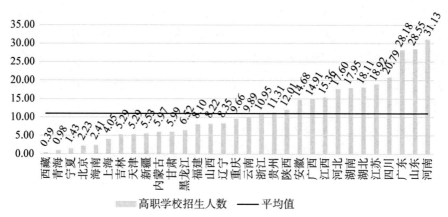

图 1-12　2017 年全国各省(直辖市、自治区)高等职业学校招生
人数分布情况(单位:万人)

1.43 万人、青海 0.98 万人、西藏 0.39 万人。2017 年高等职业招生数的均值为
11.52 万人。其中,高于均值的省(直辖市、自治区)有河南、山东、广东、四川、江苏、
湖北、湖南、河北、江西、广西、安徽、陕西。

(二) 经费投入

1. 生均公共财政预算教育经费支出

(1) 中等职业教育生均公共财政预算教育经费支出

从图 1-13 结果可知,2012 年至 2017 年中等职业教育生均公共财政预算教育
经费支出从 7 549 元增长至 13 269 元,2012 年至 2017 年分别为 7 549 元、8 777 元、
9 126 元、10 958 元、12 216 元、13 269 元,整体呈现逐年增长趋势。在党的十八大以

图 1-13　2012—2017 年全国中等职业教育生均公共财政预算教育经费支出
变化情况(单位:元)

后的五年里,中等职业教育生均公共财政预算教育经费支出增长了5 720元。从年度环比看,2013年至2017年环比分别为16.27%、3.98%、20.07%、11.48%、8.62%,其中,2015年环比上升幅度最大,为20.07%;2014年环比上升幅度最小,为3.98%。年度环比幅度呈现先下降后上升再下降趋势。

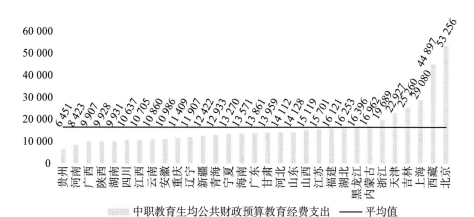

图1-14 2017年全国各省(直辖市、自治区)中等职业教育生均公共财政预算教育经费支出分布情况(单位:元)

根据2017年中等职业教育生均公共财政预算教育经费支出各省(直辖市、自治区)数据,从高到低排序分别是北京53 256元、西藏44 897元、上海29 080元、吉林25 260元、天津22 927元、浙江19 689元、内蒙古16 962元、黑龙江16 396元、湖北16 253元、福建16 121元、江苏15 701元、山西15 119元、山东14 128元、河北14 112元、甘肃13 959元、广东13 861元、海南13 571元、宁夏13 270元、青海12 933元、新疆12 422元、辽宁11 907元、重庆11 409元、安徽10 986元、云南10 860元、江西10 705元、四川10 637元、湖南9 931元、陕西9 928元、广西9 907元、河南8 423元、贵州6 451元。中等职业教育生均公共财政预算教育经费支出的均值为16 485元。其中,高于均值的有北京、西藏、上海、吉林、天津、浙江、内蒙古。其中,2017年全国各省(直辖市、自治区)中等职业教育生均公共财政预算教育经费支出最高的是北京市,为53 256元,是全国各省(直辖市、自治区)中等职业教育生均公共财政预算教育经费支出均值的3.2倍。

(2)高等职业教育生均公共财政预算教育经费支出

从图1-15结果可知,2012年至2017年高等职业教育生均公共财政预算教育经费支出从 9 585 元增长至 14 693 元,2012 年至 2017 年分别为 9 585 元、9 517 元、9 831 元、12 555 元、12 923 元、14 693 元,整体呈现逐年增长趋势。在党的十八大以后的五年里,高等职业生均公共财政预算教育经费支出增长了 5 108 元。高等职业教育生均公共财政预算教育经费支出最高值出现在 2017 年,为 14 693 元;最低值出现在 2013 年,为 9 517 元。从年度环比看,2013 年至 2017 年环比分别为 −0.71%、3.3%、27.71%、2.93%、13.69%,其中,2015 年环比上升幅度最大,为 27.71%;2013 年环比上升幅度最小,为 −0.71%。年度环比幅度呈现先上升后下降再上升趋势。

图 1-15 2012—2017 年全国高等职业教育生均公共财政预算教育经费支出变化情况(单位:元)

根据 2017 年高等职业教育生均公共财政预算教育经费支出各省(直辖市、自治区)数据,从高到低排序分别是北京 59 890 元、西藏 30 307 元、上海 29 305 元、甘肃 24 445 元、青海 23 717 元、内蒙古 19 656 元、江苏 17 321 元、宁夏 17 248 元、海南 17 124 元、福建 16 714 元、广东 16 481 元、天津 15 919 元、新疆 15 719 元、吉林 15 118 元、湖北 14 774 元、云南 14 537 元、贵州 14 520 元、浙江 14 362 元、广西 14 020 元、河北 13 859 元、四川 13 380 元、重庆 13 317 元、安徽 13 296 元、黑龙江 13 055 元、湖南 12 824 元、陕西 12 508 元、河南 12 216 元、山西 12 110 元、江西 12 018 元、山东 11 825 元、辽宁 11 337 元。高等职业教育生均公共财政预算教育经费支出的均值为 17 513 元。其中,高于均值的省(直辖市、自治区)有北京、西藏、上海、甘肃、青海、内蒙古。其中,北京市的经费支出是西藏、上海市的近两倍,是排序最后省(直辖市、自治区)辽宁的近 5 倍,表明省(直辖市、自治区)间经费投入差异性较大。

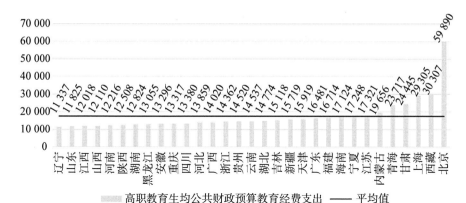

高职教育生均公共财政预算教育经费支出 —— 平均值

**图 1-16　2017 年全国各省(直辖市、自治区)高等职业教育生均公共财政预算
教育经费支出分布情况(单位:元)**

2. 生均教育经费支出

(1)中等职业学校生均教育经费支出

从图 1-17 结果可知,2012 年至 2017 年中等职业教育生均教育经费支出从
12 353 元增长至 18 362 元,2012 年至 2017 年分别为 12 353 元、13 914 元、13 983 元、
15 707 元、16 969 元、18 362 元,整体呈现逐年增长趋势。在党的十八大以后的五年
里,中等职业教育生均教育经费支出增长了 6 009 元。中等职业教育生均教育经费
支出最高值出现在 2017 年,为 18 362.29 元;最低值出现在 2012 年,为 12 352.91
元。从年度环比看,2013 年至 2017 年环比分别为 12.64%、0.49%、12.33%、
8.04%、8.21%,其中,2013 年环比上升幅度最大,为 12.64%;2014 年环比上升幅

中职学校生均教育经费支出 —— 环比

图 1-17　2012—2017 年全国中等职业学校生均教育经费支出变化情况(单位:元)

度最低，为 0.49%。年度环比幅度呈现大幅波动趋势。

根据 2017 年全国中等职业学校生均教育经费支出各省（直辖市、自治区）数据显示，从高到低排序分别是北京 69 264.13 元、上海 66 001.30 元、西藏 63 173.66 元、吉林 32 388.98 元、天津 30 506.97 元、浙江 28 314.05 元、内蒙古 23 790.10 元、福建 22 862.22 元、江苏 21 748.81 元、黑龙江 21 515.50 元、广东 19 713.55 元、山西 19 536.47 元、湖北 19 522.92 元、宁夏 19 353.55 元、山东 18 572.25 元、辽宁 18 456.87 元、新疆 17 950.92 元、甘肃 17 924.09 元、河北 17 803.79 元、青海 17 460.86 元、海南 17 452.58 元、重庆 17 119.82 元、安徽 15 674.08 元、云南 15 011.80 元、江西 14 066.28 元、四川 13 994.89 元、陕西 13 516.45 元、湖南 13 493.83 元、广西 13 019.05 元、河南 11 415.68 元、贵州 10 398.84 元。2017 年中等职业生均教育经费支出的均值为 23 258 元。其中，高于均值的有北京、上海、西藏、吉林、天津、浙江、内蒙古。

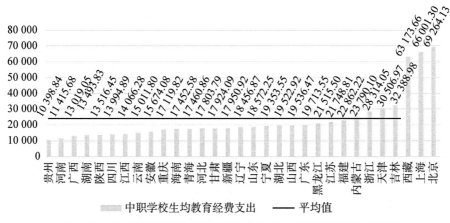

图 1 - 18　2017 年全国各省（直辖市、自治区）中等职业学校生均教育
经费支出分布情况（单位：元）

（2）高等职业学校生均教育经费支出

从图 1 - 19 结果可知，2012 年至 2017 年高等职业学校生均教育经费支出从 16 861 元增长至 22 236 元，2012 年至 2017 年分别为 16 860.77 元、16 832.88 元、17 435.00 元、20 085.45 元、20 414.95 元、22 235.73 元，整体呈现逐年增长趋势。在党的十八大后，高等职业学校生均教育经费支出增长了 5 374.96 元。高等职业学校生均教育经费支出最高值出现在 2017 年，为 22 235.73 元。从年度环比看，2013

年至 2017 年环比分别为−0.17%、3.58%、15.20%、1.64%、8.92%,其中,2015 年环比上升幅度最大,为 15.20%;2013 年环比上升幅度最小,为−0.17%。年度环比幅度呈现先上升后下降再上升趋势。

图 1-19　2012—2017 年高等职业学校生均教育经费支出变化情况(单位:元)

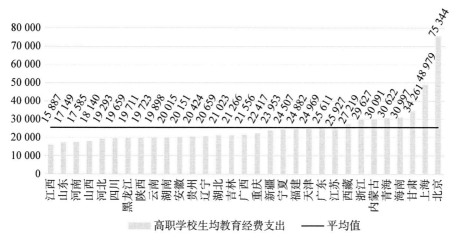

图 1-20　2017 年全国各省(直辖市、自治区)高等职业学校生均教育
经费支出分布情况(单位:元)

根据 2017 年高等职业学校生均教育经费支出各省数据显示,从高到低排序分别是北京 75 344 元、上海 48 979 元、甘肃 34 261 元、海南 30 997 元、青海 30 622 元、内蒙古 30 091 元、浙江 29 627 元、西藏 27 219 元、江苏 25 927 元、广东 25 611 元、天津 24 969 元、福建 24 882 元、宁夏 24 507 元、新疆 23 953 元、重庆 22 417 元、广西 21 556 元、吉林 21 266 元、湖北 21 023 元、辽宁 20 659 元、贵州 20 424 元、安徽 20 151

元、湖南20015元、云南19898元、陕西19723元、黑龙江19711元、四川19659元、河北19293元、山西18140元、河南17585元、山东17149元、江西15887元。2017年高等职业学校生均公共财政预算教育经费支出的均值为25533元。其中,高于均值的有北京、上海、甘肃、海南、青海、内蒙古、浙江、西藏、江苏、广东。

(三)办学条件

1. 生均校舍面积

(1) 中等职业生均校舍建筑面积

从图1-21结果可知,2012年至2017年中等职业生均校舍建筑面积从12.6 m²增长至16.9 m²,2012年至2017年分别为12.6 m²、13.9 m²、15.2 m²、16.0 m²、16.7 m²、16.9 m²,整体呈现逐年增长趋势。在党的十八大后,中等职业生均校舍建筑面积增长了4.3 m²。中等职业生均校舍建筑面积最高值出现在2017年,为16.9 m²。从年度环比看,2013年至2017年环比分别为10.96%、9.23%、4.90%、4.35%、1.51%,其中,2013年环比上升幅度最大,为10.96%;2017年环比上升幅度最小,为1.51%。年度环比幅度呈现逐渐下降趋势。

图1-21　2012—2017年全国中等职业生均校舍建筑面积变化情况(单位:平方米)

根据2017年中等职业生均校舍建筑面积各省(直辖市、自治区)数据,从高到低排序分别是北京33.4 m²、西藏28.0 m²、上海27.0 m²、江苏24.9 m²、山西22.1 m²、湖北21.8 m²、重庆21.6 m²、浙江20.4 m²、安徽20.4 m²、山东20.2 m²、宁夏20.1 m²、陕西19.8 m²、吉林19.2 m²、新疆19.1 m²、内蒙古18.7 m²、甘肃18.4 m²、天津17.6 m²、辽宁16.5 m²、江西15.5 m²、福建15.2 m²、河北15.0 m²、贵州14.9 m²、青海14.7 m²、黑龙江14.5 m²、海南14.4 m²、河南14.1 m²、广东14.0 m²、

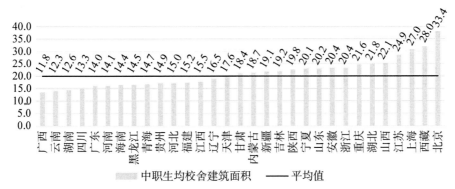

图 1‑22　2017 年全国各省(直辖市、自治区)中等职业生均校舍
建筑面积分布情况(单位:平方米)

四川 13.3 m²、湖南 12.6 m²、云南 12.3 m²、广西 11.8 m²。2017 年中等职业生均校舍建筑面积的均值为 18 m²,其中,高于均值的有北京、西藏、上海、江苏、山西、湖北、重庆、浙江、安徽、山东、宁夏、陕西、吉林、新疆、内蒙古、甘肃。

(2)高等职业生均校舍建筑面积

从图 1‑23 结果可知,2012 年至 2017 年高等职业生均校舍建筑面积从 28.6 m² 下降至 27.4 m²,2012 年至 2017 年分别为 28.6 m²、28.7 m²、27.7 m²、27.4 m²、27.2 m²、27.4 m²,整体呈现逐年下降趋势。随着高等职业招生规模扩大,到 2017 年高等职业生均校舍建筑面积下降了 1.2 m²。从年度环比看,2013 年至 2017 年环比分别为 0.35%、−3.48%、−1.33%、−0.62%、0.88%,其中,2017 年环比上升幅度最大,为 0.88%;2014 年环比下降幅度最大,为 −3.48%。年度环比幅度呈现先

图 1‑23　2012—2017 年全国高等职业生均校舍建筑面积变化情况(单位:平方米)

下降后上升趋势。

根据 2017 年高等职业生均校舍建筑面积各省(直辖市、自治区)数据,从高到低排序分别是北京 52.90 m²、甘肃 37.87 m²、海南 35.53 m²、江苏 34.41 m²、青海32.36 m²、湖北 30.97 m²、黑龙江 30.27 m²、浙江 30.20 m²、贵州 30.15 m²、西藏29.83 m²、内蒙古 29.23 m²、福建 28.90 m²、陕西 28.24 m²、河南 28.22 m²、天津27.86 m²、宁夏 27.66 m²、广西 27.65 m²、重庆 27.47 m²、山西 27.27 m²、江西26.91 m²、河北 26.14 m²、辽宁 25.83 m²、安徽 25.64 m²、上海 25.58 m²、吉林25.41 m²、山东 25.38 m²、四川 24.84 m²、新疆 24.71 m²、广东 24.11 m²、湖南22.48 m²、云南 18.54 m²。2017 年高等职业生均校舍建筑面积的均值为 28 m²。其中,高于均值的有北京、甘肃、海南、江苏、青海、湖北、黑龙江、浙江、贵州、西藏、内蒙古、福建、陕西、河南。

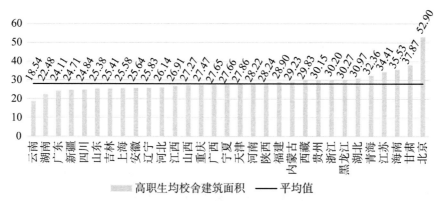

图 1 - 24   2017 年全国各省(直辖市、自治区)高等职业生均校舍建筑面积分布情况(单位:平方米)

2. 生均图书册数

(1)中等职业生均图书册数

从图 1 - 25 结果可知,2012 年至 2017 年全国中等职业生均图书册数从 21 册增长至 25 册,2012 年至 2017 年分别为 21 册、23 册、24 册、25 册、26 册、25 册,整体呈现逐年增长趋势。在党的十八大后,中等职业生均图书册数(本)增长了 4 册。中等职业生均图书册数(本)最高值出现在 2016 年,为 26 册。从年度环比看,2013 年至2017 年环比分别为 6.43%、5.57%、4.40%、1.83%、−0.36%,其中,2013 年环比上升幅度最大,为 6.43%;2017 年环比上升幅度最小,为 −0.36%。年度环比幅度呈现逐年下降趋势。

图1‑25　2012—2017年全国中等职业生均图书册数变化情况(单位:册)

根据 2017 年中等职业生均图书册数各省(直辖市、自治区)数据,从高到低排序分别是北京 66.68 册、上海 59.47 册、天津 37.21 册、吉林 36.49 册、江苏 35.49 册、安徽 32.07 册、山西 31.69 册、陕西 31.40 册、浙江 30.77 册、内蒙古 29.51 册、山东 29.40 册、福建 27.89 册、河北 27.64 册、湖北 26.81 册、广东 26.49 册、辽宁 26.38 册、重庆 25.00 册、江西 23.54 册、西藏 23.14 册、甘肃 21.87 册、广西 20.56 册、四川 19.82 册、河南 19.79 册、黑龙江 19.42 册、青海 17.93 册、湖南 17.90 册、贵州 17.72 册、云南 17.04 册、海南 16.87 册、宁夏 16.31 册、新疆 15.76 册。2017 年中等职业生均图书册数的均值为 27 册。其中,高于均值的省(直辖市、自治区)有北京、上海、天津、吉林、江苏、安徽、山西、陕西、浙江、内蒙古、山东、福建、河北。

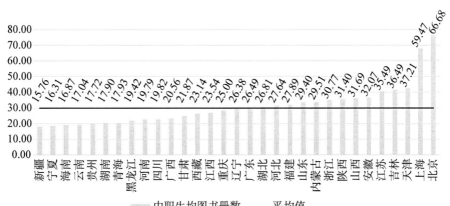

图1‑26　2017年全国各省(直辖市、自治区)中等职业生均图书册数分布情况(单位:册)

(2) 高等职业生均图书册数

从图 1－27 结果可知,2012 年至 2017 年高等职业生均图书册数分别为 66.92 册、68.87 册、66.87 册、66.58 册、67.07 册、67.78 册,整体保持相对平稳。高等职业生均图书册数最高值出现在 2013 年,为 68.87 册,最低值出现在 2015 年,为 66.58 册。从年度环比看,2013 年至 2017 年环比分别为 2.91％、－2.90％、－0.43％、0.74％、1.06％,其中,2013 年环比上升幅度最大,为 2.91％;2014 年环比上升幅度最小,为－2.90％,年度环比幅度呈现先下降再上升趋势。

图 1－27　2012—2017 年全国高等职业生均图书册数变化情况(单位:册)

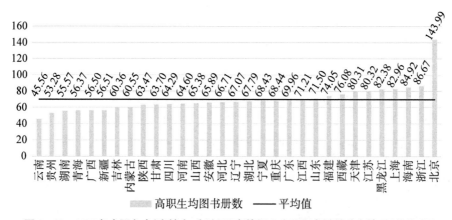

图 1－28　2017 年全国各省(直辖市、自治区)高等职业生均图书册数分布情况(单位:册)

根据 2017 年高等职业生均图书册数各省数据,从高到低排序分别是北京 143.99 册、浙江 86.67 册、海南 84.92 册、上海 82.96 册、黑龙江 82.38 册、江苏 80.32 册、天津

80.31 册、西藏 76.08 册、福建 74.05 册、山东 71.50 册、江西 71.21 册、广东 69.96 册、重庆 68.44 册、宁夏 68.43 册、湖北 67.79 册、辽宁 67.07 册、河北 66.71 册、安徽 65.89 册、山西 65.38 册、河南 64.60 册、四川 64.29 册、甘肃 63.70 册、陕西 63.47 册、内蒙古 60.55 册、吉林 60.36 册、新疆 56.51 册、广西 56.50 册、青海 56.37 册、湖南 55.57 册、贵州 53.28 册、云南 45.56 册。2017 年高等职业生均图书册数的均值为 70 册。其中,高于均值的省(直辖市、自治区)有北京、浙江、海南、上海、黑龙江、江苏、天津、西藏、福建、山东、江西。

3. 生均仪器设备值

(1) 中等职业生均仪器设备值

从图 1-29 结果可知,2012 年至 2017 年中等职业生均仪器设备值从 2 920 元增长至 6 217 元,2012 年至 2017 年分别为 2 920 元、3 618 元、4 289 元、4 889 元、5 560 元、6 217 元,整体呈现逐年增长趋势。在党的十八大后,中等职业生均仪器设备值增长了 3 297 元。中等职业生均仪器设备值最高值出现在 2017 年,为 6 217 元。从年度环比看,2013 年至 2017 年环比分别为 23.90%、18.54%、14.00%、13.73%、11.80%,其中,2013 年环比上升幅度最大,为 23.90%;2017 年环比上升幅度最小,为 11.80%。年度环比幅度呈现逐年下降趋势。

图 1-29　2012—2017 年全国中等职业生均仪器设备值变化情况(单位:元)

根据 2017 年中等职业生均仪器设备值各省(直辖市、自治区)数据,从高到低排序分别是北京 41 801 元、上海 36 658 元、西藏 11 231 元、天津 9 989 元、江苏 9 918 元、浙江 9 174 元、吉林 8 963 元、内蒙古 8 521 元、青海 7 812 元、广东 7 510 元、福建 7 381 元、辽宁 7 151 元、宁夏 7 121 元、山东 6 698 元、海南 6 688 元、重庆 6 462 元、山西 6 071 元、黑龙江

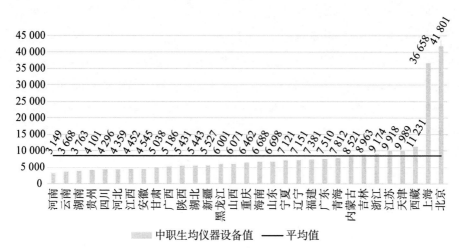

图 1-30　2017 年全国各省(直辖市、自治区)中等职业生均仪器设备值分布情况(单位:元)

6 001 元、新疆 5 527 元、湖北 5 443 元、陕西 5 431 元、广西 5 186 元、甘肃 5 038 元、安徽 4 545 元、江西 4 452 元、河北 4 359 元、四川 4 296 元、贵州 4 101 元、湖南 3 763 元、云南 3 668 元、河南 3 149 元。中等职业生均仪器设备值的均值为 8 519 元。其中,高于均值的有北京、上海、西藏、天津、江苏、浙江、吉林、内蒙古。尤其是北京市、上海市在全国各省(直辖市、自治区)中等职业生均仪器设备值较为突出,分别为 41 801 元、36 658 元,是均值的 4.9 倍、4.3 倍,远高于全国其他省(直辖市、自治区)的中等职业生均仪器设备值。

(2) 高等职业生均仪器设备值

从图 1-31 结果可知,2012 年至 2017 年高等职业生均仪器设备值从 6 986 元增长至 9 213 元,2012 年至 2017 年分别为 6 986 元、7 628 元、7 878 元、8 161 元、8 567 元、9 213 元,

图 1-31　2012—2017 年全国高等职业生均仪器设备值变化情况(单位:元)

整体呈现逐年增长趋势。在党的十八大后,高等职业生均仪器设备值增长了 2 227 元。高等职业生均仪器设备值最高值出现在 2017 年,为 9 213 元;最低值出现在 2012 年,为 6 986 元。从年度环比看,2013 年至 2017 年环比分别为 9.19%、3.28%、3.60%、4.97%、7.54%,其中,2013 年环比上升幅度最大,为 9.19%;2014 年环比上升幅度最小,为 3.28%。年度环比幅度呈现先下降后上升趋势。

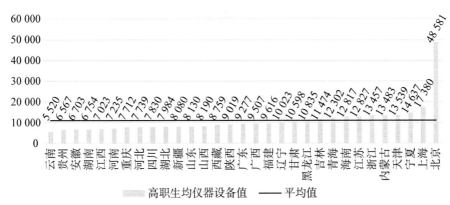

图 1-32 2017 年全国各省(直辖市、自治区)高等职业生均仪器设备值变化情况(单位:元)

根据 2017 年高等职业生均仪器设备值各省(直辖市、自治区)数据,从高到低排序分别是北京 48 581 元、上海 17 380 元、宁夏 14 637 元、天津 13 539 元、内蒙古 13 483 元、浙江 13 457 元、江苏 12 827 元、海南 12 817 元、青海 12 302 元、吉林 11 474 元、黑龙江 10 835 元、甘肃 10 598 元、辽宁 10 023 元、福建 9 616 元、广西 9 507 元、广东 9 277 元、陕西 9 019 元、西藏 8 759 元、山西 8 190 元、山东 8 130 元、新疆 8 080 元、湖北 7 984 元、四川 7 830 元、河北 7 739 元、重庆 7 712 元、河南 7 235 元、江西 7 023 元、湖南 6 754 元、安徽 6 703 元、贵州 6 567 元、云南 5 520 元。2017 年高等职业生均仪器设备值的均值为 11 083 元。其中,高于均值的有北京、上海、宁夏、天津、内蒙古、浙江、江苏、海南、青海、吉林。北京市的高等职业生均仪器设备值最高,为 48 581 元,是全国均值的 4.4 倍。

(四) 师资队伍

1. 生师比

(1) 中等职业教育生师比

从图 1-33 结果可知,2012 年至 2017 年中等职业教育生师比从 24.70 下降至 19.59,2012 年至 2017 年分别为 24.70、22.97、21.34、20.47、19.84、19.59,整体呈现逐年

下降趋势,下降了5.11。在党的十八大后,中等职业教育生师比不断下降,最低值出现在2017年,为19.59。从年度环比看,2013年至2017年环比分别为−7.00%、−7.11%、−4.06%、−3.08%、−1.26%,其中,2017年环比下降幅度最小,为−1.26%;2014年环比下降幅度最大,为−7.11%。年度环比幅度呈现逐年缩小趋势。

图1−33　2012—2017年全国中等职业教育生师比变化情况

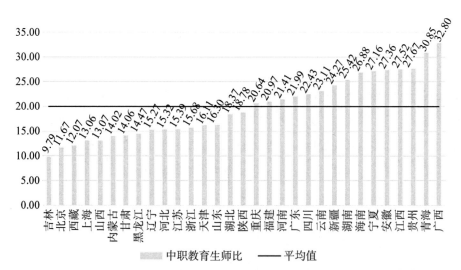

图1−34　2017年全国各省(直辖市、自治区)中等职业教育生师比分布情况

根据2017年中等职业教育生师比各省(直辖市、自治区)数据,从高到低排序分别是广西32.80、青海30.85、贵州27.67、江西27.52、安徽27.36、宁夏27.16、海南26.88、湖

南 25.42、新疆 24.27、云南 23.11、四川 22.43、广东 21.99、河南 21.41、福建 20.97、重庆 20.64、陕西 18.78、湖北 18.37、山东 16.3、天津 16.11、浙江 15.68、江苏 15.39、河北 15.32、辽宁 15.27、黑龙江 14.47、甘肃 14.06、内蒙古 14.02、山西 13.07、上海 13.06、西藏 12.07、北京 11.67、吉林 9.79。2017 年中等职业教育生师比的均值为 20。其中,高于均值的省(直辖市、自治区)有广西、青海、贵州、江西、安徽、宁夏、海南、湖南、新疆、云南、四川、广东、河南、福建、重庆,这些地区的中等职业师资规模相对不足。

(2) 高等职业教育生师比

从图 1-35 结果可知,2012 年至 2017 年高等职业教育生师比从 17.23 增长至 17.70,2012 年至 2017 年分别为 17.23、17.11、17.57、17.70、18.00、17.70,整体呈现先降低后增长再降低的波动趋势。随着高等职业招生规模扩大,高等职业教育生师比增长了 0.47。高等职业教育生师比最高值出现在 2016 年,为 18.00。从年度环比看,2013 年至 2017 年环比分别为−0.70%、2.69%、0.74%、1.69%、−1.67%,其中,2014 年环比上升幅度最大,为 2.69%;2017 年环比下降幅度最大,为−1.67%。年度环比幅度呈现先上升后下降再上升后下降的波动趋势。

图 1-35 2012—2017 年全国高等职业教育生师比变化情况

根据 2017 年高等职业教育生师比各省(直辖市、自治区)数据,从高到低排序分别是云南 22.7、新疆 20.1、湖南 20.0、安徽 19.1、四川 18.9、河北 18.5、广西 18.3、陕西 18.3、山东 18.2、贵州 18.0、江西 18.0、广东 17.9、重庆 17.7、山西 17.7、宁夏 17.6、湖北 17.6、上海 17.6、河南 17.5、海南 17.3、内蒙古 17.0、天津 17.0、福建 16.4、吉林 16.4、辽宁 16.4、青海 16.2、浙江 16.2、西藏 15.8、黑龙江 15.8、江苏 15.2、甘肃 14.8、北京 13.6。

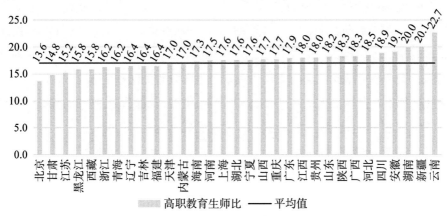

图1-36　2017年全国各省(直辖市、自治区)高等职业教育生师比分布情况

2017年高等职业教育生师比的均值为17.4。其中,高于均值的有云南、新疆、湖南、安徽、四川、河北、广西、陕西、山东、贵州、江西、广东、重庆、山西、宁夏、湖北、上海、河南、海南。这些地区的高等职业教师规模相对不足。

2. 专任教师数

(1) 中等职业专任教师数

从图1-37结果可知,2012年至2017年中等职业专任教师数从684 071人下降至640 398人,2012年至2017年分别为684 071人、668 754人、663 782人、652 447人、643 143人、640 398人,整体呈现逐年下降趋势,五年间中等职业专任教师数下降了43 673人。中等职业专任教师数最高值出现在2012年,为684 071人,最低值出现在2017年,为

图1-37　2012—2017年全国中等职业专任教师数变化情况(单位:人)

640 398 人。从年度环比看,2013 年至 2017 年环比分别为 −2.24％、−0.74％、−1.71％、−1.43％、−0.43％,其中,2017 年环比下降幅度最小,为 −0.43％;2013 年环比下降幅度最大,为 −2.24％,呈先上升后下降再上升的趋势。

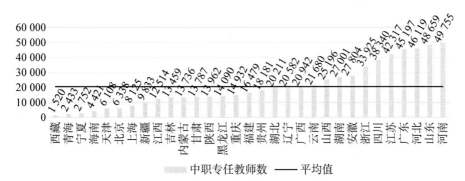

图 1−38　2017 年全国各省(直辖市、自治区)中等职业专任教师数分布情况(单位:人)

根据 2017 年中等职业专任教师数各省(直辖市、自治区)数据,从高到低排序分别是河南 49 755 人、山东 48 659 人、河北 46 119 人、广东 45 197 人、江苏 42 317 人、四川 38 340 人、浙江 33 925 人、安徽 27 804 人、湖南 27 001 人、山西 25 196 人、云南 21 680 人、广西 20 942 人、辽宁 20 582 人、湖北 20 211 人、贵州 18 181 人、福建 16 479 人、重庆 14 932 人、黑龙江 14 090 人、陕西 13 962 人、甘肃 13 787 人、内蒙古 13 736 人、吉林 13 459 人、江西 12 514 人、新疆 9 833 人、上海 8 125 人、北京 6 338 人、天津 6 108 人、海南 4 421 人、宁夏 2 752 人、青海 2 433 人、西藏 1 520 人。2017 年中等职业专任教师数的均值为 20 658 人。其中,高于均值的有河南、山东、河北、广东、江苏、四川、浙江、安徽、湖南、山西、云南、广西。

(2)高等职业专任教师数

从图 1−39 结果可知,2012 年至 2017 年高等职业教育专任教师数从 560 246 人增长至 623 961 人,2012 年至 2017 年分别为 560 246 人、569 859 人、574 457 人、592 169 人、602 562 人、623 961 人,整体呈现逐年增长趋势。在党的十八大后,高等职业教育专任教师数增长了 63 715 人。高等职业教育专任教师数最高值出现在 2017 年,为 623 961 人;最低值出现在 2012 年,为 560 246 人。从年度环比看,2013 年至 2017 年环比分别为 1.72％、0.81％、3.08％、1.76％、3.55％,其中,2017 年环比上升幅度最大,为 3.55％;2014 年环比上升幅度最小,为 0.81％。

图 1-39 2010—2017 年全国高等职业专任教师数变化情况(单位:人)

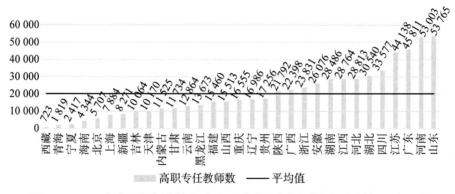

图 1-40 2017 年全国各省(直辖市、自治区)高等职业专任教师数分布情况(单位:人)

根据 2017 年高等职业专任教师数各省(直辖市、自治区)数据,从高到低排序分别是山东 53 765 人、河南 53 003 人、广东 45 811 人、江苏 44 138 人、四川 33 577 人、湖北 30 540 人、河北 28 813 人、江西 28 764 人、湖南 28 486 人、安徽 26 076 人、浙江 23 831 人、广西 22 398 人、陕西 21 792 人、贵州 17 256 人、辽宁 16 986 人、重庆 16 555 人、山西 15 513 人、福建 15 460 人、黑龙江 13 673 人、云南 12 864 人、甘肃 11 734 人、内蒙古 11 525 人、天津 10 170 人、吉林 10 064 人、新疆 8 271 人、上海 7 884 人、北京 5 707 人、海南 4 344 人、宁夏 2 417 人、青海 1 819 人、西藏 723 人。2017 年高等职业专任教师数的均值为 20 127 人。其中,高于均值的有山东、河南、广东、江苏、四川、湖北、河北、江西、湖南、安徽、浙江、广西、陕西。

3. 专任教师中"双师型"教师比例

(1)中等职业"双师型"教师比例

从图1-41结果可知,2012年至2017年中等职业"双师型"教师比例从25.19%增长至29.99%,2012年至2017年分别为25.19%、26.31%、27.64%、28.71%、29.47%、29.99%,整体呈现逐年增长趋势。在党的十八大后,中等职业"双师型"教师比例增长了4.80%。中等职业"双师型"教师比例最高年份出现在2017年,为29.99%,最低值出现在2012年,为25.19%。从年度环比看,2013年至2017年环比分别为4.45%、5.06%、3.87%、2.65%、1.76%,其中,2014年环比上升幅度最大,为5.06%;2017年环比上升幅度最小,为1.76%。年度环比幅度呈现先上升后下降趋势。

图1-41 2012—2017年全国中等职业"双师型"教师比例变化情况(单位:%)

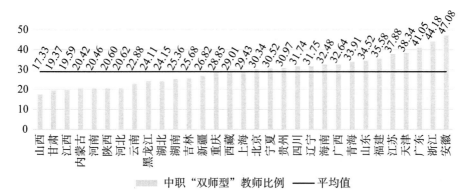

图1-42 2017年全国各省(直辖市、自治区)中等职业"双师型"教师比例分布情况(单位:%)

根据2017年中等职业"双师型"教师比例各省(直辖市、自治区)数据,从高到低排序分别是安徽 47.08%、浙江 44.18%、广东 41.05%、天津 38.34%、江苏 37.88%、福建 35.58%、山东 34.52%、青海 33.91%、广西 32.64%、海南 32.48%、辽宁 31.75%、四川 31.74%、贵州 30.97%、宁夏 30.52%、北京 30.34%、上海 29.43%、西藏 29.01%、重庆 28.85%、新疆 26.82%、吉林 25.68%、湖南 25.36%、湖北 24.15%、黑龙江 24.11%、云南 22.88%、河北 20.62%、陕西 20.60%、河南 20.46%、内蒙古 20.42%、江西 19.59%、甘肃 19.37%、山西 17.33%。2017 年中等职业"双师型"教师比例的均值为 29%。其中,高于均值的有安徽、浙江、广东、天津、江苏、福建、山东、青海、广西、海南、辽宁、四川、贵州、宁夏、北京、上海、西藏。从结果上看出,全国各省市中等职业"双师型"教师比例较高的省(直辖市、自治区)主要集中在长三角、珠三角地区,如安徽、浙江、广东、江苏、福建,北方省(直辖市、自治区)靠前的有天津、山东、辽宁,南北差异较大。

(2) 高等职业"双师型"教师比例

从图 1-43 结果可知,2012 年至 2017 年高等职业"双师型"教师比例从 36.13%增长至 39.70%,2012 年至 2017 年分别为 36.13%、36.61%、38.27%、38.96%、39.05%、39.70%,整体呈现逐步增长趋势。在党的十八大后,高等职业"双师型"教师比例增长了 3.57%。高等职业"双师型"教师比例最高值出现在 2017 年,为 39.70%。从年度环比看,2013 年至 2017 年环比分别为 1.33%、4.53%、1.80%、0.23%、1.66%,其中,2014 年环比上升幅度最大,为 4.53%;2016 年环比上升幅度最小,为 0.23%。年度环比幅度呈现区间震荡趋势。

图 1-43　2012—2017 年全国高等职业"双师型"教师比例变化情况

根据 2017 年高等职业"双师型"教师比例各省(直辖市、自治区)数据,从高到低排序分别是江苏 52.88%、黑龙江 51.46%、广东 47.75%、北京 47.47%、天津 44.24%、福建 43.24%、重庆 43.08%、山东 42.08%、湖南 40.66%、河北 40.51%、广西 40.08%、浙江 39.70%、辽宁 39.46%、吉林 38.95%、湖北 38.33%、新疆 38.12%、海南 38.05%、内蒙古 37.19%、陕西 36.51%、上海 35.26%、河南 34.55%、山西 33.47%、安徽 33.23%、江西 32.60%、四川 32.31%、青海 28.51%、贵州 28.39%、宁夏 27.78%、甘肃 27.00%、云南 24.00%、西藏 19.67%。2017 年高等职业"双师型"教师比例的均值为 37%。其中,高于均值的有江苏、黑龙江、广东、北京、天津、福建、重庆、山东、湖南、河北、广西、浙江、辽宁、吉林、湖北、新疆、海南、内蒙古。

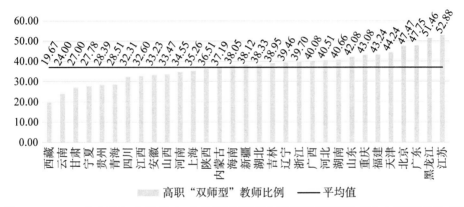

图 1-44 2017 年全国各省(直辖市、自治区)高等职业"双师型"教师比例分布情况(单位:%)

4. 专任教师中合格学历教师比例

(1)中等职业专任教师中合格学历教师比例

从图 1-45 结果可知,2012 年至 2017 年中等职业专任教师中合格学历教师比例从 86.95% 增长至 91.59%,2012 年至 2017 年分别为 86.95%、87.94%、89.29%、90.13%、90.83%、91.59%,整体呈现逐年增长趋势。在党的十八大后,中等职业专任教师中合格学历教师比例增长了 4.64%。中等职业专任教师中合格学历教师比例最高值出现在 2017 年,为 91.59%;最低值在 2012 年,为 86.95%。从年度环比看,2013 年至 2017 年环比分别为 1.14%、1.54%、0.94%、0.78%、0.84%,其中,2014 年环比上升幅度最大,为 1.54%;2016 年环比上升幅度最小,为 0.78%。年度环比幅度呈现先上升后下降趋势。

图 1‑45　2012—2017 年中等职业专任教师中合格学历教师比例变化情况

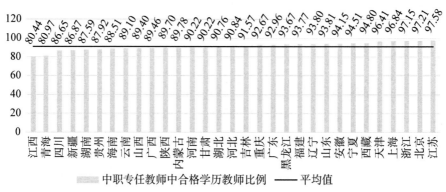

图 1‑46　2017 年全国各省(直辖市、自治区)中等职业专任教师中合格
学历教师比例分布情况(单位:%)

根据 2017 年中等职业专任教师中合格学历教师比例各省(直辖市、自治区)数据,从高到低排序分别是江苏 97.58%、北京 97.21%、浙江 97.15%、上海 96.84%、天津 96.41%、西藏 94.80%、宁夏 94.51%、安徽 94.15%、山东 93.81%、辽宁93.80%、福建 93.77%、黑龙江 93.67%、广东 92.96%、重庆 92.67%、吉林91.57%、河北 90.84%、湖北 90.76%、甘肃 90.22%、河南 90.22%、内蒙古89.78%、陕西 89.70%、广西 89.46%、山西 89.40%、云南 89.10%、海南 88.51%、贵州 87.92%、湖南 87.59%、新疆 86.87%、四川 86.65%、青海 80.97%、江西80.44%。2017 年中等职业专任教师中合格学历教师比例的均值为 91%。其中,高于均值的有江苏、北京、浙江、上海、天津、西藏、宁夏、安徽、山东、辽宁、福建、黑龙江、广东、重庆、吉林。

(2)高等职业专任教师的研究生学位教师比例

从图 1‑47 结果可知,2012 年至 2017 年高等职业专任教师的研究生学位教师

比例从 38.03％增长至 48.14％,2012 年至 2017 年分别为 38.03％、40.02％、
42.32％、44.52％、45.93％、48.14％,整体呈现逐年增长趋势。在党的十八大后,高
等职业专任教师的研究生学位教师比例增长了 10.11％。高等职业专任教师的研
究生学位教师比例最高值出现在 2017 年,为 48.14％;最低值在 2012 年,为
38.03％。从年度环比看,2013 年至 2017 年环比分别为 5.23％、5.75％、5.20％、
3.17％、4.81％,其中,2014 年环比上升幅度最大,为 5.75％;2016 年环比上升幅度
最小,为 3.17％。年度环比幅度呈现先上升后下降再上升趋势。

图 1-47 2012—2017 年高等职业专任教师的研究生学位教师比例变化情况

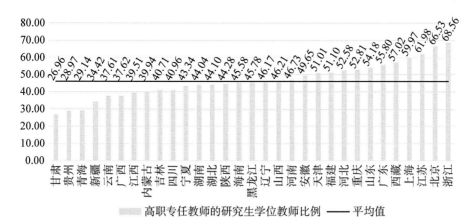

图 1-48 2017 年全国各省(直辖市、自治区)高等职业专任教师的研究生
学位教师比例分布情况(单位:%)

根据 2017 年高等职业专任教师中研究生学历教师比例各省(直辖市、自治区)
数据,从高到低排序分别是浙江 68.56％、北京 66.53％、江苏 61.98％、上海

59.97%、西藏 57.02%、广东 55.80%、山东 54.18%、重庆 52.81%、河北 52.58%、福建 51.10%、天津 51.01%、安徽 49.65%、河南 46.73%、山西 46.21%、辽宁 46.17%、黑龙江 45.78%、海南 45.58%、陕西 44.28%、湖北 44.10%、湖南 44.04%、宁夏 43.34%、四川 40.96%、吉林 40.71%、内蒙古 39.94%、江西 39.51%、广西 37.62%、云南 37.61%、新疆 34.42%、青海 29.14%、贵州 28.97%、甘肃 26.96%。高等职业专任教师的研究生学位教师比例的均值为 46%。其中,高于均值的有浙江、北京、江苏、上海、西藏、广东、山东、重庆、河北、福建、天津、安徽、河南、山西、辽宁。

(五) 培养成效

1. 中等职业教育培养成效

(1) 中等职业教育学生流失率

从图 1-49 结果可知,2012 年至 2017 年中等职业教育学生流失率从 10.42% 下降至 7.06%,2012 年至 2017 年分别为 10.42%、10.82%、8.72%、7.52%、7.78%、7.06%,整体呈现逐年下降趋势。在党的十八大后,中等职业教育流失率下降了 3.36%。中等职业教育学生流失率最高值出现在 2013 年,为 10.82%,最低值出现在 2017 年,为 7.06%。从年度环比看,2013 年至 2017 年环比分别为 3.86%、-19.45%、-13.78%、3.50%、-9.24%,其中,2013 年环比上升幅度最大,为 3.86%;2014 年环比下降幅度最大,为 -19.45%,年度环比幅度呈现区间震荡趋势。

图 1-49　2012—2017 年中等职业教育学生流失率变化情况(单位:%)

根据 2017 年中等职业学生流失率各省(直辖市、自治区)数据,从高到低排序分别是青海 13.58%、贵州 12.31%、新疆 11.15%、甘肃 11.14%、安徽 9.78%、广东

9.54％、江西 8.81％、陕西 8.16％、湖南 7.88％、广西 7.45％、河南 7.42％、福建
7.22％、内蒙古 7.18％、海南 6.92％、湖北 6.85％、云南 6.79％、宁夏 6.17％、四川
5.61％、重庆 5.55％、北京 5.50％、山东 5.28％、辽宁 5.02％、天津 5.02％、江苏
4.83％、河北 4.40％、黑龙江 4.26％、西藏 4.21％、浙江 4.17％、吉林 4.16％、上海
3.26％、山西 2.72％。中等职业教育学生流失率的均值为 6.9％。其中,高于均值
的省(直辖市、自治区)有青海、贵州、新疆、甘肃、安徽、广东、江西、陕西、湖南、广西、
河南、福建、内蒙古、海南。

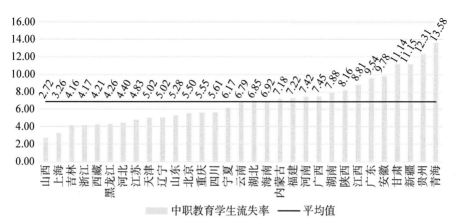

图 1 - 50　2017 年全国各省(直辖市、自治区)中等职业教育学生流失率分布情况(单位:％)

(2)中等职业毕业生获取职业资格证书的比例

从图 1 - 51 结果可知,2012 年至 2017 年中等职业毕业生获取职业资格证书的
比例从 62.84％增长至 79.19％,2012 年至 2017 年分别为 62.84％、77.78％、
78.14％、80.58％、80.53％、79.19％,整体呈现逐年增长趋势。在党的十八大后,中
等职业毕业生获取职业资格证书的比例增长了 16.35％。中等职业毕业生获取职
业资格证书的比例最高值出现在 2015 年,为 80.58％;最低值出现在 2012 年,为
62.84％。从年度环比看,2013 年至 2017 年环比分别为 23.78％、0.45％、
3.12％、-0.06％、-1.66％,其中,2013 年环比上升幅度最大,为 23.78％;2017 年
环比下降幅度最大,为 -1.66％。年度环比幅度呈现逐步下降趋势。

根据图 1 - 52 显示,2017 年中等职业毕业生获取职业资格证书的比例从高到
低排序分别是浙江 97.62％、福建 93.37％、四川 93.23％、江苏 90.86％、甘肃
89.70％、安徽 88.38％、山西 87.60％、上海 84.79％、山东 83.04％、重庆 82.51％、

图 1-51　2012—2017 年中等职业毕业生获取职业资格证书的比例变化情况(单位:%)

湖北 82.38%、湖南 81.69%、天津 80.91%、陕西 78.95%、宁夏 78.88%、河南 78.28%、贵州 77.03%、新疆 74.08%、河北 72.84%、云南 71.78%、内蒙古 69.23%、黑龙江 69.16%、广东 67.92%、青海 66.05%、广西 65.89%、辽宁 65.45%、吉林 62.26%、北京 62.25%、江西 49.88%、海南 47.45%、西藏 9.09%。2017 年中等职业毕业生获取职业资格证书比例的均值为 74.2%,高于均值的有浙江、福建、四川、江苏、甘肃、安徽、山西、上海、山东、重庆、湖北、湖南、天津、陕西、宁夏、河南、贵州。

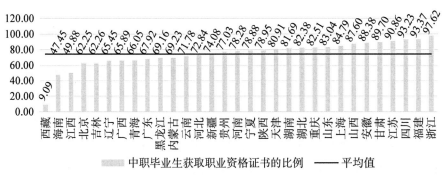

图 1-52　2017 年全国各省(直辖市、自治区)中等职业毕业生获取职业
　　　　　资格证书的比例分布情况(单位:%)

(六) 服务能力

1. 每万平方公里职业院校数

(1) 每万平方公里中等职业学校数

从图 1-53 结果可知,2017 年全国各省(直辖市、自治区)每万平方公里中等职

业学校数从高到低分别为上海 149 所、天津 65 所、北京 53 所、河南 38 所、河北 32
所、山西 29 所、山东 26 所、安徽 26 所、广东 26 所、浙江 25 所、海南 23 所、江苏 22
所、湖南 22 所、江西 22 所、辽宁 20 所、福建 18 所、重庆 16 所、湖北 16 所、吉林 15
所、陕西 12 所、广西 11 所、贵州 11 所、云南 10 所、四川 9 所、黑龙江 5 所、甘肃 5 所、
宁夏 4 所、内蒙古 2 所、新疆 1 所、青海 1 所、西藏 0 所。其中,上海最多为每万平方
公里有 149 所,西藏最低,每万平方公里中等职业学校不足 1 所。

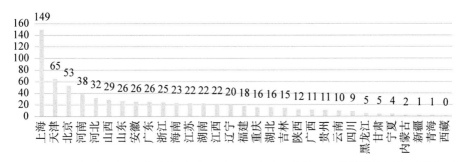

图 1 - 53　2017 年全国各省(直辖市、自治区)每万平方公里中等职业学校数分布情况(单位:所)

(2) 每万平方公里高等职业学校数

从图 1 - 54 结果可知,2017 年全国各省(直辖市、自治区)每万平方公里高等职
业学校数从高到低分别为上海 41.3 所、天津 23.9 所、北京 14.9 所、江苏 8.8 所、安
徽 5.3 所、福建 5.1 所、山东 5.1 所、重庆 4.9 所、广东 4.8 所、河南 4.7 所、浙江 4.7
所、海南 3.5 所、辽宁 3.5 所、湖南 3.4 所、江西 3.4 所、湖北 3.3 所、河北 3.2 所、山
西 3 所、贵州 2.3 所、陕西 1.8 所、宁夏 1.7 所、广西 1.6 所、吉林 1.3 所、四川 1.2

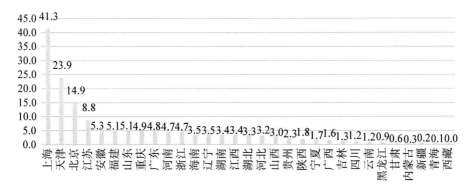

图 1 - 54　2017 年全国各省(直辖市、自治区)每万平方公里高等职业学校数分布情况(单位:所)

所、云南 1.2 所、黑龙江 0.9 所、甘肃 0.6 所、内蒙古 0.3 所、新疆 0.2 所、青海 0.1
所、西藏 0.0 所。其中,上海最多为每万平方公里有 41.3 所,西藏最低,每万平方公
里高等职业学校不足 1 所。

2. 每十万人学校在校生数

(1) 每十万人中等职业学校在校生数

从图 1-55 结果可知,2017 年每十万人中等职业学校在校生数从高到低分别
为广西 1406 人、贵州 1405 人、海南 1283 人、青海 1255 人、安徽 1216 人、河南 1114
人、宁夏 1096 人、云南 1044 人、四川 1036 人、重庆 1002 人、湖南 1001 人、新疆 976
人、浙江 940 人、河北 939 人、广东 890 人、山西 889 人、福建 883 人、江苏 811 人、山
东 793 人、内蒙古 762 人、江西 745 人、甘肃 738 人、辽宁 720 人、陕西 684 人、天津
632 人、湖北 629 人、西藏 573 人、黑龙江 538 人、吉林 485 人、上海 439 人、北京 343
人。其中,广西最多为 1406 人,北京最少为 343 人。

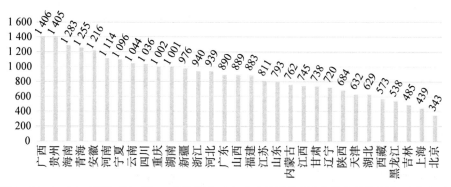

图 1-55　2017 年全国各省(直辖市、自治区)每十万人中等职业学校在校生数分布情况(单位:人)

(2) 每十万人高等职业学校在校生数

从图 1-56 结果可知,2017 年每十万人高等职业学校在校生数从高到低分别
为江西 1120 人、天津 1110 人、陕西 1040 人、山东 978 人、河南 970 人、重庆 953 人、
湖北 911 人、贵州 868 人、广西 839 人、江苏 836 人、湖南 831 人、海南 812 人、安徽
796 人、内蒙古 775 人、四川 764 人、山西 742 人、广东 734 人、河北 709 人、浙江 682
人、新疆 680 人、甘肃 661 人、福建 648 人、辽宁 638 人、宁夏 624 人、云南 608 人、吉
林 607 人、上海 574 人、黑龙江 570 人、青海 493 人、北京 357 人、西藏 339 人。其中,
江西最多为 1120 人,西藏最低为 339 人。

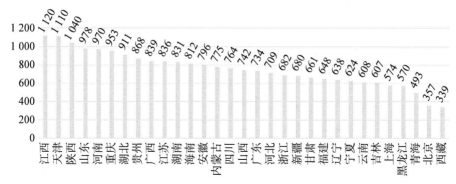

图 1-56 2017 年全国各省(直辖市、自治区)每十万人高等职业学校
在校生数分布情况(单位:人)

三、继续推动职业教育发展的基本方向与改革策略

在党的十八大以来的五年里,在党和国家出台系列政策推动下,在职业教育战线共同努力下,职业教育取得了巨大的改革成绩,为未来职业教育的进一步发展奠定了坚实基础。与此同时,由于职业教育底子薄、制度不健全、现代化水平不高、办学资源缺口较大、区域间与校际的差距明显等问题,职业教育的现代化建设依然任重道远,需要在现有发展基础上,继续攻坚克难,争取早日实现职业教育强国梦想。

(一)摆脱低层次定位,实现职业教育类型化发展

过去,职业教育被看作是低于普通教育的一种教育层次,导致职业教育在招生、人才培养、就业等各个环节均受到歧视。在招生环节,职业教育招生批次通常排在普通教育之后,导致职业教育只能在普通教育筛选之后,从剩下的生源中招生。在人才培养环节,职业教育的育人价值和人才培养能力被质疑,社会将职业院校弱化为维持社会稳定的场所,而轻视或漠视其育人功能。在就业环节,职业院校毕业生在劳动力市场中受到显性或隐性歧视,并没有按照其技术技能水平给予公平竞争的就业机会。

党的十八大以来,职业教育得到了国家和社会越来越多的重视,但要摆脱低层次定位,还要进一步推动职业教育的类型化发展,实现职业教育与普通教育同等地位、协同发展。首先,从法律层面和政策层面确立职业教育的类型教育地位,为职业教育的类型化发展提供制度性保障,只有从国家制度设计层面确立了职业教育的类型定位,才能为职业教育进一步谋划类型化发展奠定坚实基础。其次,职业教育要探索符合自身发展规律的办学模式,不能全盘参照普通教育办学,而要研究技术技能人才成长的特殊规律,遵循技术技能成长的规律重构人才培养体系,建立符合职业教育类型特色的教育标准、评价体系,使职业教育按照自身独特教育规律开展教育教学活动。最后,以"产教融合、校企合作、工学结合、知行合一"为基本逻辑,整合政府、产业、教育、社会等多元主体力量,协同推进职业教育专业、课程、教学的类型化改革。

(二) 适应经济社会发展,健全现代职业教育体系

职业教育与经济社会发展紧密联系在一起,现代职业教育体系建设并不是孤立的教育行动,而是与我国现代经济社会发展,特别是产业结构调整进程同步的集体行动。改革开放初期,我国经济发展主要是依靠中低端产业的壮大,相关产业生产对产业工人的技术技能与素质要求并没有那么高。大量农村和城市剩余劳动力经过简单上岗培训,就可以胜任岗位工作,因而不需要大力发展职业教育,特别是高等职业教育。然而,随着经济社会发展的水平不断提高,我国产业形态也在技术进步、价值链地位提升等因素影响下,不断助推着结构转型升级,越来越多的中高端产业涌现、中低端产业革新,对相关产业一线生产、服务人员的技术技能水平和综合素质提出了更高要求,因而培养技术技能人才的职业教育也受到更多关注和更高重视。随着我国经济社会的进一步发展,我国产业体系将更加完善,也要求建立更加完整的现代职业教育体系,使职业教育在层次上完成高位突破,在类型上与普通教育融通、与职后培训衔接。

由此,在层次上,健全职业教育纵向贯通体系,打通职业教育的"断头路",突破职业教育只有中等职业、高等职业的学历层次天花板,举办本科层次、研究生层次的职业教育,形成完整的中职—专科—本科职业教育人才培养层次结构,为从低到高的技术技能人才培养提供完善的职业教育服务。同时,逐步完善职业教育招生考试制度,建立符合职业学校学生发展规律的学历提升路径。在类型上,致力于塑造现代职业教育的开放体系,进一步加强与普通教育的有效沟通,促进职前学校教育与职后工作培训的有效衔接与一体化建设。为此,推动国家资历框架和学分银行建设势在必行,为职业资格证书与学历证书、正式学习与非正式学习成果的等值互通建立科学有效的机制,以此满足不同群体获取知识、技能的多样化需求。

(三) 推进职业教育治理体系和治理能力的现代化

党的第十八届三中全会通过的《中共中央关于全面深化改革若干重大问题的

决定》提出要"推进国家治理体系和治理能力现代化",作为国家技术技能人才培养重要事业的职业教育,在国家治理体系和治理能力现代化建设的整体布局下,也需要完成职业教育治理体系与治理能力的现代化建设任务。治理体系和治理能力是中国特色社会主义制度运行系统与制度执行能力的集中表述,推进国家治理体系和治理能力现代化,是中国特色社会主义发展到新阶段,面临国内国际新形势、新问题、新挑战的情况下,进一步推动国家制度体系改革、提升国家事务处理能力的重要决策。在新发展阶段,职业教育治理体系和治理能力在过去职业教育改革发展中发挥了基础性保障作用,但随着现代职业教育体系的建立健全,职业教育也面临新的治理问题,特别是一些结构性问题需要解决。这就需要职业教育改革完善治理体系、增强职业教育治理能力,满足职业教育现代化发展的需要。

为了推进职业教育治理体系和治理能力的现代化,首先,理顺职业教育治理主体关系。当前中国职业教育发展存在"剃头挑子一头热"的问题,主要依靠政府、学校推动,行业、企业等利益相关主体参与积极性不够、参与程度不深、参与时间不长久、参与效果不佳。其根本原因在于相关利益主体的现实需要不能得到有效满足,甚至存在利益冲突的问题。因此,理顺职业教育治理主体关系是首先要解决的问题,从而让职业教育相关主体愿意合作,形成政府主导,学校、行业、企业、社会力量协同共治、合作共赢的良好局面。其次,健全职业教育治理制度体系,改革不适应职业教育现代化发展的举措。在职业教育治理方式上,处理好政府与市场的关系,通过政府引导、市场运作,深化产教融合、校企合作,并处理好公办与民办的关系,打破过去制度运行中不合理的束缚,创新职业教育资源配置机制,充分调动社会力量参与职业教育办学。最后,针对职业教育现代化发展中的各项任务、问题与风险,职业教育治理实践需要处理好科学治理、依法治理、民主治理的关系,并以善治为目标,全面提升职业教育现代化治理能力,有效推进职业教育发展任务,妥善解决职业教育改革难题,及时化解职业教育现代化转型风险。

(四)加大职业教育办学条件与资源配置宏观调控

从 2012 年—2017 年这五年的职业教育改革发展数据表现可以看得到,总体上,党的十八大以来,我国职业教育事业发展取得了巨大成就,办学规模不断扩大、经费投入持续增加、办学条件全面改善、师资队伍水平提升、培养成效和服务能力日益增强。然而,由于我国地域分布广阔,不同地区之间的社会、经济、文化发展情况差异明显,我国职业教育仍然存在发展不充分、不平衡的严重问题。其中,区域之间的职业教育发展不平衡问题严重,东部地区在职业院校办学规模、办学质量、资源保障等方面均远超中西部地区,当然校际之间的不均衡问题也同样突出。同时,高等职业院校相比中等职业学校而言,高等职业院校得到更多重视,成为我国职业教育发展主体,而中等职业学校存在潜在的衰落趋势,不利于职业教育的长远发展和全面发展。

为此,国家必须继续加大对职业教育的投入,按照教育规模、结构、质量、效益相统一的原则,改善职业教育办学条件、优化职业教育资源配置。由于我国人均资源占有率较低,地区之间的经济发展水平存在差距,地方政府的教育资源投入能力参差不齐,对职业教育投入的努力程度也不同,因而为了提高我国职业教育整体发展水平,保障不同地区、不同层次职业教育的全面协调发展,国家有必要加大对职业教育办学条件与资源配置的宏观调控。一方面,中央政府和地方政府共同分担职业教育资源供给,中央财政向经济落后地区提供一定倾斜,在有限的教育资源供给状况下,兼顾教育资源分配的公平与效率,为中西区域职业教育发展提供有力保障。另一方面,拓宽职业教育办学资源来源渠道,积极发挥市场机制,激发社会力量办学活力,补充政府的投入不足,为职业教育建立更加多元和充足的资源供给途径。

(五) 加强内部质量保障,提高职业院校办学能力

近年来,我国职业院校积极推动外延式规模发展,将学校办学目标聚焦在硬件设施建设和扩大招生上,人力、财力、物力等资源的投入使职业院校的办学条件得到改善,实现了职业院校外部质量评价指标的高速增长。然而,这个期间,职业教育的内涵建设在一定程度上被忽视,职业教育"重量轻质"的问题越来越明显,并成为制约职业教育进一步发展的原因。因此,在未来职业教育改革进程中,职业院校必须将内涵式发展作为重心,加强内部质量保障体系建设,将质量提升作为院校建设的首要任务,完善职业教育质量管理制度和机制,以内部质量的全面保障促进职业院校办学能力的提高。

其中,人才培养的内部质量保障是职业院校内部质量保障体系建设的核心,各职业院校应当将立德树人的育人工作作为重点,把提升技术技能人才培养质量摆到更加突出的位置上。同时,科学制定内部质量管理标准,建立全面覆盖、分级考察的内部质量管理标准体系,以此作为职业教育内部质量保障体系建设的依据,指导职业院校内部质量建设工作。在此基础上,不断加强教育教学软硬件建设,模拟企业的真实生产场景、真实工艺流程、典型产品加工制造流程,对接生产过程与教学过程;重点打造由行业专家、企业技术人员、学校骨干教师协同融合的混编教师团队,提升教师教育教学、科学研究、生产实践、国际合作与交流能力;紧跟时代和信息技术发展,开发活页式、工作手册式新教材,实施混合式、项目式、情景式教学方法。

(六) 改善毕业生就业环境,提升职业教育吸引力

党的十八大以后,职业教育通过不断增加投入、扩大学校规模、开办热门专业、降低招生门槛、实行注册入学制、健全学生资助体系、降低学生的消费成本等举措,增强职业教育的吸引力,但职业教育仍存在地位不显著、民众主动接受职业教育的意愿不强等问题。其深层次结构性原因在于,劳动力市场存在隐性不公平,接受职业教育的学生在就业时,很难切实享有与普通教育学生的平等地位,职业生涯发展过程中,也面临各种岗位歧视、薪酬弱势的不公平竞争问题,职业教育的毕业生在职业晋升过程中会遇到更多约束条件的阻碍。由此,提升职业教育吸引力不仅仅需要职业教育自身提高发展水平,更要从就业制度层面保障技术技能人才的劳动权益。

首先,改革"干部"与"工人"二元分割的人事管理制度,打破技术技能人才与专业技术人才间的身份壁垒,减少不同人才在社会身份和待遇上的差异,让技术技能人才与其他类型人才在就业市场上享有同等的竞争机会。其次,完善薪酬分配制度,根据技术技能人才的工作特征,建立多元薪酬分配体系,尤其是吸收"八级工"制度的有益经验,让技术技能人才依据技能等级、岗位性质、工作业绩等多元评价标准按劳取酬。再次,建立技术技能人才的职业发展通道,使技术技能人才拥有更加独立健全的晋升通道,按照不同岗位工作性质和内容,技术技能人才的知识技能、经验业绩等设立科学合理的晋升标准。最后,改善产业工人工作环境,完善周边设施配套,提高工人衣食住行的保障水平,加强接触腐蚀、爆炸、污染等危险工作内容的防护措施与监管力度,为产业工人创建更加安全、健康的工作环境。

第二部分

区域发展报告

一、2010—2017 年度区域职业教育事业发展报告

(一)职业教育办学规模

1. 中等职业教育学校数

表 2-1 展现了 2010—2017 年八大综合经济区中等职业教育学校数,从数据中可以看出,东部沿海综合经济区在 2010 年到 2017 年间的中等职业教育学校数减少幅度最大,从 2010 年的 878 所减少到 2017 年的 573 所,减幅为 34.73%;其次是长江中游综合经济区,从 2010 年的 2 035 所减少到 2017 年的 1 481 所,减幅为 27.22%;大西北综合经济区的中等职业教育学校数减少幅度最小,从 2010 年的 538 所减少到 2017 年的 447 所,减幅为 16.91%。其他综合经济区的减少幅度在 19%—27% 之间,分别是东北综合经济区减少 25.12%,北部沿海综合经济区减少 26.61%,南部沿海综合经济区减少 24.08%,黄河中游综合经济区减少 23.17%,大西南综合经济区减少 19.21%。

表 2-1　2010—2017 年八大综合经济区中等职业教育学校数(单位:所)

	2010 年	2011 年	2012 年	2013 年	2014 年	2015 年	2016 年	2017 年	减幅
东北综合经济区	1 067	1 047	1 004	986	956	821	801	799	25.12%
北部沿海综合经济区	1 597	1 478	1 407	1 341	1 265	1 235	1 205	1 172	26.61%
东部沿海综合经济区	878	808	755	717	668	632	593	573	34.73%
南部沿海综合经济区	951	885	856	819	809	778	754	722	24.08%

续　表

	2010 年	2011 年	2012 年	2013 年	2014 年	2015 年	2016 年	2017 年	减幅
黄河中游综合经济区	2 059	1 883	1 809	1 741	1 711	1 673	1 610	1 582	23.17%
长江中游综合经济区	2 035	1 873	1 790	1 696	1 640	1 572	1 517	1 481	27.22%
大西南综合经济区	1 739	1 658	1 614	1 561	1 511	1 466	1 422	1 405	19.21%
大西北综合经济区	538	537	527	519	500	480	465	447	16.91%

如图 2-1 所示,2010 年到 2017 年间,八大综合经济区的中等职业教育学校数均呈逐渐下降趋势。在不同综合经济区之间,黄河中游综合经济区、长江中游综合经济区在中等职业教育学校数的整体规模和各年变化趋势两方面都比较接近,并且学校数在八大综合经济区中长期位列前二;大西南综合经济区的学校数在2016—2017 年经过变化与黄河中游综合经济区、长江中游综合经济区更为接近,位列第三;北部沿海综合经济区的中等职业教育学校数属于中游水平,且处于分水岭的位置,与上层区域和下层区域的差距都较大;东北综合经济区的学校数在 2014—2015 年间发生大幅度减少后,下降趋势平缓,在规模上与南部沿海综合经济区相

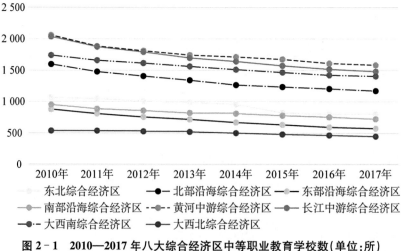

图 2-1　2010—2017 年八大综合经济区中等职业教育学校数(单位:所)

当;东部沿海综合经济区的坡度较陡,下降幅度较大,经过2016—2017年的变化,东部沿海综合经济区的中等职业教育学校规模与大西北综合经济区之间的差距进一步缩小;而大西北综合经济区的中等职业教育学校数一直最低;2010—2017年间,各经济综合区的中等职业教育学校数排名未发生改变。

2. 中等职业教育在校学生数

表2-2展现了2010—2017年八大综合经济区中等职业教育在校学生数,从数据中可以看出,黄河中游综合经济区在2010年到2017年间的中等职业教育在校学生数减少幅度最大,从2010年的3 174 195人减少到2017年的1 849 278人,减幅为41.74%;其次是东北综合经济区,从2010年的1 080 155人减少到2017年的649 987人,减幅为39.82%;大西南综合经济区的中等职业教育在校学生数减少幅度最小,从2010年的3 389 093人减少到2017年的2 859 195人,减幅为15.64%。其他综合经济区的减少幅度在23%—34%之间,分别是北部沿海综合经济区减少33.90%,东部沿海综合经济区减少29.40%,南部沿海综合经济区减少34.34%,长江中游综合经济区减少31.55%,大西北综合经济区减少23.29%。

如图2-2所示,2010年到2017年间,八大综合经济区的中等职业教育在校学生数均呈逐渐下降趋势。在不同综合经济区之间,大西南综合经济区、长江中游综合经济区、黄河中游综合经济区在校学生数位居前三,其中大西南综合经济区的中等职业教育在校学生数遥遥领先,明显高于其他7个区域,并且长期位居首位,2010—2017年间呈现下降趋势,但发展平缓,在校生规模稳定;黄河中游综合经济区与长江中游综合经济区的中等职业教育在校学生在2010—2012年间大体一致,2012—2016年间,两区域之间的差距逐渐增大,而2016—2017年间,两区域之间的差距又呈现缩小趋势;北部沿海综合经济区、南部沿海综合经济区2013年、2014年、2015年的中等职业教育在校学生数大体一致,在2016—2017年拉开了距离,截止到2017年,北部沿海综合经济区的在校学生数略高于南部沿海综合经济区;大西北综合经济区的中等职业教育在校学生数一直最低,而东北综合经济区的在校生数加速降低,至2017年,仅仅略高于大西北综合经济区。总体而言,各个区域的中等职业教育在校学生数排名2016—2017年间大体不变,也未出现明显的变化节点。

表 2 - 2　2010—2017 年八大综合经济区中等职业教育在校学生数（单位：人）

	2010 年	2011 年	2012 年	2013 年	2014 年	2015 年	2016 年	2017 年	减幅
东北综合经济区	1 080 155	996 748	902 454	816 604	726 454	688 955	664 470	649 987	39.82%
北部沿海综合经济区	2 530 051	2 520 200	2 376 529	2 046 205	1 823 393	1 664 114	1 654 744	1 672 450	33.90%
东部沿海综合经济区	1 826 497	1 732 993	1 659 636	1 525 537	1 388 395	1 323 472	1 285 207	1 289 484	29.40%
南部沿海综合经济区	2 220 737	2 242 350	2 220 612	2 074 170	1 849 312	1 685 903	1 561 366	1 458 169	34.34%
黄河中游综合经济区	3 174 195	2 987 990	2 742 044	2 329 770	2 112 021	1 944 168	1 834 217	1 849 278	41.74%
长江中游综合经济区	3 159 428	3 034 966	2 786 240	2 513 738	2 369 315	2 281 913	2 180 025	2 162 688	31.55%
大西南综合经济区	3 389 093	3 445 897	3 448 304	3 349 768	3 236 033	3 138 559	2 961 800	2 859 195	15.64%
大西北综合经济区	784 291	787 924	763 001	708 050	658 204	625 330	616 775	601 642	23.29%

图 2 - 2 2010—2017 年八大综合经济区中等职业教育在校学生数(单位:人)

3. 高等职业教育学校数

表 2 - 3 展现了 2010—2017 年八大综合经济区高等职业教育学校数及其增幅,横向上看,截至 2017 年,八大综合经济区高等职业教育的学校数值位于 78—265 之间,少于 100 所的地区仅大西北综合经济区;100—200 所的区域有 4 个,分别是东北综合经济区、北部沿海综合经济区、东部沿海综合经济区、南部沿海综合经济区;200 所及以上的区域有 3 个,分别是黄河中游综合经济区、长江中游综合经济区、大西南综合经济区。纵向上看,2010—2017 年间,东北综合经济区的高等职业教育学校数最少 111 所,最多 118 所,增幅为 5.36%;北部沿海综合经济区的高等职业教育学校数最少 181 所,最多 190 所,增幅为 4.97%;东部沿海综合经济区最少 156 所,最多 164 所,增幅为 5.13%;南部沿海综合经济区的高等职业教育学校数最少 140 所,最多 151 所,增幅为 7.86%;黄河中游综合经济区的高等职业教育学校数最少 178 所,最多 200 所,增幅为 12.36%;长江中游综合经济区的高等职业教育学校数最少 244 所,最多 265 所,增幅为 8.61%;大西南综合经济区的高等职业教育学校数最少 177 所,最多 222 所,增幅为 25.42%;大西北综合经济区的高等职业教育学校数最少 58 所,最多 78 所,增幅为 34.48%,7 年间各个地区的高职学校数量都有所增加,其中大西北、大西南和黄河中游综合经济区增幅最大,分别为 34.48%、25.42%、12.36%,其余地区的增幅介于 4.97%—8.61% 的区间。

表 2 - 3　2010—2017 年八大综合经济区高等职业教育学校数(单位:所)

	2010 年	2011 年	2012 年	2013 年	2014 年	2015 年	2016 年	2017 年	增幅
东北综合经济区	112	111	112	116	114	115	117	118	5.36%
北部沿海综合经济区	181	185	185	189	187	187	186	190	4.97%
东部沿海综合经济区	156	158	161	160	161	162	163	164	5.13%
南部沿海综合经济区	140	142	145	146	145	145	147	151	7.86%
黄河中游综合经济区	178	188	191	198	197	198	195	200	12.36%
长江中游综合经济区	244	250	256	256	256	262	262	265	8.61%
大西南综合经济区	177	185	188	196	198	202	213	222	25.42%
大西北综合经济区	58	61	59	60	69	70	76	78	34.48%

如图 2 - 3 所示,八大综合经济区的高等职业教育学校数在 2010 年到 2017 年间呈现稳步上升趋势,其中长江中游综合经济区的高等职业教育学校数始终位居

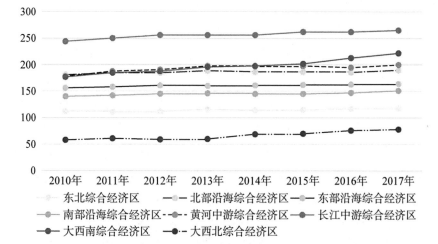

图 2 - 3　2010—2017 年八大综合经济区高等职业教育学校数(单位:所)

首位并遥遥领先,与其他区域之间存在明显差距;大西南综合经济区的高等职业教育学校数在 2015 年后大幅增加,跃居第二位;黄河中游综合经济区的高等职业教育学校数从 2012 年开始超过北部沿海综合经济区,成为第三位;北部沿海综合经济区位居第四,但整体规模与黄河中游综合经济区较为相近;东部沿海综合经济区位居第五,南部沿海综合经济区的高等职业教育学校数略低,位居第六,两区域规模相近;东北综合经济区位居第七,与前六个区域之间存在明显的差距;大西北综合经济区的高等职业教育学校数长期位于八大综合经济区的末尾。

4. 高等职业教育在校学生数

表 2-4 展现了 2010—2017 年八大综合经济区高等职业教育在校学生数,从数据中可以看到,在校生数减少的两大区域是东北综合经济区和东部沿海综合经济区,在校生数分别减少了 2 981 人、33 028 人,减幅分别为 0.45%、2.69%;其余六大综合经济区为增长区,大西南综合经济区的高等职业教育在校学生数增加量最大,从 2010 年的 1 265 273 人,增加至 2017 年的 1 940 140 人,增加了 674 867 人,同时增长幅度也遥遥领先,为 53.34%;黄河中游综合经济区的高等职业教育在校学生数增加量次之,从 2010 年的 1 595 662 人,增加至 2017 年的 1 796 851 人,增加了 201 189 人,而增长幅度位列第四,为 12.61%;大西北综合经济区的在校生数增量在八大区域中并不突出,从 2010 年的 312 210 人,增加至 2017 年的 423 346 人,增加了 111 136 人,增长幅度位列第二,为 35.60%;北部沿海综合经济区的高等职业教育在校学生数增加的人数和幅度均为最小,从 2010 年的 1 651 546 人增加到 2017 年的 1 762 075 人,增加了 110 529 人,增幅为 6.69%,与之增幅相近的是长江中游综合经济区,增幅为 9.16%,属于增幅小于 10% 的两个区域之一。

根据图 2-4 显示,2010 年到 2017 年间,八大综合经济区的高等职业教育在校学生数整体上呈现上升态势。在不同综合经济区之间,长江中游综合经济区长期位于首位,且与其他七大综合经济区拉开一定距离;北部沿海综合经济区与黄河中游综合经济区在规模和发展态势两方面大体相当,呈现出稳中求进的发展趋势;大西南综合经济区在 2010—2014 年间在整体规模上位列第四,但 2014—2017 年间快速超过北部沿海综合经济区与黄河中游综合经济区,位列第二;东部沿海综合经济区与南部沿海综合经济区的高等职业教育在校学生数属于中游水平,且东部沿海综合经济区高等职业教育在校学生数有下降趋势,而南部沿海综合经济区缓慢上

中国职业教育发展报告(2016—2017)

表 2－4　2010—2017 年八大综合经济区高等职业教育在校学生数（单位：人）

	2010 年	2011 年	2012 年	2013 年	2014 年	2015 年	2016 年	2017 年	增幅
东北综合经济区	662 645	636 393	628 620	645 346	663 214	677 351	676 646	659 664	−0.45%
北部沿海综合经济区	1 651 546	1 605 058	1 574 194	1 565 931	1 616 103	1 697 997	1 757 897	1 762 075	6.69%
东部沿海综合经济区	1 228 756	1 206 574	1 197 289	1 197 883	1 206 196	1 210 404	1 205 750	1 195 728	−2.69%
南部沿海综合经济区	1 000 797	1 032 366	1 063 128	1 102 715	1 142 590	1 159 233	1 150 550	1 148 718	14.78%
黄河中游综合经济区	1 595 662	1 556 305	1 549 724	1 553 746	1 581 238	1 642 350	1 711 770	1 796 851	12.61%
长江中游综合经济区	1 944 908	1 916 728	1 880 165	1 862 598	1 920 099	2 034 067	2 104 459	2 123 027	9.16%
大西南综合经济区	1 265 273	1 309 174	1 400 906	1 451 535	1 567 926	1 688 819	1 827 617	1 940 140	53.34%
大西北综合经济区	312 210	325 903	348 241	356 619	368 980	375 899	394 209	423 346	35.60%

升。截至 2017 年,两大区域的高等职业教育在校学生数达到相近水平;东北综合经济区、大西北综合经济区的高等职业教育的在校生数属于下游水平,大西北综合经济区的高等职业教育在校学生数一直最低,但在逐步缩小与东北综合经济区之间的差距,其他综合区的高等职业教育在校学生数排名基本不变。

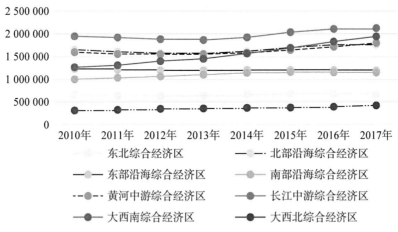

图 2 - 4　2010—2017 年八大综合经济区高等职业教育在校学生数(单位:人)

(二) 职业教育经费支出

1. 中等职业教育经费支出

表 2-5 展现了 2010—2017 年八大综合经济区中等职业教育经费支出情况,从数据中可以看到,长江中游综合经济区在 2010—2017 年间的中等职业教育经费支出的增长优势不明显,但增加幅度最大,从 2010 年的 69.25 亿元,增加到 2017 年的213.54 亿元,增加了 144.29 亿元,增幅为 208.36%;大西南综合经济区的中等职业教育经费支出增加额度最大,从 2010 年的 110.08 亿元增加到 2017 年的 269.04 亿元,增加了 158.96 亿元,但增幅仅位列八大综合经济区域的第五位,增幅为144.40%;东北综合经济区的中等职业教育经费支出增加额度和增幅均为最小,从2010 年的 57.12 亿元增加到 2017 年的 102.47 亿元,增加了 45.35 亿元,增幅为79.39%。在八大综合经济区域之中,大部分区域在 2010—2017 年间的中等职业教育经费支出都实现了翻倍增长,实现两倍以上增长的区域是长江中游综合经济区;实现一倍以上增长的有五个区域,按照增长幅度由高到低分别是南部沿海综合经济区、大西北综合经济区、东部沿海综合经济区、大西南综合经济区、北部沿海综合

经济区;未能实现成倍增长的有两个区域,分别是黄河中游综合经济区以及东北综合经济区。

表 2-5 2010—2017 年八大综合经济区中等职业教育经费支出(单位:亿元)

	2010 年	2011 年	2012 年	2013 年	2014 年	2015 年	2016 年	2017 年	增幅
东北综合经济区	57.12	70.79	78.82	89.93	84.48	96.69	106.31	102.47	79.39%
北部沿海综合经济区	129.56	160.22	201.23	206.71	209.7	255.17	266.55	286.20	120.90%
东部沿海综合经济区	102.04	130.39	164.52	193.45	195.89	227.17	242.77	259.06	153.88%
南部沿海综合经济区	88.66	104.65	128.22	151.21	163.59	190.54	216.28	235.78	165.94%
黄河中游综合经济区	101.09	136.49	153.17	152.35	146.92	168.79	178.21	190.12	88.07%
长江中游综合经济区	69.25	89.52	119.93	133.55	129.18	170.18	200.69	213.54	208.36%
大西南综合经济区	110.08	141.24	170.18	197.98	186.94	227.56	257.57	269.04	144.40%
大西北综合经济区	35.40	46.16	53.15	56.56	59.16	68.31	80.39	92.75	162.01%

根据图 2-5 所示,2010 年到 2017 年间,八大综合经济区的中等职业教育经费支出整体上呈现波动式上升的发展趋势。在不同综合经济区之间,北部沿海综合经济区的中等职业教育教育经费支出一直位列第一,但与其他区域之间的差距较小;大西南综合经济区与东部沿海综合经济区这两大综合经济区呈现相互追赶、难分伯仲的发展样态,截至 2017 年大西南综合经济区的中等职业教育经费支出略高于东部沿海综合经济区;南部沿海综合经济区、长江中游综合经济区、黄河中游综合经济区的中等职业教育经费支出位于八大区域的中游水平,2010—2017 年间,黄河中游综合经济区由第四位跌至第六位,而长江中游综合经济区实现了对黄河中游综合经济区的赶超,由第六位上升至第五位,南部沿海综合经济区在 2013 年对黄河中游综合经济区实现了赶超,位居第四位;大西北综合经济区的中等职业教育经费支出一直最低,但在逐步缩小与东北综合经济区之间的差距。

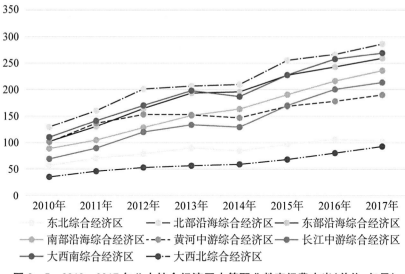

图 2－5 2010—2017 年八大综合经济区中等职业教育经费支出(单位:亿元)

2. 高等职业教育经费支出

表 2－6 展现了 2010—2017 年八大综合经济区经济发展情况。从数据中可以看到,南部沿海综合经济区在 2010 年到 2017 年间的经济增长幅度最大,从 2010 年的 46.03 亿元,增加到 2017 年的 128.49 亿元,增加了 82.46 亿元,同时增幅也位列第一,并明显高于其他区域,增幅为 179.14%;其次是东北综合经济区,从 2010 年的 23.77 亿元,增加到 2017 年的 64.14 亿元,增加了 40.37 亿元,同时增幅位列第二,为 169.84%;大西北综合经济区的经费支出增长额最小,从 2010 年的 21.49 亿元增加到 2017 年的 48.43 亿元,仅增加了 26.94 亿元,但增幅并非最低,增幅为 125.36%,位列第六;长江中游综合经济区的增幅最低,增幅为 93.13%。

表 2－6 2010—2017 年八大综合经济区高等职业教育经费支出(单位:亿元)

	2010 年	2011 年	2012 年	2013 年	2014 年	2015 年	2016 年	2017 年	增幅
东北综合经济区	23.77	37.58	52.04	44.91	45.57	58.43	56.73	64.14	169.84%
北部沿海综合经济区	66.84	111.7	124.15	113.69	130.71	141.85	146.15	172.43	157.97%

续　表

	2010 年	2011 年	2012 年	2013 年	2014 年	2015 年	2016 年	2017 年	增幅
东部沿海综合经济区	68.20	70.14	91.26	101.55	115.20	139.00	155.03	162.06	137.62%
南部沿海综合经济区	46.03	46.75	59.82	61.55	68.34	94.98	113.82	128.49	179.14%
黄河中游综合经济区	52.46	80.65	94.35	102.05	99.35	112.35	117.05	121.15	130.94%
长江中游综合经济区	80.65	94.35	102.05	99.35	119.68	134.32	145.62	155.76	93.13%
大西南综合经济区	74.08	87.54	99.82	110.94	125.39	141.84	150.56	161.83	118.45%
大西北综合经济区	21.49	25.37	31.18	29.72	31.27	36.5	42.16	48.43	125.36%

　　根据图 2 - 6 所示,2010 年到 2017 年间,八大综合经济区的高等职业教育经费支出整体呈现波动上升的趋势。在不同综合经济区之间,长江中游综合经济区、北部沿海综合经济区、东部沿海综合经济区、大西南综合经济区位于上游水平,南部沿海综合经济区和黄河中游综合经济区位于中游水平,东北综合经济区与大西北

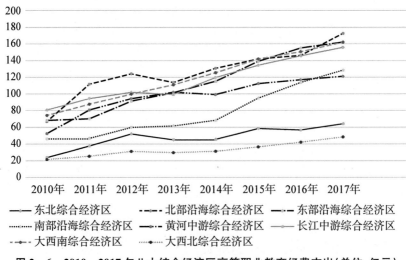

图 2 - 6　2010—2017 年八大综合经济区高等职业教育经费支出(单位:亿元)

综合经济区位于下游水平;长江中游综合经济区的高等职业教育经费支出在2010年位居首位,但在之后几年陆续被其他的三个综合经济区超越,2015—2017年间始终位居第四;而北部沿海综合经济区的高等职业教育经费支出则在2011—2015年间位居首位,并在2016年排名第三以后,于2017年再登首位;2010—2017年间大西北综合经济区的高等职业教育经费支出始终处于最低水平,与一直保持倒数第二的东北综合经济区之间差距也并未缩小。

(三) 职业教育教学仪器设备值

1. 中等职业教育教学仪器设备值

表2-7展现了2010—2017年八大综合经济区中等职业教育教学仪器设备值情况。从数据中可以看到,从2010年到2017年,八大综合经济区的中等职业教学仪器设备值总体呈现增长趋势,显示出这些经济区域的中等职业教育投入在这段时间内持续增加。2017年的中等职业教育教学仪器设备值最高的经济区域是东部沿海综合经济区,为1 523 080万元,其次是北部沿海综合经济区和大西南综合经济区,分别为1 314 886万元和1 248 945万元,这三个区域的高等职业经费支出明显高于其他区域。从增幅的角度看,东北综合经济区、黄河中游综合经济区的增幅都在70%以上,表示这些区域的高等职业经费支出增长较快。长江中游综合经济区的中等职业教育教学设备值增加幅度最小,从2010年的578 750万元,增加至2017年的959 414万元,增加了380 664万元,增幅为65.77%;其他综合经济区中等职业教育教学设备值的增值在268 583万元至606 018万元不等。

根据图2-7所示,2010年到2017年间,八大综合经济区的中等职业教育教学仪器设备值均呈逐渐上升趋势。在不同综合经济区之间,东部沿海综合经济区、大西南综合经济区、北部沿海综合经济区、南部沿海综合经济区、长江中游综合经济区、黄河中游综合经济区的中等职业教育教学仪器设备值位居前六,与东北综合经济区、大西北综合经济区之间具有一定差距。其中,东部沿海综合经济区的中等职业教育教学仪器设备值长期位居首位,并且与其他经济区之间差距较大,保持良好态势。大西南综合经济区于2013年开始,中等职业教育教学仪器设备值逐步赶超北部沿海综合经济区、长江中游综合经济区,至2017年位居第二位。大西北综合经济区的中等职业教育教学仪器设备值一直最低,但在逐步缩小与东北综合经济区之间的差距,其他综合经济区的中等职业教学仪器设备值排名基本不变。

中国职业教育发展报告(2016—2017)

表2-7 八大综合经济区中等职业教育教学仪器设备值(单位:万元)

	2010年	2011年	2012年	2013年	2014年	2015年	2016年	2017年	增幅
东北综合经济区	269 106	279 539	299 722	314 142	342 003	371 033	411 073	465 241	72.88%
北部沿海综合经济区	649 188	717 020	760 640	856 721	921 988	1 023 291	1 132 613	1 248 945	92.39%
东部沿海综合经济区	759 700	812 191	905 406	1 039 057	1 122 477	1 240 760	1 356 515	1 523 080	100.48%
南部沿海综合经济区	596 742	583 508	628 420	753 446	864 286	905 157	991 674	1 080 866	81.13%
黄河中游综合经济区	473 271	514 628	623 729	649 422	704 992	734 714	756 531	841 871	77.88%
长江中游综合经济区	578 749	696 937	767 561	850 841	840 748	875 518	910 377	959 413	65.77%
大西南综合经济区	593 389	638 531	732 444	848 986	990 562	1 066 139	1 203 872	1 314 886	121.59%
大西北综合经济区	156 236	177 225	216 929	246 164	287 492	311 848	331 742	363 117	132.42%

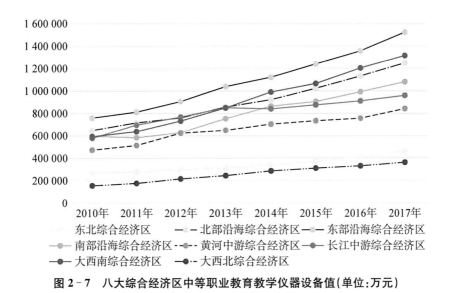

图 2-7　八大综合经济区中等职业教育教学仪器设备值(单位:万元)

2. 高等职业教育教学仪器设备值

表 2-8 展现了 2010—2017 年八大综合经济区高等职业教育教学仪器设备值情况。从数据中可以看到,从 2010 年到 2017 年,八大综合经济区的高等职业教育教学仪器设备值总体呈现增长趋势,显示出这些经济区域的高等职业教育教学仪器设备投资在这段时间内持续增加。2017 年的高等职业教育教学仪器设备值最高的经济区域是北部沿海综合经济区,为 1 819 179 万元,其次是东部沿海综合经济区和黄河中游综合经济区,分别为 1 621 262 万元和 1 519 805 万元,这三个区域的高等职业教育教学仪器设备值明显高于其他区域。从增幅的角度看,大西南综合经济区、大西北综合经济区的增幅都在 100％以上,表示这些区域的高等职业教育教学仪器设备值增长较快,而东北综合经济区、东部沿海综合经济区和黄河中游综合经济区的增幅在 70％左右,增长较为平稳。大西北综合经济区的高等职业教育教学仪器设备值增加幅度最大,从 2010 年的 171 168 万元,增加至 2017 年的 426 899 万元,增加了 255 731 万元,增幅为 149.40％;大西南综合经济区的高等职业教育教学仪器设备值增加幅度次之,从 2010 年的 665 812 万元,增加至 2017 年的 1 477 723 万元,增加了 811 911 万元,增幅为 121.94％;长江中游综合经济区的高等职业教育教学仪器设备值增加幅度最小,从 2010 年的 1 003 143 万元,增加至 2017 年的 1 511 393 万元,仅增加了 508 250 万元,增幅仅为 50.67％。

中国职业教育发展报告(2016—2017)

表 2 - 8　八大综合经济区高等职业教育教学仪器设备值(单位:万元)

	2010年	2011年	2012年	2013年	2014年	2015年	2016年	2017年	增幅
东北综合经济区	412 787	457 022	465 240	505 159	542 589	578 295	639 087	702 672	70.23%
北部沿海综合经济区	1 178 879	1 250 021	1 329 151	1 430 179	1 525 366	1 643 676	1 745 371	1 819 179	54.31%
东部沿海综合经济区	958 738	1 101 512	1 238 838	1 353 747	1 309 433	1 406 631	1 509 584	1 621 262	69.10%
南部沿海综合经济区	590 774	649 042	684 068	754 744	804 078	884 627	976 370	1 100 864	86.34%
黄河中游综合经济区	874 537	882 923	963 694	1 068 804	1 099 773	1 219 967	1 352 547	1 519 805	73.78%
长江中游综合经济区	1 003 143	1 044 571	1 076 838	1 144 935	1 261 739	1 310 539	1 382 676	1 511 393	50.67%
大西南综合经济区	665 812	730 755	775 609	943 880	1 126 319	1 226 005	1 313 199	1 477 723	121.94%
大西北综合经济区	171 168	218 191	202 171	225 216	260 738	288 305	357 922	426 899	149.40%

根据图 2-8 所示,2010 年到 2017 年间,八大综合经济区的高等职业教育教学仪器设备值均呈逐渐上升趋势。在不同综合经济区之间,北部沿海综合经济区、东部沿海综合经济区、长江中游综合经济区、黄河中游综合经济区、大西南综合经济区高等职业教育教学仪器设备值位居前五,与南部沿海综合经济区、东北综合经济区、大西北综合经济区之间具有一定差距。其中,北部沿海综合经济区的高等职业教育教学仪器设备值长期位居首位,处于领先地位,并呈稳步上升态势。大西南综合经济区于 2014 年开始,高等职业教育教学仪器设备值逐步赶超黄河中游综合经济区,并在 2014 年至 2017 年之间与黄河中游综合经济区持平。大西北综合经济区的高等职业教育教学仪器设备值一直最低,其他综合区的高等职业教育教学仪器设备值排名基本不变。

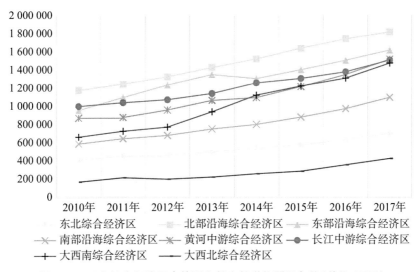

图 2-8 八大综合经济区高等职业教育教学仪器设备值(单位:万元)

(四) 职业教育专任教师

1. 中等职业教育专任教师

表 2-9 展现了 2010—2017 年八大综合经济区中等职业教育专任教师数量情况。2017 年的中等职业专任教师数最多的经济区域是大西南综合经济区,为 114 075 人,其次是北部沿海综合经济区和黄河中游综合经济区,分别为 107 224 人和 102 649 人,这三个区域的中等职业教育专任教师数明显多于其他区域。从增幅的角度看,大西南综合经济区的中等职业教育专任教师数增加幅度最大,从 2010 年的

101 970 人,增加至 2017 年的 114 075 人,增加了 12 105 人,增幅为 11.87%;东北综合经济区的中等职业教育专任教师数减少幅度最大,从 2010 年的 59 546 人,减少至 2017 年的 48 131 人,减少了 11 415 人,降幅为 19.17%;大西北综合经济区的中等职业教育专任教师减少幅度最小,从 2010 年的 30 425 人,减少至 2017 年的 30 325 人,减少了 100 人,降幅为 0.33%;其他综合经济区中等职业教育专任教师数的减少值在 13 369 人至 16 618 人不等。

表 2-9　八大综合经济区中等职业教育专任教师数(单位:人)

	2010 年	2011 年	2012 年	2013 年	2014 年	2015 年	2016 年	2017 年	增幅
东北综合经济区	59 546	58 301	58 061	56 017	55 097	50 855	49 189	48 131	−19.17%
北部沿海综合经济区	120 820	117 116	112 751	108 573	107 435	106 406	106 256	107 224	−11.25%
东部沿海综合经济区	82 677	83 082	84 004	85 300	84 895	84 135	83 378	84 367	2.04%
南部沿海综合经济区	65 350	68 063	68 482	67 339	67 137	66 651	65 956	66 097	1.14%
黄河中游综合经济区	119 267	118 514	117 277	111 083	109 161	106 923	105 001	102 649	−13.93%
长江中游综合经济区	100 899	105 323	102 870	97 499	94 524	91 783	88 403	87 530	−13.25%
大西南综合经济区	101 970	107 078	108 831	111 074	113 963	114 122	113 470	114 075	11.87%
大西北综合经济区	30 425	31 886	31 795	31 869	31 570	31 572	31 490	30 325	−0.33%

根据图 2-9 所示,2010 年到 2017 年间,八大综合经济区的中等职业教育专任教师数呈两类趋势。在不同综合经济区之间,一类是呈上升趋势,以东部沿海综合经济区、大西南综合经济区、南部沿海综合经济区为代表,另一类是呈下降趋势,以北部沿海综合经济区、黄河中游综合经济区、东北综合经济区、长江中游综合经济区、大西北综合经济区为代表。其中,自 2014 年起,大西南综合经济区的中等职业教育专任教师数位居首位,并一直处于领先地位。大西北综合经济区的中等职业教育专任教师数一直最低,其他综合区的中等职业教育专任教师数排名变化不大。

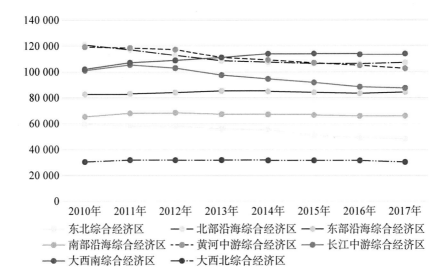

图2-9 八大综合经济区中等职业教育专任教师数(单位:人)

2.高等职业教育专任教师

表2-10展现了2010—2017年八大综合经济区高等职业教育专任教师数量情况。2017年的高等职业教育专任教师数最多的经济区域是长江中游综合经济区,为113 866人,其次是大西南综合经济区和黄河中游综合经济区,分别为102 650人和101 833人,这三个区域的高等职业专任教师数明显多于其他区域。从增幅的角度看,呈现两种结果,一种是正增长,以北部沿海综合经济区、南部沿海综合经济区、黄河中游综合经济区、长江中游综合经济区、大西南综合经济区、大西北综合经济区为代表,增幅在2%到43%之间,增幅差异较大,表明这些区域的高等职业教育专任教师数增长的差异较大;另一种是负增长,以东北综合经济区、东部沿海综合经济区为代表,减幅均为0.6%,减少幅度很小,表明这些区域的高等职业教育专任教师数减少数量很多。大西南综合经济区的高等职业教育专任教师数增加幅度最大,从2010年的71 788人,增加至2017年的102 650人,增加了30 862人,增幅为42.99%;大西北综合经济区的高等职业教育专任教师数增加幅度次之,从2010年的17 676人,增加至2017年的24 964人,增加了7 288人,增幅为41.23%;北部沿海综合经济区、南部沿海综合经济区、黄河中游综合经济区、长江中游综合经济区的高等职业教育专任教师数增加幅度在2%—18%之间。

表 2‑10　八大综合经济区高等职业教育专任教师数(单位:人)

	2010 年	2011 年	2012 年	2013 年	2014 年	2015 年	2016 年	2017 年	增幅
东北综合经济区	40 984	41 507	39 834	40 902	40 511	40 991	40 941	40 724	−0.63%
北部沿海综合经济区	96 279	93 036	92 473	91 678	92 004	94 975	95 990	98 455	2.26%
东部沿海综合经济区	76 321	76 677	77 740	78 332	74 187	75 644	75 509	75 854	−0.61%
南部沿海综合经济区	55 432	56 108	59 231	60 958	63 038	64 081	64 377	65 615	18.37%
黄河中游综合经济区	93 631	88 287	88 791	91 758	90 021	91 009	94 787	101 833	8.76%
长江中游综合经济区	108 664	108 377	106 072	104 780	105 490	110 159	111 275	113 866	4.79%
大西南综合经济区	71 788	73 701	77 055	81 791	88 392	93 739	97 224	102 650	42.99%
大西北综合经济区	17 676	18 118	19 049	19 660	20 813	21 570	22 458	24 964	41.23%

　　根据图 2‑10 所示,2010 年到 2017 年间,八大综合经济区的高等职业教育专任教师数呈三种趋势,一是以大西南综合经济区、南部沿海综合经济区、大西北综合经济区为代表的上升趋势;二是以长江中游综合经济区、北部沿海综合经济区、黄河中游综合经济区为代表的先减后增趋势;三是以东部沿海综合经济区、东北综合经济区为代表的下降趋势。在不同综合经济区之间,长江中游综合经济区、大西南综合经济区、北部沿海综合经济区、黄河中游综合经济区的高等职业专任教师数位居前四,与东部沿海综合经济区、南部沿海综合经济区、东北综合经济区、大西北综合经济区之间具有一定差距。其中,长江中游综合经济区的高等职业教育专任教师数长期位居首位,且处于领先地位,呈稳步上升态势。大西南综合经济区于 2015年开始,高等职业专任教师数逐步赶超黄河中游综合经济区,2016 年超过北部沿海综合经济区,至 2017 年位居第二位。大西北综合经济区的高等职业专任教师数一直处在最低,东部沿海综合经济区高等职业教育专任教师数排名下降较多,其他综合经济区排名基本不变。

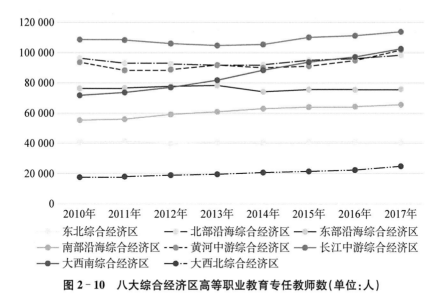

图 2-10 八大综合经济区高等职业教育专任教师数(单位:人)

(五)职业教育"双师型"教师

1. 中等职业教育"双师型"教师

表 2-11 展现了 2010—2017 年八大综合经济区中等职业教育"双师型"教师占比情况。从数据中可以看到,从 2010 年到 2017 年,八大综合经济区的中等职业"双师型"教师比例总体呈逐年上升趋势,显示出这些经济区域的中等职业"双师型"教师比例在这段时间内逐步增加。2017 年的中等职业教育"双师型"教师比例较高的经济区域是东部沿海综合经济区和南部沿海综合经济区,分别为 40.19% 和 39.87%,再次是长江中游综合经济区,为 38.74%,这三个区域的中等职业教育"双师型"教师比例明显高于其他区域。从增幅的角度看,南部沿海综合经济区、长江中游综合经济区的增幅在 70% 以上,表示这些区域的中等职业教育"双师型"教师比例增幅较大,而其他区域的增幅在 20% 到 45% 之间,这些区域的中等职业教育"双师型"教师比例增幅较小。南部沿海综合经济区的中等职业教育"双师型"教师比例增加幅度最大,从 2010 年的 22.34% 增长至 2017 年的 39.87%,增加了 17.53%,增幅为 78.47%;长江中游综合经济区的中等职业教育"双师型"教师比例增加幅度次之,从 2010 年的 21.85% 增长至 2017 年的 38.74%,增加了 16.89%,增幅为 77.30%;大西北综合经济区的中等职业教育"双师型"教师比例增加幅度最小,从 2010 年的 21.24% 增长至 2017 年的 25.78%,增加了 2.45%,增幅为 21.37%。

表 2-11 八大综合经济区中等职业教育"双师型"教师比例(单位:%)

	2010 年	2011 年	2012 年	2013 年	2014 年	2015 年	2016 年	2017 年	增幅
东北综合经济区	18.15	19.47	20.37	20.64	22.3	23.54	24.38	25.69	41.54%
北部沿海综合经济区	21.1	23.86	24.67	24.81	26.68	27.73	28.61	30.25	43.36%
东部沿海综合经济区	28.93	30.65	32.22	34.86	36.61	37.15	38.32	40.19	38.92%
南部沿海综合经济区	22.34	27.66	30.57	32.29	35.67	36.56	38.15	39.87	78.47%
黄河中游综合经济区	15.31	16.73	17.81	18.64	19.34	19.71	20.23	21.12	37.95%
长江中游综合经济区	21.85	25.73	28.01	30.16	33.31	35.42	36.71	38.74	77.30%
大西南综合经济区	23.33	24.8	26.05	25.96	26.45	27.18	27.91	28.66	22.85%
大西北综合经济区	21.24	19.91	20.72	22.05	23.14	23.95	24.36	25.78	21.37%

根据图 2-11 所示,2010 年到 2017 年间,八大综合经济区的中等职业教育"双师型"教师比例总体呈逐年上升趋势。在不同综合经济区之间,东部沿海综合经济区、南部沿海综合经济区、长江中游综合经济区的中等职业教育"双师型"教师比例位居前三,与其他综合经济区之间具有一定差距。其中,东部沿海综合经济区的中等职业教育"双师型"教师比例在 2010 年到 2014 年之间位居首位,南部沿海综合经济区的中等职业教育"双师型"教师比例在 2015 年赶超东部沿海综合经济区,并在 2016 年和 2017 年这两年间与东部沿海综合经济区的中等职业教育"双师型"教师比例基本持平。黄河中游综合经济区的中等职业教育"双师型"教师比例一直处在最低。

2. 高等职业教育"双师型"教师

表 2-12 展现了 2010—2017 年八大综合经济区高等职业教育"双师型"教师占比情况。从数据中可以看到,从 2010 年到 2017 年,八大综合经济区的高等职业教育"双师型"教师比例总体呈逐年上升趋势。2017 年的高等职业教育"双师型"教师

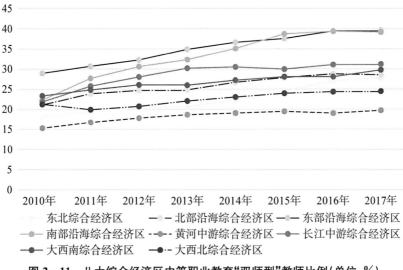

图 2-11　八大综合经济区中等职业教育"双师型"教师比例(单位:%)

比例较高的经济区域是东部沿海综合经济区,为 51.15%,其后是南部沿海综合经济区、东北综合经济区、北部沿海综合经济区,分别为 46.05%、43.36%、42.16%,这四个区域的高等职业教育"双师型"教师比例明显高于其他区域。从增幅的角度看,南部沿海综合经济区、东部沿海综合经济区的增幅较大,分别为 44.31% 和 31.90%,表示这些区域的高等职业教育"双师型"教师比例增幅较大,而长江中游综合经济区、大西北综合经济区的增幅在 7% 到 9% 之间,这些区域的高等职业教育"双师型"教师比例增幅较小。

表 2-12　八大综合经济区高等职业教育"双师型"教师比例

	2010 年	2011 年	2012 年	2013 年	2014 年	2015 年	2016 年	2017 年	增幅
东北综合经济区	35.38	38.06	38.48	38.51	40.23	40.22	41.39	43.36	22.56%
北部沿海综合经济区	35.12	36.76	38.77	38.86	40.31	40.86	40.84	42.16	20.05%
东部沿海综合经济区	38.78	41.8	44.13	45.30	49.30	51.56	50.19	51.15	31.90%
南部沿海综合经济区	31.91	34	34.73	37.2	40.54	42.87	45.09	46.05	44.31%

续　表

	2010 年	2011 年	2012 年	2013 年	2014 年	2015 年	2016 年	2017 年	增幅
黄河中游综合经济区	29.04	30.75	30.51	30.42	31.69	33.15	34.39	35.10	20.87%
长江中游综合经济区	33.80	35.74	36.37	37.52	38.11	37.42	35.53	36.30	7.40%
大西南综合经济区	30.12	32.08	31.67	31.88	34.23	34.09	34.23	34.04	13.01%
大西北综合经济区	28.20	29.38	30.46	30.02	29.02	29.27	32.94	30.66	8.72%

　　根据图 2-12 所示,2010 年到 2017 年间,八大综合经济区的高等职业教育"双师型"教师比例总体呈逐年上升趋势。在不同综合经济区之间,2017 年东部沿海综合经济区、南部沿海综合经济区、东北综合经济区、北部沿海综合经济区的高等职业教育"双师型"教师比例位居前四,与长江中游综合经济区、黄河中游综合经济区、大西南综合经济区、大西北综合经济区之间具有一定差距。其中,东部沿海综合经济区的高等职业教育"双师型"教师比例在 2010 年到 2017 年之间位居首位,南部沿海综合经济区的高等职业教育"双师型"教师比例在 2014 年赶超北部沿海综合

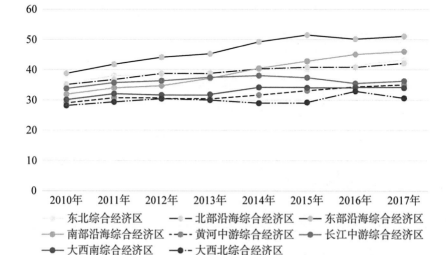

图 2-12　八大综合经济区高等职业教育"双师型"教师比例

经济区和东北综合经济区,并在 2014 年到 2017 年间位居第二。大西北综合经济区的高等职业教育"双师型"教师比例一直处在低位。

二、2010—2017 年度区域职业教育发展问题分析

(一)各区域中等职业教育办学规模持续萎缩

2010—2017 年,八大区域的中等职业教育学校数和在校生数统一呈现持续下降的趋势,中等职业教育的办学规模持续萎缩,中等职业教育办学规模的萎缩反映的是社会对中等职业教育需求的持续下降。一方面,是由于技术集约型的发展模式和机器换人的科技革命,一些传统的中等职业岗位被自动化替代,用人单位对员工学历的要求也"水涨船高",降低了市场对中等职业教育的需求,导致中等职业教育规模的持续下降;另一方面,在社会教育选择的偏好中,中等职业教育处于下位,随着高等教育大幅度扩招,更多学生有机会进入专科、本科阶段学习,这导致了中等职业教育的边缘化和规模下降。因此,"招不满、吃不饱"成为中等职业教育的"紧箍",在规模下降、招生困难、意愿低下等多种现实困境的裹挟之下,中等职业教育生源持续走低、优秀教师留不住、教育质量难提升的现实矛盾接踵而来,更进一步降低了中等职业教育的口碑。中等职业教育肩负着平衡教育资源、调节教育公平、供给中等技能人才等多项任务,各区域应积极探索中等职业教育适度发展的路径,保障中等职业教育质量。

(二)高等职业教育供给规模区域间差距较大

2010 年,高等职业教育学校数最少的区域为大西北综合经济区,与学校数最多的区域长江中游综合经济区之间的差距为 186 所;2017 年,高等职业教育学校数最低区域仍为大西北综合经济区,与学校数最高的区域长江中游综合经济区之间的差距为 187 所。2010 年,高等职业教育在校学生数最低区域大西北综合经济区,与在校生数最高的区域长江中游综合经济区之间的差距为 1 632 698 人;2017 年,高等职业教育在校学生数最低区域大西北综合经济区,与在校学生数最高的区域长江中游综合经济区之间的差距为 1 699 681 人。由此可见,2010—2017 年度,各区域之间高等职业教育供给规模依然较大,并且差距持续加大,未见改善趋势。如果这一趋势持续下去,可能造成诸多问题。例如,区域间的高等职业教育差距可能导致不同地区的学生面临不平等的教育机会,同时学生在教育不发达的地区可能无法获得与更富裕地区相同的技能和就业机会,从而加剧经济不平等;其次,教育供给规模的区域差

异可能造成人才流失,生源从西部地区大量流向东部地区,这可能导致西部地区人才流失,削弱了地区的发展潜力,因此进一步加重了区域间发展不均衡,形成恶性循环。因此,政府应该当发挥调控作用,调节区域间高等职业教育供给的不平衡问题,保障教育公平。

(三) 区域间职业教育经费支出差距持续扩大

2010 年,区域间中等职业教育经费支出的数据区间为 35.40—129.56 亿元;2017 年,区域间中等职业教育经费支出的数据区间为 92.75—286.20 亿元;2010年,区域间高等职业教育经费支出的数据区间为 21.49—80.65 亿元;2017 年,区域间高等职业教育经费支出的数据区间为 48.43—172.43 亿元,由此可见,尽管区域间中等职业教育与高等职业教育的经费支出不断增加,但由于基础不同、增加速度不同,区域间职业教育经费支出差距持续扩大,并形成一种稳定态势。区域间职业教育经费支出差距会直接影响到区域间的职业教育规模供给水平,而经费支出不足,可能导致经济困难地区技术技能人才供给不足、地区经济发展不均衡等效率问题,也会造成学生无法获得平等的教育机会、收入差距进一步加大等公平问题。因此,除加大政府公共调控力量之外,积极探索促进地区之间的合作伙伴关系,分享最佳实践和资源,以提高职业教育的整体水平,可能是缩小区域间的职业教育经费支出差距带来的职业教育发展不均衡问题的良策。

(四) 中部地区职业教育教学仪器设备值显现出相对塌陷效应

职业教学仪器设备是开展职业教育办学的重要条件支撑,对于提高职业教育教学质量、促进技能人才培养具有至关重要的作用。受职业教育办学特征的影响,其对于相关实习实训仪器设备的要求会更高。在 2010—2017 年间,中国政府高度重视职业教育发展,教育经费增长的同时也加大了对于职业教育教学仪器设备的投入力度,中高等职业教育教学仪器设备值稳步增长,取得了较大的进步,尤其是处在欠发达地区的大西北和大西南综合经济区,充分发挥了后发优势,在教学仪器设备值上有了较大的改善。但是数据表明,长江中游综合经济区和东北综合经济区的职业教育教学仪器设备值增速缓慢,相对于其他经济区而言存在"相对塌陷"的风险。以中等职业教育教学仪器设备值为例,样本期内东北综合经济区域、长江中游综合经济区的增幅分别为 72.88% 和 65.77%,增速相对乏力。

教学仪器设备值的增速不足会影响职业教育教学质量。缺乏现代化、先进的职业教学仪器设备,会影响学生的实际操作能力和技能水平,也会影响职业教育的教学效果,阻碍技能人才的培养。为此,长江中游与黄河中游综合经济区的政府、职业院校等主体需要共同努力,加大对职业教育教学仪器设备的投入和改善,提高职业教育教学质量和技能人才培养水平。具体而言,应加大政府对职业教育教学仪器设备的投入力度,加强长江中游综合经济区内不同地区之间的合作,共享职业教育教学仪器设备资源,提升资源的利用效率,提高职业教育的硬件水平。

(五) 职业教育专任教师在区域间的不平衡涨落制约育人成效

师资队伍建设对于职业教育的发展至关重要。专任教师是职业教育的主力,他们承担着培养学生实际操作能力和技能的任务,直接影响着职业教育的教学质量和培养效果。分析发现,2010—2017 年间各区域中高等职业专任教师的变动呈现出多样化发展特征,不同区域也存在着差异化的涨落规律,各区域整体呈现出不平衡的发展态势。中等职业专任教师数三个经济区上升,五个经济区下降,但变化幅度都在 20% 之内。高等职业专任教师数除了持续上升或者下降的地区以外,还存在先下跌后回升的经济区,相对而言变化更为复杂。同时,高等职业教育专任教师总体增幅上差异较大,大西南综合经济区较为突出,取得了较大的进步,从第五攀升至第二;而下降的地区减少幅度很微小,几乎没有变动。

专任教师数量上涨较多,可以反映出地区对职业教育发展的高度重视和投入力度;专任教师数量有所下降,可能缘于区域间的资源分配不均、经济发展差异等因素。中高等职业师资数量不稳定会对职业教育办学产生诸多不良影响,导致教学资源分配不均,一些地区可能面临教师紧缺的问题,从而影响教学质量的稳定性和提升。职业教育的目标是培养适应社会需求的高素质技能人才,专任教师的质量和数量直接关系到学生的培养效果。如果师资数量不稳定,可能导致教育资源无法满足学生的需求,进而影响到学生的就业竞争力。为应对这种情况,政府应该加大对职业教育师资队伍建设的投入力度,提高教师的培训和专业素养水平,增加优秀教师的数量。相关区域还要通过合理调配教育资源,确保师资的均衡分布,特别是对于教师紧缺地区要加大支持力度,吸引和留住优秀教师。

(六) 各区域"双师型"教师比例有所增长但欠发达地区发展乏力

"双师型"教师是职业教育师资队伍质量的重要观测点,关系着职业教育工学结合、校企合作育人的成效,拥有企业经验的学校教师是帮助学生联系理论知识与实践技能的重要桥梁和纽带。从 2010—2017 年数据来看,中等职业院校和高等职业院校的"双师型"教师比例都有较大的提升,这表明政府和教育机构对"双师型"

教师的重视和投入力度在不断加大。然而,不同地区的情况存在较大的差异,7 年间南部沿海经济区的中职和高职双师比提升幅度最大,可能是由于这些地区经济发展较快,职业教育的需求量较大,同时也有更多的企业愿意参与到职业教育教学中。东部沿海和南部沿海综合经济区的"双师型"教师比例常年处于前两位,发达的区域经济为职业教育提供了较好的产教融合与校企合作条件,也有更多企业员工与学校产生联系。而大西北经济区的提升幅度最小,可能是由于该地区经济相对欠发达,职业教育的发展相对滞后,企业较少且参与度不高。

"双师型"教师是职业教育师资队伍中的重要组成部分,他们既具备专业的理论知识,又拥有丰富的实践经验,能够将学生培养成为适应社会需求的高素质技能人才。为了应对欠发达地区"双师型"教师比例增长乏力的问题,应加强校企合作,鼓励企业参与到职业教育教学中。还要建立"双师型"教师培养机制,鼓励教师参加企业实践活动,提高教师的实践经验和专业素养,使其更好地融入到职业教育教学中。此外,调动行业企业参与职业教育的积极性也尤为重要,应当建立起服务校企合作产教融合的长效运行机制,增加企业参与度和支持力度。

第三部分

专题发展报告

专题 1:供给侧结构性改革与
职业教育创新发展

2015 年 11 月 10 日,在中央财经领导小组(现中央财经委员会)第十一次会议上,习近平总书记针对中国经济面临的问题,首次提出"在适度扩大总需求的同时,着力加强供给侧结构性改革,着力提高供给体系质量和效率,增强经济持续增长动力"。随后,"供给侧结构性改革"便成为经济领域研究的高频词,成为确保经济持续增长的战略性决策。供给侧结构性改革思想也延伸至教育领域,成为推进教育事业健康持续发展的指导性纲领。

供给侧结构性改革作为一个经济术语,指的是从提高供给质量出发,以改革推进产业结构调整,改变供给对于需求的结构性失衡矛盾,矫正要素配置扭曲,扩大有效供给,提高供给结构对市场需求变化的适应性和灵活性,提高全要素生产率,实现供需相符的目标,更好地满足广大人民群众的需要,促进经济社会持续健康发展。

当前"供给侧结构性改革"已成为我国经济管理的主要方向,也将是"十三五"的一个发展战略重点,其"去产能、去库存、降成本、去杠杆、补短板"等五大重点任务,将是我国提高供给体系的质量和效率,践行可持续发展理念的重要政策着力点。职业教育和供给侧结构性改革虽然属于不同领域,但是事实上教育问题与经济问题之间的规律往往是相同的。[①] 而职业教育作为与经济社会发展联系最为紧密的一环,其发展为产业结构调整、要素结构转变培养了大量实用的技术技能型人才,改善了劳动力市场结构,因此也成为了供给侧结构性改革的最大潜力。

职业教育的供给侧结构性改革,不仅涉及职业教育的观念和功能,而且涉及职业教育的体制与机制。当前,只有对困扰职业教育发展的一些问题进行深入的探

---

① 高权德,李峥. 论"供给侧改革"对高等职业教育发展的启示[J]. 当代继续教育,2016,34(5):70—73.

究与思考,才能充分挖掘并彰显职业教育的潜力。

一、供给侧结构性改革对中国职业教育的挑战

(一) 职业教育人才供给与社会需求不统一

当前我国劳动力市场的人才供需处于结构性失衡状态。首先,职业教育有效供给不足,"高标准"的市场需求与"低质量"的人才供给并存。在目前的产业转型升级过程中,企业将逐渐减少对传统劳动力的需求,而对高素质技能型、创新型人才有大量需求。但现有职业教育没有及时跟进企业对人才要求的提高,技术技能人才供给的类型不适应劳动力市场的岗位需求,从而导致职业教育人才供给结构性失衡。

其次,劳动力市场对高技能型人才的需求一直未能得到有效满足,"技工荒"问题呈现扩大和蔓延的趋势。2015年中国人力资源发展报告发布的统计数据显示,我国技术工人缺口高达2 000多万人,但每年只有1 000多万职业院校毕业生,"技工荒"问题不能得到有效缓解,职业教育人才培养和供给难以达到市场需求。从目前我国技能型人才的供求比来看,一般技能型人才的市场供求比为1∶1.5,而高技能型人才的市场供求比为1∶2,特别是在产业结构转型升级的推动下,劳动力市场对技能型人才的需求将迎来新高。然而,当前我国职业院校毕业生因限于自身专业水平、知识结构、实践能力等方面的不足,难以适应市场需要,在就业过程中陷入了一种"高不成、低不就"的尴尬局面。①

再次,终身职业教育体系尚未健全,职业培训的价值有待挖掘。职业教育不仅包括学校职业教育,还有职业培训和其他类型的职业教育。但我国职业教育体系主要以学校职业教育为主,职业培训所占比例很小,再就业教育和在职强化教育匮乏,严重阻碍人们进行转业、转岗和技术技能的提升。农村剩余劳动力转移培训、失地农民转业培训以及农民工职业培训也没有发挥应有的作用,阻碍了新型城镇化进程。

最后,从低端需求来看,小学、初中毕业的农民工职业教育需求非常强烈,只有接受到好的职业教育,才能不断提升自己所提供劳务的价值,获得更好的劳动报酬,并在职业生涯的发展中取得更大成就。但是农民工群体人员分散、行业分布

---

① 黄兆牛.基于供给侧改革的职业教育转型与创新[J].教育与职业,2017(4):5—10.

广、需求层次多,而传统的中等职业教育却要求脱产学习,显然不符合社会需求。

(二) 职业教育供给质量与经济发展不适应

经济转型升级需要大量高技能人才。目前我国的制造业大而不强,还处在全球价值链的低端位置。其中一个最重要的原因就是我国制造业队伍总体素质不高,制约着产品和产业质量的提升。

近年来,我国经济发展方式表现为由粗放经营向集约经营转变,由高能耗经济向低碳经济转变,由要素驱动向效率驱动转变;产业结构表现出劳动密集型产业减少,资本技术密集型产业增加;低技术产业减少,高新技术产业增加;低附加值产品减少,高附加值产品增加的趋势。这一系列变化对人的能力提出了更高的要求,不仅要求人具有一次就业岗位所需要的能力,还要具有持续发展的能力,能够适应产业结构调整带来的职业转换、岗位技能提升的持续要求,这就对职业教育提出了更高的要求,职业教育发展必须由外延式发展向内涵式发展转型、由增量式发展向提质式发展转型。①

然而,我国职业教育体系与产业结构融合不够深入且层次有待提升,我国目前职业教育体系建设仅止步于适应经济发展的需求,并没有引领经济发展。上述问题导致职业教育体系提供的人才仅仅限于岗位需求,一旦岗位出现变动或者产业升级之后,人才便跟不上技术提升、转换的需求,故而难以满足产业结构调整升级对于个体能力的持续要求,难以实现高层次技术技能型人才对于产业调整升级的推动作用。②

(三) 职业教育办学体制机制与市场经济发展不符合

目前我国职业教育办学体制基本建立在计划经济和市场经济的过渡过程中,在市场经济体制的建立和逐步深化中越来越显得不适应,存在着政府管理过细、教育经费不足、招生就业难、激发职业教育改革发展活力的体制机制不健全等许多弊端。③ 主要体现在如下几个方面:

1. 多元办学格局缺乏强有力的政策扶持。当前,我国各类职业院校正处在从外

---

① 林克松,石伟平. 改革语境下的职业教育研究——近年中国职业教育研究前沿与热点问题分析[J]. 教育研究,2015(22):65.

② 徐晔. 供给侧改革视角下构建我国现代职业教育体系的若干思考[J]. 中国职业技术教育,2017(6):52—54.

③ 林惠玲,林子华. 我国现代职业教育体系的"供给侧改革"[J]. 福建商业高等专科学校学报,2016(2):58—61.

延扩张向内涵提升的转型关键期,除了面临生源竞争、经费不足的压力外,更多的是来自体制、机制、政策方面的困惑和限制。从政策支援力度来看,职业院校普遍缺少外聘专业教师的专项经费;职业院校专业教师和企业人员双向流动挂职锻炼的机制不健全;职业院校在专业教师招聘、人才引进等方面缺少政策支持和自主权。

2. 实训基地建设上普遍存在建设主体单一、整体水平不高、脱离生产实际和区域共享度低等突出问题,使得学生参加训练岗位的技术系列不完整,基础不扎实,生产性实训环节欠缺,动手能力和就业适应性不强。

3. 职业院校特别是中等职业学校信息化水平整体滞后。从全国来看,由于市、县两级政府主要部门对推进中等职业学校信息化不够重视,缺乏统一规划和管理,经费投入不足,中等职业学校信息化水平相对于普通高中而言,不仅设备陈旧、数量不足,而且相当部分教师不善于运用信息技术整合教育教学资源,难以实现优质职业教育资源的共建共享。

(四) 职业学校专业设置与市场需求相脱节

职业院校的职能和任务决定其专业的设置与调整必须以社会经济发展的人才需求为导向。① 在我国职业教育快速发展、取得巨大成就的同时,面对产业转型升级的新形势,出现了一些值得关注的问题:

1. 近年来,国家对高等职业教育的经费投入采取生均经费拨款的方式拨付,这在实践中催生了"什么专业好招生,就设置什么专业""什么专业利润高,就多招什么专业的学生"等不良现象,导致区域内职业院校的专业设置盲目化、扩大化、同质化,与市场的需求脱节。

2. 部分院校热衷于扩大专业规模,追求专业数量的大而全,但配套的师资、设备等教育资源不足,导致人才培养成效低、无特色,甚至与市场需求脱节,出现"结构性浪费"。

3. 专业设置滞后于经济发展需求,不能及时适应产业转型升级和新兴职业的要求,从而出现"结构性缺失",更无从引领产业发展。

4. 尽管我国职业院校均在进行专业人才需求的预测工作,但受本身条件和信息资源限制,其预测的质量和结果有一定的局限性,难以准确地反映出人才需求。② 而目

---

① 王建华,张建平.高职院校专业动态调整机制建设研究[J].中国高教研究,2014(12):75—78.
② 林惠玲,林子华.我国现代职业教育体系的"供给侧改革"[J].福建商业高等专科学校学报,2016(2):
58—61.

前,我国人才需求预测工作相对薄弱,尚未构建人才需求预测信息共享平台,企业的用工情况、人才需求未能得到较科学准确的统计、分析与反馈,职业院校无法根据经济发展、产业升级和技术进步的需要,及时、有效地调整优化专业设置。

二、供给侧结构性改革下中国职业教育的应对之策

(一)优化职业教育结构

1. 做好高素质技术型、创新型人才供给。职业院校需瞄准市场需求,时刻跟进产业链顶端发展,及时转变人才培养方向和目标,培养一批岗位技术扎实、综合素质过硬、职业品格优异的创新性复合型技术人才。[1]

2. 加大以农民工为主体的职业教育供给。作为职业教育的重要构成,农民工职业技能培训一直都是职业教育工作的重点之一。国家统计局的统计数据显示,2015 年我国农民工数量达到了 25 278 万人,其中仅有 1/3 的农民工群体接受过职业技能培训。可见,加大对农民工的职业教育供给,逐步扩大农民工职业技能培训的覆盖面,提升农民工的职业技能水平,已成为职业教育供给侧改革的当务之急。[2] 对此,应根据农民工的学习特点,在坚持普惠性、公益性的原则下,为农民工群体提供一个灵活、多样的职业教育培训机制,解决农民工职业发展中的技能薄弱问题。一方面,要做好城市转移农民工的职业技能培训工作。合理配置职业教育资源,建立城市转移人口的技能培训站,为进城务工人员提供多样化的岗位生产技能培训和安全教育。另一方面,加强农村职业教育供给,培养具有现代经营意识、掌握先进生产技术的新型职业农民。要稳步推进新型职业农民培训工程,向基层农业从业者开展产业化经营和现代农业生产技术培训,培育一批适应时代发展需求的农业生产大户和农产品市场化规模经营者,为繁荣农村经济提供人才支撑。

3. 做好去产能转移人员再就业培训。职业教育应主动承担起去产能转移人口再就业培训方面的责任。根据国家安置转移人口的政策要求,既要为转移人口再就业创造机会和条件,又要发挥职业技能培训在化解产能过剩职工安置中的作用。应根据转移人口的自身特点,实施有针对性的职业教育培训,尤其在培训时间和地点、培训方式、培训内容等方面的安排上,要符合转移人口的现实需要,在职业技能

---

① 吴倍贝. 新常态下职业教育供给侧改革的迫切要求及路向选择[J]. 教育与职业,2017(3):18—23.
② 卢春娟. 职业教育供给侧改革:重点突出三大群体[J]. 中国劳动,2016(9):15—17.

培训过程中争取做到有的放矢、因材施教,为去产能转移人口提供更大的职业发展空间。

(二) 提高职业教育质量

供给创造需求,职业教育不但要适应经济社会发展,而且要适度超前,为未来的产业需求提供"供给"。职业教育质量的核心内涵包含三个层次:宏观层面指职业院校能够持续不断地向社会输送人才,促进国家经济的可持续发展;中观层面指经济发展过程中,职业院校所培养的学生各项职业能力和职业素养与地方区域经济各类岗位的能力要求相匹配;微观层面指职业教育机构提供的各项教育及培训符合学生的个性特点,得到学生及其家长的认可,从而实现个人全面长远发展。[①]

1. 在制定人才培养目标时,不仅要考虑紧跟产业调整步伐,而且要预测3—5年后的产业发展需求,为国家和地方区域发展输送高质量人才。

2. 职业院校要改善供给质量,需加强内涵建设,探索现代学徒制等模式和途径,提供多样化、个性化的职业教育服务。而职业院校确保人才的有效供给,不但要提供合格技能人才,而且要注重人才的职业精神和综合素质培养,使人才下得去、干得好、留得住。

3. 构建全新的职业教育质量评价体系,科学用好评价"指挥棒",实现以评促建。积极引导专业化的市场第三方质量评价组织参与到职业教育办学质量评价中来,科学确立职业院校在教育质量评价中的角色定位,切实改变既是"运动员"又是"裁判员"的尴尬局面。

(三) 变革职业教育办学体制机制

供给侧结构性改革背景下职业教育体制机制的变革,需要聚焦管理体制、投资体制和保障机制改革三个方面。

1. 深化职业教育管理体制改革。按照"管办评"分离原则,转变政府管理职能,明确政府的权力边界。[②] 当前政府与职业教育的突出矛盾就是政府管得过多。政府对学校的行政管理要多做"减法",凡是不属于政府行政管理职能的,一律放手或下放给学校,减少对职业院校的直接管理和行政干预,将办学自主权还给学校。同时,要强化各级政府和职业教育市场参与者的责任意识,建立激励制度和问责机

---

① 徐兰.以企业为主导的第三方职业教育质量评价体系构建[J].职业技术教育,2015(22):69.
② 黄兆牛.基于供给侧改革的职业教育转型与创新[J].教育与职业,2017(4):5—10.

制,督促各行业主管部门和行业组织担负起参与举办职业教育的责任。

2. 拓宽职业教育投资机制。通过不断扩大职业教育市场准入,以吸引社会各方力量参与职业教育办学,形成多元化的供给机制,用以弥补职业教育投资不足、促进职业教育市场竞争、提升职业教育办学质量。政府在扩大对职业教育投资的基础上,应逐步取消职业教育投资领域内的行政壁垒,要让位于市场,充分发挥市场在职业教育资源配置中的决定性作用,形成一个公办和民办职业教育公平竞争的发展格局。同时,在职业教育多元化的投资供给机制构建中,政府应主动承担起主导者角色,发挥担纲作用。①

3. 完善校企合作、产教融合的保障机制。各级政府应当建立健全深化校企合作、产教融合的支持政策、服务平台和保障机制,行业主管部门和行业组织应当统筹、指导和推动本行业的产教融合、校企合作;落实国家各项法律法规政策,积极引导各地制定具体可行的操作办法,切实明晰企业参与产教融合、校企合作的责任、权利和义务,确保激励企业参与产教融合、校企合作的税收、财政、土地、金融、奖补等优惠政策的落地;健全政府、行业企业和其他社会力量参与举办职业教育的体制机制,探索发展股份制、混合所有制职业院校,增强职业教育发展活力。

(四) 改善职业院校专业布局结构

专业是高等职业院校人才培养的基本载体,直接关系课程设计与学生就业,专业建设质量直接影响职业院校服务经济社会发展的能力,影响职业教育的办学效益和吸引力。2015 年,《教育部关于深化职业教育教学改革全面提高人才培养质量的若干意见》(教职成〔2015〕6 号)强调:"改善专业结构和布局,引导职业院校科学合理设置专业,建立专业设置动态调整机制,及时发布专业设置预警信息。推动国家产业发展急需的示范专业建设。"因此,改善职业院校布局结构可从几个方面开展。

1. 发挥学校的自主性,开展专业分类改革。大力发展社会亟需、与地区产业匹配及职业院校特有的专业,逐步淘汰招生困难、与区域产业不匹配、就业质量差、教学设备还没有完全达标的专业。主动服务国家重大发展战略,围绕区域优势主导产业、战略性新兴产业、现代服务业、比较优势产业及重要工程,遴选优质专业,对接职业标准和行业岗位工作标准,调整专业布局,实施重点建设。

---

① 吴倍贝. 新常态下职业教育供给侧改革的迫切要求及路向选择[J]. 教育与职业,2017(3):18—23.

2. 探索国际智力资源,以国际合作为依托,引进国外高端智力资源配备专业组群,引进跨国企业通用职业标准,开发教学资源,融入专业建设,提升职业院校专业组群服务国家发展战略对高端应用型技术技能人才需求的能力。

3. 以推进校企合作办学、合作育人、合作发展平台建设为目标,开展应用技术研究,探索建立技术技能积累创新联合体,加快培养亟需的新型高端技术技能人才。

专题 2:"互联网十"与职业教育创新发展

这是"最坏"的时代,也是"最好"的时代。在上一轮改革开放的红利即将释放殆尽之时,我们迎来了崭新的"互联网十"时代。"互联网十"并非是一个空洞的口号,而是一个极具想象力和创意的新理念和新模式,也是极富战略意义和实践价值的网络社会环境下的新行动计划。[①] 2015 年 7 月,国务院印发《关于积极推进"互联网十"行动的指导意见》,意见指出,在新一轮科技革命和产业变革中,互联网与各领域的融合发展具有广阔前景和无限潜力,已成为不可阻挡的时代潮流,正对各国经济社会发展产生着战略性和全局性的影响。2016 年 5 月,国家发展改革委、科技部、工业和信息化部、中央网信办联合发布了《"互联网十"人工智能三年行动实施方案》,意在发挥人工智能在科技创新中的引领作用,培育经济发展的新动力,这可以看作是互联网与某一特定领域深度融合的具体行动指南。对教育领域而言,"互联网十教育"就是利用信息通信技术和互联网平台,让互联网与传统教育行业进行深度交汇融合,以创造和发展教育新生态。[②] 与普通教育相比,职业教育跨越了学校与企业,跨越了教育与产业,也跨越了工作与学习,是一种名副其实的跨界教育。而且,职业教育与经济社会发展的联系更为密切,这就要求职业教育的发展要紧握时代的脉搏、紧跟时代的主旋律。在"互联网十"时代,如何实现职业教育的变革创新,探索"互联网十职业教育"的职业教育发展新态,成为摆在我们面前的一个时代主题。

无论是对于个人发展而言,还是对于社会发展而言,职业教育服务都是职业教育生存的根本所在。作为职业教育发展的"生命线",职业教育服务质量的高低关乎职业教育的前途与命运。职业教育服务水平的提高,将有助于提升职业教育的

---

① 王世伟.万物互联时代的中国大趋势——对"互联网十"的多维度观察[J].学术前沿,2015(10):15—24.

② 平和光,杜亚丽."互联网十教育":机遇、挑战与对策[J].现代教育管理,2016(1):13.

吸引力,进而提升职业教育的社会地位。"以服务为宗旨,以就业为导向,推进教育教学改革"是基于国家战略发展需求对我国职业教育发展给予的科学理性定位,"服务"成为职业教育发展的宗旨和重要推手。① 在"互联网＋"时代,职业教育服务将面临新的挑战与机遇。随着"互联网＋"时代的到来,职业教育发展的外部环境已经与之前截然不同,传统的职业教育服务形态已经无法适应时代的需要,具有较大的局限性。"互联网＋"的到来,也意味着职业教育服务被赋予了一种新的时代内涵,职业教育服务的目标变得更为现实立体、操作可行;职业教育的服务主体、服务对象、服务重点以及服务方式都将发生重大转变。在此背景下,如何有效地趋利避害,抓住职业教育发展的新机遇,就成为不得不解决的现实难题。只有把握住"互联网＋"为职业教育带来的发展契机,经历一场浴火重生式的变革,开发出职业教育服务的新态,才能从根本上提升职业教育服务的能力与水平。

一、"互联网＋"下的职业教育服务内涵

随着"互联网＋"行动计划的开展,职业教育的服务内涵也发生了相应的转变,传统的职业教育服务已经不能适应时代的要求,"互联网＋职业教育"孕育而生的服务新态无疑将进一步推进职业教育的现代化进程。"互联网＋职业教育"主要强调将互联网的创新成果与职业教育的未来发展联系起来,发挥互联网在职业教育资源配置中的优化和集成作用,进而不断提升职业教育的服务能力。"互联网＋职业教育"衍生出来的职业教育服务新态,并不是互联网与职业教育的简单相加,而是具有更深层次的内涵,力争通过互联网与职业教育的相加,达到"1＋1＞2"的职业教育服务新境界。总体来看,"互联网＋"行动计划的开展,主要赋予了职业教育服务以下三个方面的新内涵。

(一) 强调互联网与职业教育的跨界连接

互联网与职业教育的跨界连接主要是指:将本来没有交集的互联网与职业教育连接起来,搭建起互联网与职业教育沟通的桥梁,从而打破二者之间互不相干的隔阂状态。按照"互联网＋"行动计划的要求,职业教育服务已经不再局限于传统的教育模式,其最高境界就在于跨越了线上虚拟教育和线下实体教育的界限,并且拉近了二者之间的现实距离。比如,教师可以在线上安排作业的布置任务,而学生

---

① 张宇.关于提高职业教育服务能力的研究[J].中国职业技术教育,2013(15):31.

可以在线下完成作业,从而实现线上教育与线下教育的有机连接。另外,毋庸置疑的是,在"互联网+"行动计划指导之下,通过云技术平台和互联网远程教育技术,可以填平过去横跨在学校和市场之间的鸿沟,如此一来,社会上的职业教育培训机构可以根据职业学校的需要为其量身打造智慧化校园服务,而校外的学者也可以通过在线教育学习到职业学校的相关课程。总而言之,通过互联网与职业教育的跨界连接,职业教育不再局限于提供线下实体职业教育,而是致力于将线上虚拟职业教育与线下实体职业教育服务充分结合起来,从而为职业教育受教育者提供更加便捷的职业教育服务。

(二) 突出互联网与职业教育的深度融合

"互联网+"即"互联网+各个传统行业",但不是两者简单的相加,而是让互联网与传统行业通过信息通信技术及互联网平台进行深度融合,创造新的发展生态。① 对职业教育的发展而言,也同样如此,"互联网+职业教育"意味着互联网与职业教育的深度融合。从"职业教育+互联网"到"互联网+职业教育",体现了二者之间关系的演变。在"职业教育+互联网"阶段,二者之间的关系主要表现为,在职业教育中运用更多的互联网技术与手段,以此来提升职业教育的服务能力与水平。而"互联网+职业教育"则对二者之间的关系进行了颠覆性的重构,更加强调互联网与职业教育的深度融合,从而在潜移默化之中提高职业教育的服务能力与水平。一般认为,"互联网+"的核心并不在于"互联网"而在于"+",其关键就是实现彼此之间的深度融合。互联网与职业教育的深度融合,不仅局限在职业教育的教学领域,而且涉及职业教育的课程开发、专业建设、师资培养、学校管理等诸多领域,以上这些都与职业教育的服务质量休戚相关。因此,可以毫不夸张地说,推动互联网与职业教育的深度融合,对于促进职业教育的内涵式发展也将具有重要的现实意义。

(三) 回归对人性的尊重与呵护

对于"互联网+职业教育"究竟加的是什么,学术界并未达成共识。然而,当对"互联网+职业教育"进行追本溯源式的探究时,终究离不开"人"这个字。事实证明,互联网最大限度地发挥了人的创造性,尊重人的个性,给人以充分创造创新的

---

① 毕冉."互联网+课堂"背景下高校教师职业能力面临的挑战及对策[J].现代教育管理,2015(12):50.

舞台,这样许多新的思维和想象成为了可能。① 而且,"互联网+"时代的到来,为职业教育的受教育者带来更多接受职业教育的机会,也带来更多可以利用的职业教育资源。在过去,由于职业教育的受教育者无法及时有效地获取职业学校的信息,导致其无法做出适合自己的教育选择。一些与职业教育相关的培训机构也往往由于不了解职业学校的真实情况,而无法为职业教育受教育者提供令其满意的职业教育服务。"互联网+"下的职业教育服务则打破了过去这种供需双方分隔的局面,致力于为职业教育受教育者提供更加优质的服务,充分体现了对人的本性的回归。随着"互联网+"时代的到来,职业教育服务与受教育者需求之间的鸿沟将会被互联网所打破,职业教育的受教育者将享受到更加优质的职业教育服务体验。也就是说,在"互联网+"这股春风的助力之下,职业教育服务将更加以受教育者为中心,根据受教育者的需要,利用互联网技术提高职业教育的服务质量,从而实现对人的本性的尊重与呵护。

二、"互联网+"下的职业教育服务目标

在教育理论界,教育效率与教育公平问题是不可回避的一对关系范畴。二者既有联系,又有区别,是相辅相成的,教育效率的提高必须以教育公平为前提,而教育公平的实现也需要有教育效率做保障。教育效率与教育公平并不矛盾,只是二者的关注点有所不同。正如有学者所指出的那样,教育效率关注教育资源配置的有效性,是教育资源分配中量的规定性;教育公平关注教育资源配置的合理性,是教育资源分配中质的合理性。② 回到教育本身来看,教育效率与教育公平都应该是教育所追求的重要目标。作为一种重要的教育类型,职业教育担当着为国家培养技术技能型人才的艰巨任务,对于教育效率与教育公平的追求也是职业教育服务的职责与使命所在。万变不离其宗,"互联网+"下的职业教育服务仍以教育效率与教育公平为其重要的价值目标。在这里,教育效率主要关注的是"互联网+"的介入,如何使得职业教育服务更有针对性;而教育公平主要关注的是,随着"互联网+"的介入,如何使得职业教育服务更加多样化。

---

① 石贵舟,余霞. 基于"互联网+"的高校产学研协同创新[J]. 现代教育管理,2016(1):7.
② 曹健,郭彩琴. 对教育公平和教育效率关系的理解[J]. 苏州大学学报(哲学社会科学版),2003(1):119.

（一）职业教育服务以提高教育效率为其基本目标

在"互联网＋"行动计划下,最大限度地提高教育的效率是职业教育服务的基本目标。从价值层面上讲,缺乏效率的职业教育服务将使服务质量大打折扣。如果职业教育的服务效率有足够的保障,受教育者就能够从中受益,那么,这种职业教育服务无疑具有较高的现代化水平。反之,如果职业教育的服务效率较低,将大大制约职业教育服务现代化水平的提高。职业教育能否为受教育者提供有效率的教育服务,在很大程度上取决于职业教育资源能否得到优化配置。在我国,职业教育资源配置的方式主要有两种:一是计划配置,二是市场配置。计划配置是一种自上而下的资源配置方式,政府是职业教育资源配置的主体,而市场配置则强调根据市场规律,为了满足市场的需求与变化,竞争性地配置职业教育资源。随着我国对社会主义市场经济体制认识的深化,市场在职业教育资源配置中发挥的作用越来越大。十八届三中全会审议通过的《中共中央关于全面深化改革若干重大问题的决定》,明确提出"使市场在资源配置中起决定性作用和更好发挥政府的作用"。对职业教育而言,发挥市场在职业教育资源配置的决定性作用非常重要。在"互联网＋"下,提高教育效率是职业教育服务的基本目标。随着"互联网＋"行动计划的实施,在职业教育资源配置中充分发挥互联网技术的作用,无疑将有助于提高职业教育资源配置的效率,从而更好地发挥市场在职业教育资源配置中的决定性作用。具体而言,在职业教育资源配置过程中,互联网技术的应用可以整合职业教育资源的数据信息,建立统一的职业教育资源信息市场。如此一来,职业教育服务的提供者可以快速地了解社会对职业教育的需求状况,减少由于信息不对称可能带来的风险,同时减少流通过程中带来的资源损耗,从而最大限度地提高职业教育资源配置的效率。与此同时,相比于传统的职业教育服务,依托云计算、社交网络、大数据、搜索引擎以及手机 APP 等互联网工具,"互联网＋"下的职业教育服务具有更高的透明度、参与性和协调性等,这就可以为职业教育的受教育者提供更为便捷高效的职业教育服务。由此可见,"互联网＋"下的职业教育服务在优化职业教育资源配置,提高职业教育服务效率方面具有无可比拟的优势。

（二）"互联网＋"下的职业教育服务以促进教育公平为其根本目标

教育公平指国民在教育活动中的地位平等和公平地占有教育资源,是社会公平价值在教育领域的延伸和体现,也是指以社会公正之规范对教育平等状况的推断。① 对职业教育而言,教育公平主要包括教育机会的公平、教育过程的公平以及教育结果的公平,而这主要取决于职业教育的受教育者能否享受到同样优质的职业教育服务。在"互联网+"下,促进教育公平是职业教育服务的根本目标。为了完成这一目标,"互联网+"下的职业教育服务同样致力于通过互联网技术的应用来促进教育公平的实现。"互联网+职业教育"的重要特征就在于通过大数据平台的建立,可以共享不同区域、不同类型与不同层次职业教育之间的优质资源,从而使人人都能享受到更好的职业教育服务。一般来说,由于职业教育资源具有稀缺性,所以某一个体对职业教育资源的消费会减少其他人消费职业教育资源的机会,同样某一个体对职业教育服务的享受会减少其他人享受职业教育服务的机会。② 而在互联网技术的帮助之下,职业教育资源稀缺性的缺点将得到有效的弥补,职业教育资源信息库的建立,职业教育信息资源共享机制的完善,以及一些在线的职业教育课程等,将有助于更多的职业教育潜在服务对象享受到同等优质的职业教育服务。众所周知,我国职业教育的发展水平具有区域不平衡性的特征,突出表现为东中西部之间差距较大、城乡之间差距较大,这就意味着不同区域的职业教育受教育者所拥有的职业教育资源的数量和质量是不同的,自然也就享受不到同等优质的职业教育服务。在上述背景之下,"互联网+"行动计划的开展显得尤为珍贵。在"互联网+"行动计划的支持之下,职业教育的远程教育无疑将成为可能,不同区域的职业教育受教育者可以利用网络平台进行学习交流,这就大大增加了其享受优质职业教育服务的机会。另外,互联网技术的应用还有助于对不同区域的职业教育发展状况进行评估,采用先进的数据统计与分析手段可以将其划分为不同的等级,以此作为分配职业教育资源的参考标准,这样就可以促使更多的职业教育资源流向贫困落后区域,从而缩小不同区域之间职业教育发展水平的差距,最终促进教育公平的实现。综上所述,在"互联网+"行动计划之下,互联网技术在职业教育领域中的深度应用,可以有效提高我国的教育公平程度。

三、"互联网+"下的职业教育服务转向

实际上,互联网本身是一种信息传输的通道,也是一种基于网络的技术工具,

---

① 吴昊,孙克竞,杨秉翰.教育公平内涵之辨析[J].湖南师范大学教育科学学报,2007,6(6):97—100.
② 郝天聪.市场发挥职业教育资源配置决定性作用的路径探析[J].职业技术教育,2015(10):14.

而"互联网＋"则象征着一种跨界融合、创新驱动的能力。从"职业教育＋互联网"到"互联网＋职业教育",意味着互联网与职业教育的关系从"物理性"叠加转变为"化学性"融合,也就是说,互联网不再仅仅是依附于职业教育的一种信息化手段与工具,而是在相关的服务领域实现职业教育的互联网化。在"互联网＋"行动计划这股东风的助力之下,职业教育服务的转型升级也将成为一种必然趋势,其最终结果将是为广大人民群众以及经济社会发展奉献出更高质量、更高品质的职业教育服务。具体来说,在"互联网＋"行动计划下,职业教育的服务主体、服务对象、服务重点、服务方式等都将发生新的重大转向,从而推动职业教育服务向更加人性化以及现代化的境界进发。

(一) 在服务主体上,从职业学校单元服务转向多元主体服务

随着"互联网＋"行动计划的实施,职业教育的服务主体将发生重大转向,从主要由学校单元主体服务转向多元主体服务。这种服务主体的多元变化,对于深化我国现代职业教育改革具有重要的意义。根据学校职业教育和职业培训在一个国家或地区的职业教育体系中所占的比重不同,可以将职教模式分为学校本位的职教模式、企业本位的职教模式、社会本位的职教模式以及"学校—企业"综合模式。[1] 按照以上这种划分方式,我国可以划归为学校本位的职教模式,职业学校是职业教育服务的主要供给单位。实践证明,在学校本位的职教模式之下,在很长一段时期内,我国的职业教育发展突飞猛进,目前已经建成了世界上规模最大的职业教育体系,取得的成就也为世界所瞩目。然而,随着社会主义市场经济体制的逐渐建立,这种学校本位的职教模式弊端也日益明显。由于办学主体的单一性,职业教育的发展缺乏一定的办学活力,也难以通过多元的办学力量为其发展提供源源不竭的动力,所以拓宽与开发更多的职业教育办学主体就成为一种发展的必然趋势。虽然,我国也早已提出探索多元的办学方式,然而受制于各方面的不利条件,市场、政府、企业、社区与培训机构等其他主体在提供职业教育服务方面的贡献仍然十分有限。如今,随着社会主义市场经济的不断发展,学校本位的职业教育发展模式也发生了细微变化,更加强调政府、学校、企业等多元办学主体在职业教育发展中的作用。[2] "互联网＋"行动计划的开展,有利于我们通过互联网工具,构建起多元服

① 石伟平. 比较职业技术教育[M]. 上海:华东师范大学出版社,2001:328.
② 郝天聪,庄西真. 走出去:职业教育发展的中国经验[J]. 职教论坛,2016(13):38.

务主体的社会合作伙伴关系,同时搭建起职业学校、政府、企业、社区与培训机构等多元服务主体的协作运营平台,进而为广大职业教育的受教育者提供更高层次的职业教育服务。与此同时,在互联网技术的支持之下,职业学校、政府、企业、社区与培训机构等还可以组成职业教育集团,组建包括联席会、理事会、董事会等部门在内的治理决策机构,通过职业教育集团将教育链和产业链有机地结合起来,从而有效地发挥出职业教育多元服务主体的合力作用。

(二) 在服务对象上,从服务于适龄青少年转向服务社会大众

在大力构建现代职业教育体系的今天,职业教育的终身性、全民性成为不可忽略的重要议题。而且,推进职业教育的终身性、全民性对于构建学习型社会也具有重要的价值。在上述背景之下,实现职业教育的终身性、全民性,不仅需要在制度层面上做好顶层设计,而且需要在技术层面上完善运行机制。在"互联网＋"时代,职业教育服务对象的范围必将得到拓展,在服务于适龄青少年的同时,也将为各领域、各阶层、各年龄段的社会大众提供更多高质量的职业教育服务,使得职业教育真正成为一门"面向人人、面向社会"的教育。随着我国经济发展进入新常态时期,经济产业结构调整的进程不断加快,以智能化、信息化、数据化为典型特征的"互联网＋"技术在经济产业结构转型升级中扮演的角色日益重要。职业教育以培养高素质劳动者和技术技能人才为己任,是支撑经济转型和产业结构调整的重要基础,必须主动适应"互联网＋"这一技术进步和生产方式变革的新趋势,在与经济社会同步发展的同时拓展自身的发展空间。① 这就要求,职业教育的服务对象(即人才培养对象)必然要根据"互联网＋"行动计划的要求做出相应的改变,要保证职业教育的人才培养与"互联网＋"时代的技术需求相吻合。为了满足上述要求,一方面职业教育要继续培养更加符合"互联网＋"时代要求的适龄青年劳动力;另一方面职业教育更要将培养的范围拓宽到社会大众。比如,为了充分适应农业现代化的要求,培养大批有文化、懂技术、会操作的"新型职业农民";又比如,为了充分适应工业产业的智能化要求,培养大批掌握现代化智能生产技术的"新型知识工人"。除此之外,也要继续加强企业职工教育、弱势群体职业教育,使其掌握更多的现代化生产技术与技能。为了使终身化、全民化的职业教育成为可能,"互联网＋"行动计划的开展也可以为其提供技术上的支持。比如,广泛开

---

① 周吉友. 职业教育要主动适应"互联网＋"时代[J]. 中国印刷,2015(8):55.

发基于大数据平台的学分转换系统,对社会大众各种形式的先前学习成果进行认定,并将其转换成一定的学分,从而帮助其顺利实现从工作系统向学校教育系统的转换。

(三) 在服务重点上,从服务于就业转向服务就业与创业并举

长期以来,以就业为导向一直是我国职业教育的服务重点,而创业教育在职业教育发展的战略布局中并未得到应有的重视。"互联网十"行动计划的实施,意味着职业教育服务的重点也将发生变化,单纯满足就业的职业教育服务已经不能适应"互联网十"时代的需要,职业教育的服务重点将从主要服务于就业转向服务就业与创业并举。如今,大众创业、万众创新在我国掀起一股热潮。这是我国在经济发展进入新常态时期以后,提出的以创业打造经济发展新引擎与新动力,走创新驱动发展战略的新举措。职业教育作为与经济社会发展联系最为密切的一种教育类型,理应做出必要的回应。时任国务院总理李克强在全国首届"职业教育活动周"中就曾批示:加快发展现代职业教育,是发挥我国巨大人力优势,促进大众创业、万众创新的战略之举。也有学者指出,职业院校开展创业教育既是主动适应社会和经济结构调整时期人才需求变化的需要,更是积极应对知识经济时代对创新型创业人才培养要求的需要。[①] 尤其是在"互联网十"时代到来之后,依托于互联网的各种新兴技术,职业院校的创业教育显得更加有必要性与可能性。国务院印发的《关于积极推进"互联网十"行动的指导意见》(国发〔2015〕40号)指出,"互联网十"行动的第一个重点就是"互联网十"创业创新,这一行动的开展需要在强化创新创业支撑,发展开放式创新的同时,积极发展众创空间。而职业院校作为技术技能型人才培养的重要单位,理应成为创业创新的重要实施载体与实践应用基地,为"互联网十"创业创新行动的开展提供众创空间,因此,在职业院校中开展创业教育也就成为一种必然选择。与此同时,在互联网技术的支持之下,职业院校可以为学生营造一个成本低廉、便利快捷、开放式、全要素的众创空间。一方面,职业院校可以利用互联网技术开展关于创业教育的理论教学,使学生通过接受创业教育掌握创业所需要的基本知识;另一方面,可以指导学生利用互联网技术开展探索性的创业实践活动,互联网技术的灵活运用可以大大减小学生创业的阻力,为学生真正开展创业实践搭建一个良好的平台。

---

① 杨红玉.职业教育纳入创业教育新内涵及功能价值定位[J].职教论坛,2011(1):69.

(四) 在服务方式上,从线下服务转向线下与线上服务相结合

任何领域的信息化一般有两个层次,第一个层次是将传统业务信息化,第二个层次是依据信息技术的特点对传统业务流程进行再造。[①] 对职业教育领域的信息化而言,也同样如此。从本质上讲,"互联网＋"下的职业教育服务不再是对传统服务方式的修修补补,而是一次彻头彻尾的涉及诸多领域的根本性变革,传统的职业教育服务流程也在互联网技术的支持之下得以再造。实际上,传统的职业教育服务,主要是以线下服务为主的,而随着"互联网＋"行动计划的实施,职业教育服务方式从线下服务转向线下与线上服务相结合的方式也就成为一种必然选择。与传统的职业教育服务方式相比,这种线下与线上相结合的职业教育服务方式,突破了单一线下职业教育服务的局限性,在管理、教学、课程等多个领域具有无可比拟的优势。具体来说,在管理领域,"互联网＋"的出现推动职业教育逐渐从管理走向治理,最终达到一种善治的境界。在互联网技术的支持之下,职业学校内部可以搭建起一个平等的沟通平台,打破过去层层管控、权威至上的局面,加强管理者与学生之间的交流,同时利用互联网系统分配任务,增强各部门之间的协调与配合,从而大大提高管理的效率,也充分彰显管理人性化的一面。在教学领域,"互联网＋"带来的不仅是技术上的革新,而且使职业教育服务更加关注人的维度,它从根本上颠覆了教与学的关系,强调向以学习者为中心的回归,打造一种更加符合学习者需要的智慧教育新模式。基于大数据的数据挖掘与学习分析技术,职业学校传统的教师课堂授课模式将会被打破,学生对教师的依赖性将会明显减弱,而在学习中的主动性将会得到增强。在课程领域,在互联网技术的支持之下,微课程无疑将成为我国职业教育发展的全新课程模式。与传统的线下课程不同的是,微课的出现与互联网技术的发展息息相关。教师可以根据教学目标的需要,将一些传统的线下课程开发成线上课程,这样学生就可以根据自身的需要随时利用手机、平板电脑等学习课程内容,还可以利用互联网交流平台与教师进行在线交流,如此一来,学生学习的积极性将得到充分调动。

在经历了一个从碎片化到重构的过程之后,具有鲜明互联网特色的职业教育服务新态已然含苞待放。然而,"互联网＋职业教育"能否切实为人民提供更高质量的职业教育服务仍然是一个未知数,如何将职业教育服务从"新态"发展成为"新

---

① 尚俊杰,蒋宇. 2015 教育信息化七大态势[J]. 人民教育,2015(1):33.

常态"也仍然面临诸多方面的挑战。在"互联网＋"下,职业教育服务新态的呈现需要满足一系列的条件,前提是互联网技术作为一种基础设施在职业教育领域的广泛应用,关键是按照"互联网＋"行动计划的要求重新构建职业教育参与者的思维方式,保障是建立一套"互联网＋"下的职业教育服务安全防范与监控体系。尤其需要注意的是,"互联网＋"下的职业教育服务新态要始终坚持"教育为体、互联网为用",互联网只是用来创新职业教育服务的技术工具,而职业教育服务的育人功能在任何时候都不能被弱化。而且,"互联网＋"所强调的以学习者为中心,并不意味着教师可以放任其自由发展,而是需要进行更加有针对性的指导,防止因为知识的碎片化造成学生的学习深度不足。面对"互联网＋"对职业教育服务形态的冲击,我们比以往任何时候都需要冷静,既不能对互联网"望而却步",亦不能任由互联网"肆意妄为",而是需要真正地将互联网与职业教育"融为一体"。

专题3:新型城镇化建设与职业教育创新发展

新型城镇化建设是我国经济社会发展的必然要求,也是多种因素综合作用推进的过程。职业教育作为与经济发展最为密切的一种教育类型,在新型城镇化建设中扮演着不可或缺的角色。一方面,新型城镇化建设为职业教育发展带来了前所未有的机遇和挑战;另一方面,职业教育为新型城镇化建设提供了人才支撑和发展动力。通过对新型城镇化进程中职业教育宏观策略选择与具体抉择进行分析,探索职业教育的应对策略,是未来经济社会发展的重要议题。

一、政策背景:新型城镇化建设稳步推进

城镇化是伴随工业化发展,非农产业在城镇集聚、农村人口向城镇集中的自然历史过程。2014年,中共中央、国务院根据中国共产党第十八次全国代表大会报告、《中共中央关于全面深化改革若干重大问题的决定》、中央城镇化工作会议精神、《中华人民共和国国民经济和社会发展第十二个五年规划纲要》和《全国主体功能区规划》发布了《国家新型城镇化规划(2014—2020年)》(以下简称《规划》)。随后,国家标准委在深入分析新型城镇化建设对标准化需求的基础上,提出启动新型城镇化标准体系建设指南的编制,系统谋划新型城镇化标准体系。近些年来,全国各地的城镇化建设逐步取得了重要进展。苏州成为"国家发展改革委城乡发展一体化综合改革试点",这意味着其城乡发展一体化试点晋升至国家层面;长三角城市群在共享中国(上海)自贸区"溢出效应"、积极推进新型城镇化发展上达成了共识,以此加快区域经济的转型升级,促成长三角新一轮的一体化进程。随着自贸区制度创新的深入推进和可推广、可复制经验的出台,长三角地区的国家战略平台功能得到新的提升;此外,随着京津冀协同发展上升为国家战略,以建设京津冀城市群为载体,在发挥保定和廊坊首都功能疏解及首都核心区生态建设的服务作用,强化石家庄、唐山在京津冀区域中的两翼辐射带动功能,增强区域中心城市及新兴中

心城市多点支撑作用等方面发展较快。以工业化、城镇化、信息化和农业现代化"四化同步"为统领,广东省积极推动园区、镇区、社区"三区"互动,形成了"以企兴产、以产兴园、以园兴镇、企园共生、产镇共赢、镇村共兴"的发展格局。

二、机遇与挑战:新型城镇化建设中的职业教育

(一) 新型城镇化建设为职业教育的发展带来机遇

1. 人口异质性对职业教育需求升级

新型城镇化的核心是人的城镇化。在这一过程中,人作为关键主体连接着新型城镇化和职业教育的发展。农业转移人口的市民化、农民工的社会融合、新型职业农民的培育等都需要职业教育的参与。对此,应加强城镇化过程中以农民工为主要群体的职业技能培训,提高就业创业能力和职业素质。整合职业教育和培训资源,全面提供政府补贴职业技能培训服务。强化企业开展农民工岗位技能培训责任,足额提取并合理使用职工教育培训经费。鼓励高等学校、各类职业院校和培训机构积极开展职业教育和技能培训,推进职业技能实训基地建设。鼓励农民工取得职业资格证书和专项职业能力证书,并按规定给予职业技能鉴定补贴。加大农民工创业政策扶持力度,健全农民工劳动权益保护机制。实现就业信息全国联网,为农民工提供免费的就业信息和政策咨询等等。

2. 产业升级强化对职业教育的需求

伴随着新型城镇化建设,先进制造业、现代服务业、现代农业等新兴产业蓬勃发展,迎来了重要的战略机遇期。这对职业教育与培训提出了更高的要求,重点表现在新型城镇化建设对人才的需求从单一的农业技术型人才向具备新知识、新技术、新思想的农业创新型人才转变。《全国农产品加工业与农村一二三产业融合发展规划(2016—2020 年)》指出,要依托农民职业教育、人才培训工程等各类平台建设一支熟悉行业情况、充满农业情怀、具备现代市场管理素质的专业技术和经营管理等复合型人才队伍。[①] 在面向新型城镇化建设中,职业教育的转型与定位就是要以产业融合升级为需求导向,解决职业教育培养什么样的技术技能人才,如何培养适合的从业人员,以满足当前及未来城镇化持续发展的内在需求。

---

① 农业部. 全国农产品加工业与农村一二三产业融合发展规划(2016—2020 年)[EB/OL]. [2022 - 04 - 22]. http://www. moa. gov. cn/govpublic/XZQYJ/201611/t20161117 _ 5366803. htm? from = timeline&isappinstalled=0.

(二) 新型城镇化进程中职业教育的错位与挑战

就我国城镇化现状来看,2013 年我国常住人口城镇化率为 53.7%,户籍人口城镇化率只有 36%左右,不仅远低于发达国家 80%的水平,也低于人均收入与我国相近的发展中国家 60%的平均水平,还有较大的发展空间。目前东部地区常住人口城镇化率达到了 62.2%,而中部、西部地区分别只有 48.5%和44.8%。伴随着区域城镇化建设的不平衡发展以及建设过程中出现的问题,职业教育也面临各种挑战。

1. 学校本位的职业教育定位无法满足新型城镇化建设的要求

新型城镇化建设必然要走多元化的实现道路,面向新型城镇化建设培养产业发展所需的人才必须考虑不同从业人员的需求。而当前我国城镇化进程中职业教育体系主要是面向农村适龄人口的正式学校教育,其功能定位、培养体系等都无法满足现代产业对培养适应专业化、标准化、规模化、机械化和产业化的生产经营以及乡镇经济社会结构对人才的需求。[1] 学校职业教育教授学生普通文化理论和技术知识,这种基础知识对于维持处于粗放型阶段的生产经营是可行的,但在应对新型城镇化进程中的产业发展和经营上远远不够,对于互联网驱动下的产业升级来说就更显无力。学校本位的职业教育办学理念造成了职业教育功能的缺失:一方面熟悉技术、掌握熟练技能的人才培养效率低下,非学历培训和职后再培训没有得到重视,加上片面强调理论教育忽视实践培训,使得学校本位职业教育缺点凸显;另一方面,学校本位职业教育人才培养的质量难以适应现代产业发展的需求,职业院校人才培养周期过长导致其滞后于城镇化建设中科技的发展。乡镇职业教育体系亟待改革,以促进教育与培训形成有效的整合,基本形成适应新型城镇化建设的教育培训体系。

2. 职业教育与培训未能有效促进农业转移人口的市民化进程

中国特色新型城镇化是以人为本的城镇化,这是中国城镇化的本质属性。在城镇化过程中,必须要解决好农业转移人口市民化和外来务工人员进入城镇就业并融入城市生活的问题。职业教育与培训在其中要发挥合理引导人口流动、针对农民工开展职业教育与补偿教育、有序推进农业转移人口市民化的作用,以稳步推进城镇基本公共服务常住人口全覆盖,不断提高人口素质,在城镇化过程中促进人

---

① 王河滨. 新型城镇化建设背景下职业教育的使命与策略[J]. 中国成人教育,2014(23):16—18.

的全面发展和社会公平正义,使全体居民共享现代化建设成果。[①]

(三) 职业教育的转型与定位

新型城镇化建设过程中,职业教育既面临着前所未有的机遇,也存在各种各样的挑战。基于此,实现职业教育的转型与定位是面向农业内涵式发展,促进农村一二三产业融合发展,转变城乡发展方式,探索中国特色新型城镇化道路的必然要求。

职业教育在将人口流动与市民化、人口就业与产业发展、城市和农村发展串接起来的进程中,具有不可替代的作用。面对城镇化带来的新需求,职业教育必须做出全方位调整,深化"供给侧"改革。《规划》指出要在城镇化建设中科学规划职业教育,使专业结构和院校布局更加贴近所服务的产业、城市和社区,人才培养质量规格更加符合企业和岗位群的需要,适应城镇化的多元模式,成为区域学历教育、技术推广、扶贫开发、劳动力转移培训和社会生活教育的开放平台,将服务网络延伸到社区、村庄、合作社、农场、企业,促进农民工市民化,提高在职职工和新增劳动者综合素质、技术技能和就业能力。

三、理念与策略:新型城镇化建设中职业教育的抉择与转型

(一) 职业教育应对新型城镇化建设的宏观策略

1. 加快职业教育的结构调整,构建多层次全方位职业教育体系

职业教育的层次和结构必须与城镇化建设对人才的需求相适应,构建多层次全方位的现代化职业教育体系是加快新型城镇化建设的重中之重,也是有效提升城镇化进程中人口整体素质的必要途径。农业现代化生产、经营体系、先进制造业、现代服务业发展所需的新型从业人员,是一种高度复合型人才,不仅要具备具体的工作岗位和职业群内所需的知识,也需要具备科技创新能力,同时还需要具备现代市场经营管理能力、对互联网等技术更新迭代的熟知掌控能力与对农业产业发展的情怀。为此,需要构建从中等职业到专科再到高等职业乃至应用技术型本科的一贯制人才培养体系,围绕最终的人才培养目标对课程体系进行整体规划,加强对各个学段的人才培养质量监控与考核,促进中高等职业教育的有效衔接。同

---

① 俞林,张路遥,许敏. 新型城镇化进程中新生代农民工职业转换能力驱动因素[J]. 人口与经济,2016
(6):102—113.

时开发各级各类职业培训证书,加快推进职业培训体系建设,促进短期技能培训教育,以适应城镇化进程中现代农业科技、先进制造业发展的需要,并且满足互联网快速发展对农业生产经营方式转变的需求。

2. 深化职业教育教学改革,实现职业教育和市场需求对接

职业院校应当积极探索教育教学改革,调整人才培养模式和课程设置,积极应对城镇化建设中的产业升级。在人才培养上,首先要重视涉农专业和农学院的发展,促进科技兴农,促进"互联网＋农业"的新兴发展方式,并且充分考虑职业学校学生的需求,为其提供职业生涯指导;同时要准确了解农民工、农业转移人口和新型职业农民等受教育者的知识程度以及对知识和技能的认知与习得特征,在此基础上改革教学方式,创新培养模式,选择"适性"的教学方法,鼓励留乡务农农民、返乡农民工等参加职业培训。[①] 此外,"十三五"规划明确指出实施"互联网＋"行动计划,推进农业标准化和信息化,推动农村一二三产业融合发展。新经济常态下"互联网＋农业"对传统农业提出了巨大的挑战,农业职业教育教学需要进一步深化改革,创新发展方式。职业教育要从专注于数量扩张转变为关注质量提升,教学要从知识传授转向能力培养,关注学生终身学习能力的养成以适应不确定性的未来产业技术发展。同时应加强专业教学资源库建设,促进学生多种方式多样化可持续学习,关注学生体验和学习成效,推进学生自主学习。

3. 开展全过程创业培训,搭建创业创新平台

新型城镇化进程中,服务农业转移人口、返乡农民工等关键群体创新创业是职业教育发挥经济功能的关键环节。此外,政府也应逐步加大对农民创业创新扶持力度,实施农民创业创新行动计划、农村青年创业富民行动、农民工等人员返乡创业行动计划,搭建农民创业创新平台,建设农民创业创新园,培育产业融合主体,为农民创业提供场地、技术支持和学习实践基地,开展创业展示、创业辅导、创业培训、创业大赛等活动。在这个过程中,各相关主体要积极落实向返乡创业创新群体重点倾斜的强农惠农富农及"三农"金融支持等一系列政策措施;开展创业心理品质、创业知识、新技术、创业过程以及市场信息指导等培训,重点培育一批创业创新带头人和辅导师,认定一批为返乡创业人员提供实习和实训服务的见习基地,树立

---

① 任聪敏,石伟平. 城镇化进程中农村职业教育的新型定位与发展策略[J]. 教育发展研究,2013(23):
53—57.

一批农民创业创新典型,选拔一批有思想、有文化、敢闯敢干、勤于耕耘、敢为人先的农民创业创新带头人,示范带动农民创业创新。

(二)职业教育应对新型城镇化建设的具体转向

1. 依据市场需求转变培养目标

在互联网技术迅猛发展以及农业机器人大量使用的今天,传统农业从业人员难以应对智能化、专业化和可持续性农业的发展,传统农业效益大幅下滑,传统农业从业人员需求下降。以城镇化和农业现代化为标志的社会转型使得传统农民从消极应对自然变化的一员转变为互联网环境中亿万农民中的一员,未来大批适应"互联网+"、借助信息化手段解决问题的新型农民将成为农业产业升级的中流砥柱。有学者也指出在推动农业现代化进程中,最为关键的是培养适应现代农业发展需求的农业技术与经营人才,尤其是新型职业农民。[①] 应依托职业教育资源,鼓励新型职业农民、农业转移人口等通过"半农半读""半工半读"等方式就地就近接受职业教育。同时加强涉农专业全日制学历教育,支持职业院校办好涉农专业,定向培养职业农民和新兴产业从业人员,加快构建新型城镇化建设中的主导力量。

2. 因地、因时设置专业和开展培训

职业教育的社会性使其面向区域经济发展成为必然,然而目前许多职业院校专业定位不清,没有进行过相关的市场需求调查,无法适应区域内产业发展要求;非正式培训和学校教育均呈现无序化、混乱化。随着新型城镇化建设中智能农业和现代农业的兴起,依托管理信息化、生产信息化、流通信息化、经营信息化开设相关专业或专业方向、建设专业群并依托区域产业发展特色和未来规划设置特色专业,依托特色专业及学校优势打造品牌专业对于职业院校专业设置尤为必要。此外,举办针对农业转移人口、偏重应用领域的短期培训班,开展分区域、分类别、分专题的职业培训,能够有效解决人口转移中的就业问题。由此,二者相结合,逐步形成"分类分期、长短结合、校内校外"的职业教育体系,能够提高职业教育的系统性和有序性。

3. 科学组织课程开发

职业教育与培训在城镇化进程中的主要着力点最终要落实到课程的开发与设

---

① 唐智彬. 论农业现代化、新型职业农民培养与农村职业教育改革创新[J]. 职教通讯,2015(13):30—35.

置,尤其是农业职业教育长期以来处于粗放式发展阶段,课程问题没有得到进一步的重视。现实职业教育课程尤其是学校教育课程过于强调受教育者对理论知识的掌握,大多数课程根据学科知识分类设置,缺乏适应学生职业能力发展、满足学生多样化生涯发展需求的系统化课程开发和课程组织方式。《国家中长期教育改革和发展规划纲要(2010—2020年)》提出要深化课程改革,推行职业资格证书制度。以农业产业升级发展中知识结构变动趋势为导向,以各类农业从业人员工作系统中职业能力为基础,重构课程体系,实行毕业证书与从业资格证书并行的"双证书"制度,是打破学科课程体系的重要路径。围绕现代农业发展新动向,融合农业企业岗位需求,开设农业物联网技术、大数据处理等适应科技发展的新课程,构建以职业能力为本位、以实践教学为主体地位的课程体系,是农业职业教育课程开发的关键步骤。

专题4:农村职业教育改革与发展研究

　　乡村振兴战略是习近平总书记在 2017 年党的十九大上,从实现两个一百年奋斗目标的总体战略出发,根据中国特色社会主义新时代社会主要矛盾的转化作出的长远战略规划。习近平总书记指出:"实施乡村振兴战略是一项长期而艰巨的任务,……一年接着一年干,久久为功,积小胜为大成。"①"小康不小康,关键看老乡。一定要看到,农业还是'四化同步'的短腿,农村还是全面建成小康社会的短板。中国要强,农业必须强;中国要美,农村必须美;中国要富,农民必须富。"②乡村振兴以实现农业农村现代化为终极目标,是党的十九大作出的重大决策部署,是实现两个一百年奋斗目标的重大历史任务,是新时代做好"三农"工作的总抓手。③ "三农"问题是全局性问题,具有长期性和复杂性,④建设现代化农业、发展农村经济以及加快农村劳动力向外转移都需要提升农民素质,农村职业教育对于解决"三农"问题、实现乡村振兴具有重要意义。现阶段针对农村职业教育的研究多集中在必要性、困境和对策方面,为农村职业教育研究奠定了宏观分析框架和理论基础,但从微观解剖各地区农业职业教育办学模式路径、总结成功经验以及分析不足也是必要的。尽管案例研究的局部性使研究结论在推广扩大方面受限,但基于马克思主义基本原理,理论由实践产生,并由实践证明,案例研究在从"个别"到"一般","一般"再回到"个别"的过程中具有不可替代的价值。因此,本专题选取 3 个国家级农村职业教育和成人教育示范县展开案例研究,探讨农村职业教育助力乡村振兴、解决"三农"问题的模式和经验。

---

① 习近平. 把乡村振兴战略作为新时代"三农"工作总抓手[EB/OL]. [2022 - 04 - 22]. https://www.gov.cn/xinwen/2019-06/01/content_5396595.htm.

② 习近平. 论"三农"[EB/OL]. [2022 - 04 - 22]. https://www.12371.cn/2019/05/08/ARTI1557271175195140.shtml.

③ 孙馨月,陈艳珍. 论脱贫攻坚与乡村振兴的衔接逻辑[J]. 经济问题,2020(9):12—17.

④ 柯炳生. "三农"问题与农村职业教育[J]. 中国职业技术教育,2008(6):14—16.

一、研究设计

由于"三农"问题内涵宽广,内外部相互影响,受多方面条件制约,因此"三农"问题具有复杂性,乡村振兴战略下的农村职业教育发展也千姿百态。没有一种理论可以完全指导人们做一件必然正确无误的事情,因地制宜、实事求是,充分发挥并利用人的主观能动性,是具有现实意义的。[①] 因此,本专题选取 3 个国家级农村职业教育和成人教育示范县,分析农业职业教育助力乡村振兴的实例,从"个别"到"一般",寻求农村职业教育可行的发展道路。

(一) 研究目标

(1) 从典型案例出发,对比分析职教中心、综合中学以及成人学校三种道路在农村职业教育实践中取得的成效、经验。

(2) 从构建现代职业教育体系出发,结合实际,分析农村职业教育的不足。

(3) 结合典型案例,总结农村职业教育实践启示。

(二) 研究方法

案例研究法作为一种重要的研究方法在社会科学中得到广泛应用。近年来,以二手资料为主要研究对象进行归纳分析的案例研究兴起,由诺贝尔经济学奖获得者埃莉诺·奥斯特罗姆及其同仁提出的这种"分析的分析"[②]是运用结构化的分析手段来系统化地分析归纳现有资料的特征[③],在现有资料之上建构新的理论。由于思考性的出版物可以作为学术研究素材[④],因此研究从政府公开网站、学术论文、新闻报道、百度百科等公开的文献资料,组成了能够相互验证、具有较高可信度的数据集合。

研究按照"如何办学""办什么学"以及"怎样办得更好"三个方面从微观到宏观对案例进行系统分析:第一,剖析所选取的案例因地制宜形成的办学思路;第二,通过归纳总结梳理案例在乡村振兴背景下推进农村职业教育所取得的经验;第三,发

---

① 玄婷. 对案例分析法的科学哲学的反思[D]. 大连:东北财经大学,2010.

② Glass G L. Primary, secondary, and meta-analysis of researcher [J]. Educational Research, 1976(5):3-8.

③ 埃米. R. 波蒂特,马可·A. 詹森,埃莉诺·奥斯特罗姆. 共同合作:集体行为公共资源与实践中的多元方法[M]. 路蒙佳,译. 北京:中国人民大学出版社. 2013:74—78.

④ Yin R K. Case Study Research: Design and Methods [M]. 4th ed. Thousand Oaks: Sage Publications, 2009.

现问题,提出建议,如图 3 - 1 所示。

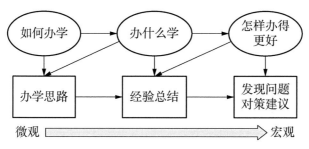

图 3 - 1　案例分析框架图

(三) 案例来源与说明

　　研究主要通过国家级农村职业教育和成人教育示范县展示与交流平台收集研究数据,通过对网站内容的梳理和目的性抽样,选取濮阳县职业教育培训中心、泰来县大兴镇综合中学以及桐庐县成人学校作为案例进行比较。研究抽样合理性:第一,濮阳县职业教育培训中心、泰来县大兴镇综合中学和桐庐县成人学校皆属于乡村振兴战略下建设的职业教育机构,但根据各地区特色,体现出三种不同建设道路,具有可比较性。第二,濮阳县职业教育培训中心、泰来县大兴镇综合中学和桐庐县成人学校皆取得阶段性成果,具有分析研究的价值。第三,濮阳县职业教育培训中心、泰来县大兴镇综合中学和桐庐县成人学校三个案例兼备特殊性和普适性,既体现地区特色、又有典型特色,也兼具可效仿的机制和办法。样本基本信息如表 3 - 1。

表 3 - 1　案例样本信息表

样本	路径类型	所在地	简介
濮阳县职业教育培训中心	职教中心	濮阳县位于河南省东北部,河南和山东两省交界处,是中原经济区和环渤海经济圈的衔接点,是中原经济区和濮范台扶贫开发综合试验区的重要组成部分。	2009 年 9 月 8 日,濮阳县职业教育培训中心(简称"濮阳县职教中心")正式挂牌成立,是经县委、县政府整合全县职业教育资源而成立的一所公办性质的中等职业学校。学校现有红旗路校区、铁邱路校区和格力专业校区三大校区,总占地面积 177.5 亩;开设有汽车运用与维修、电子商务、工程测量、无人机驾驶与维修和工业机器人技术应用等 9 个专业,其中 5 个专业招收 3+2 大专班;在校生 4 676 人,教职工 181 人,外聘教师 45 人,外聘企业教师及专业课教师 36 人。

续　表

样本	路径类型	所在地	简介
泰来县大兴镇综合中学	综合中学	大兴镇,隶属于黑龙江省齐齐哈尔市泰来县,地处泰来县北部,东与大庆市杜尔伯特蒙古族自治县白音诺勒乡相邻,南与江桥蒙古族镇隔嫩江相望,西与龙江县、内蒙古自治区扎赉特旗相邻,北与汤池镇毗连。	自 1997 年起,创建把职业教育和成人教育融入基础教育的三教统筹的大兴镇综合中学。目前学校有 27 个教学班、1 350 名学生。其中中等职业班 3 个,主要开设适合于当地需要的种植养殖专业,学生 160 人。成人教育辐射本镇 10 个村,30 000 余人口,联系各村的种植养殖大户、合作社及当地企业共 30 个。学校在管理上"一校挂三牌、一长管三校、一师任三教"。创新基础教育,也开办适合农村的职业教育和成人教育,形成三教统筹、职普融合的综合中学办学式。学校先后获得全国教育系统先进集体、全国成人教育先进单位、黑龙江省职业教育先进集体、市级示范性综合中学等称号等多项荣誉称号。
桐庐县成人学校	成人学校	桐庐县,浙江省杭州市辖县,位于浙江省西部、杭州市中部低山丘陵区,分水江和富春江交汇之处,四面环山,中部为狭小河谷平原,其间丘陵错落。	"学习圈"是指一定区域范围内由各类学习资源、学习活动、学习社团、学习参与者有机构成,学习活动丰富多样,学习形式灵活便捷,能满足市民多种学习需求的"学习社区"。桐庐县通过建设"乡镇(街道)30 分钟市民学习圈",使得居民步行(或行车)不超过 30 分钟,就能便捷参加多形式的社区学习活动。

二、案例分析

(一) 濮阳:以职教中心为基础,四位一体、多方育才

1. 外部政策支持

根据国务院批转教育部《面向 21 世纪教育振兴行动计划》(国发〔1999〕4 号)、《教育部关于调整中等职业学校布局结构的意见》(教职成〔1999〕3 号)和《职业教育法》等文件精神及濮阳县经济社会发展状况,中共濮阳县委、县政府自 2004 年便开始筹备创建濮阳县职业教育培训中心,大力发展职业教育;同年 11 月,濮阳市教育局下发了《关于成立濮阳县职业教育培训中心(试办)的批复》(濮教〔2004〕236 号)等文件,同意创办濮阳县职业教育培训中心。

2009 年 5 月 7 日,为确保《河南省人民政府关于实施职业教育攻坚计划的决定》(豫政发〔2008〕64 号)顺利完成,濮阳市人民政府与濮阳县人民政府签订了《濮阳

市职业教育攻坚工作责任书》,要求"县政府在政府所在地重点建设好2所在校生规模3000人以上的中等职业学校"。濮阳县委、县政府决定整合全县职业教育资源,盘活闲置资产,将县就业培训中心、县职业教育培训中心和县第二、第三、第四职业技术学校联合起来,建立综合性职业教育培训基地,即濮阳县职业教育培训中心。

2. 政—产—教深度融合

职教中心围绕县产业集聚区建设的需求,实施"产教融合一体化发展,向企业、产业进军,与行业领军联姻"战略。濮阳县委、县政府统筹推进"企业—学校—产业集聚区建设"三方融合、深度合作和一体化发展。在实施"金融＋财政＋土地＋信用"激励政策引导下,职教中心经过多轮考察、洽谈,在2018年与京东集团达成合作。为此,县委、县政府投入2300万元联合共建了21600平方米的"京东濮阳区域电商运营中心",包括京东电商综合实训室、京东电商运营孵化中心、仓储物流实训中心等场所,推动校企双方在电商专业共建、双创基地建设、电商客服与平台运营、电商实训孵化基地建设等方面加深了合作。同时,濮阳职教中心牵手格力电器集团公司在濮阳县第一电子电器产业园内共同打造了学校第三校区——格力专业校区,建筑面积约12000平方米,开设工业机器人技术应用、空调制冷设备运行与维修两大专业;格力电器集团公司派出50余名专家团队,其中14位专家、技术骨干常驻学校,全程参与学校人才培养。

与濮阳德力西集团、濮阳绿碳集团和濮阳汇金公司等多家知名企业开展校企深度合作,通过搭建政校企融通"立交桥",开启了学生"入学即就业"新型人才培养直通车。一方面,学校建立实训基地,为学生提供实习实训场所,同时让企业直接参与教学过程,使教学内容与企业实际生产过程一致;另一方面,学生,尤其是家庭困难的学生,通过实习、实训项目获得一定的劳动报酬,既习得了专业技能,获取先进的生产技术,又有效缓解了家庭经济的难题;此外,师带徒参与生产的培养方式既可以降低企业的经营成本,又为企业储备了大量的人力资源,解决了企业急缺技术人才的难题;"入学即就业,毕业安排工作"的模式实现了学校、学生和企业的多方共赢。

3. 四位一体的培养模式

为向教育扶贫精准发力,濮阳县职教中心构建了"学生、学徒、准员工、员工"四位一体的人才培养模式,为农村转移劳动力开展技术技能培训。职教中心根据《河南省全面推行企业新型学徒制实施办法(试行)》等要求,开设了学制一年的中专订单班,主要面向退伍兵、初高中毕业生和农村转移劳动力等进行招生,学员完成课程后可获得一年制普通中专毕业证和中级资格证书。学校先后与濮阳中建材光电材料有限公司、濮阳德力西集团和濮阳绿碳集团等多家当地知名企业开展合作,将专业与产业对标、学习与就业统一、供给与需求结合,构建了"学生、学徒、准员工、员工"四位一体的人才培养模式、工学交替培训法、"互联网＋乡村振兴＋农产品上行"指导法等,形成了"骨干企业—产业园区—行业—学校"之间的零距离对接;围绕人才标准,改革评价模式,探索校企"双主体"育人机制;签好培养和用人两份合同,用活企业资助、教育经费两块资金;解决好企业学校招工招生难、农村转移劳动者收入低待遇差、农民脱贫以及脱贫后返贫三个问题,实现乡村振兴的总目标。"四位一体"的培养模式通过多渠道培养,使学员较快习得农业科技知识和专业技术技能,形成理论在课堂、实训在企业、拓展在乡村的培养体系,实现乡村发展助推城镇化建设的发展道路,加速濮阳县经济发展。

4. 专业设置"农"特色

为服务"三农",职教中心在专业设置上充分体现农村、农业、农民特色,开设了汽车运用与维修、工程测量、电子商务、财会电算化、无人机驾驶与维修和工业机器人技术应用等9个专业,以培养兼具学识、技能、职业素养的实用技术工人和新型职业农民,充分发挥职业教育的"造血"功能,助力农业发展和乡企振兴。涉"农"课程让学习和教学走入乡间、走进地头,为新农村建设培养骨干力量。例如,电子商务专业开设有农产品营销、农产品科普、农产品加工等课程;工程测量专业开设有农林技术现代化、农机检修等课程;财会电算化专业开设有农村财务管理基础、农民理财和农业大数据等课程。

5. "农教师"引领师资队伍

为顺应乡村振兴的战略需求,濮阳职教中心根据本县发展现状和需求,增加涉农类专业教师,培养了一批"农教师"。"农教师"不仅传授学生专业知识和技能,还在职教中心的组织下带领学生深入贫困乡镇、滩区农村开展农业科技推广、良种推广、农机使用等服务项目,为学生搭建了实践实训的"农平台",同时也带动了农民增收,推动了乡村振兴的发展。

职教中心提出"整合资源、强化管理、借智借道、打造核心竞争力"的师资建设方案,"稳定、培养、引进、借智、借道"的人才队伍发展思路,培养一批教学实战俱佳的"双师型"师资队伍:一是走出去,职教中心先后选派21名教师参加省级骨干教师培训,13人参加国家级企业实践培训,14名专业教师到京东集团商学院培训进修,23名专业教师到宇通集团和河南省汽车服务行业协会进行专业技术技能培训。二是请进来,邀请合作企业的技术骨干、一线专技人员进校园开办讲座、论坛,以企带校,企业技术技能人才与在校教师"结对子",建立"外聘专家—专业教师"师徒制,建立"双师"队伍。职教中心先后聘请河南省汽车服务行业协会5名专家、濮阳德众公司2名专技人才、京东集团商学院8名高级讲师和2名一线技术骨干、4名无人机专家作为企业导师全程参与学校的教育教学和专业建设。职教中心组织同一学科骨干教师组成教科研共同体,以科研促教学,达到科研能力和专业教学能力的双发展、双成就。选拔职教中心名师,并组建13个名师工作室,发挥名师的带头作用,骨干教师、专家型教师通过"老带新"和同伴帮扶等方式,帮助青年教师迅速成长;通过公开课、示范课、名师论坛等途径推广先进的教育理念和教学方法,帮助教师解决教学过程中遇到的难题,充分发挥集体效应,营造良好的教师成长环境,促进教师成长,培养优秀教师队伍。

6.建设成果

2016—2020年,濮阳县职教中心为当地经济建设和社会发展培养优秀毕业生2 800余人,其中2019年毕业生1 317人,对口升学226人,升学率17.2%;就业1 299人,就业率98.6%,仅在"京东濮阳区域运营中心"就已安置贫困档卡户学生576人,月平均工资4 000元以上。职教中心进行职前、就业培训达5 000余人次,其中,贫困建档立卡户484人,90%以上的人员通过培训获得工作机会,月平均工资6 000余元。

濮阳县职教中心在全国、省、市各类大奖赛中荣获奖项260余项。其中,在全国汽修专业大赛中荣获二等奖3个、三等奖1个;电商专业荣获特等奖1个、冠军3个、亚军2个;在全省大赛中,荣获冠军4个、一等奖30个、二等奖27个。职教中心先后荣获全国中等职业学校管理最具发展潜力先进学校、全国未成年人思想道德建设先进集体、全国青少年"我爱祖国的蓝天"读书教育活动先进单位、河南省德育工作先进单位,2014—2019年连续六年荣获"濮阳市职业教育先进单位"等几十项荣誉称号。

(二)泰来大兴:以综合中学为核心,普、职、成教育多元发展

1.基础教育:目标育人,多样发展

大兴镇综合中学从农村孩子的实际情况出发,没有一味地搞应试教育,而是引导学生确立初中后"上什么学、干什么事、做什么人"的目标,引导学生认识职业、热爱家乡,大力开展"发展目标教育"的素质教育改革实践。大兴镇综合中学利用学校教育资源为不同"目标"的学生给予不同的支持与帮助,关注和促进每一个学生的发展,并提出了"如果一个孩子应该是放牛娃的料,我们也要以适宜的初中教育培养他吹着牧笛去放牛"的朴素教育理念。学校在初中八年级后根据学生的"目标"开展"分流"教育,通过实践课、生涯指导课、职业开放日等途径引导学生明确目标。学校每届学生300多人中有200人左右选择职业教育为升学目标,其中近100人选择适合本地农村农业发展的涉农专业。学校针对学生情况采取两个管理措施:第一,采取"不落地"措施,通过对学生的引导努力使全部学生进入职业教育学习后再走向就业。第二,采取"后队变前队"措施,通过符合学生个人特质的职业教育,经过学生个人不懈努力奋斗赶超学习成绩更好的同学的发展,即不比成绩比发展。大兴镇综合中学依靠"目标教育"模式,营造了学生个个有目标、教师人人抓目标的良好学习和教育氛围,颠覆传统的千军万马挤独木桥的现象。部分家庭贫困或学习贫困的学生通过选择职业教育,既能及时减轻家庭经济负担,也可重拾对学习的信心和乐趣。

2. 职业教育:立足实际,特色发展

职业教育是大兴镇综合中学建设的重点,以"为每一个初中后落地的孩子铺就一条成人成才的绿色通道,也为当地经济建设培养必需的人才"为办学目标。学校立足地区发展实际情况和特长特色,主要开设实现农村现代化发展所需的"现代农艺技术"和"畜禽生产与疾病防治"两专业,同时在校内开展"发展目标教育"引领学生建立热爱家乡、热爱农业的理念,也满足了部分学生"不出校门读高中"的愿望,同时也满足了当地农民家庭让孩子进一步升学的期盼。

学校在师资建设上采取"就地取材,自主开发"的建设思路,部分专业课教师为当地优秀农民出身,对农业建设有办法,对农村发展有感情,对培养下一代乡村建设接班人有热爱。学校与当地养殖大户、合作社及企业联合开展涉农专业的实训实习,同时也利用学校的设备资源、教师资源为当地服务,采取"实训即服务"的合作战略,深受人民群众认可,也保证了生源教学质量,学校"现代农艺技术"和"畜禽生产与疾病防治"专业成为黑龙江省品牌专业,并在全国技能大赛中多次获奖。2000年到2019年,大兴镇综合中学共培养职高毕业生近1500人,升入上一级高等职业院校832人,进入高等职业本科113人,进入研究生层次10人。大兴镇综合中学提高了镇域人口的受教育年限,提升了人口素质,为实现农村现代化培养了大批

"有文化、懂技术、会经营"的实干型人才。

表3－2 大兴镇综合中学职业教育招生升学就业情况一览表(单位:人)

届别	合计	招生			升学			就业	高考省第一名	研究生	典型毕业生
		种植	养殖	美术	合计	本科	专科				
2000	54	30	24		5		5	0			6
2002	59	36	23		30	1	29	29	1	1	
2003	72	34	38		44	3	41	28	1	2	8
2004	96	44	52		50	2	48	46			
2005	92	52	40		39	7	32	28			6
2006	63	30	33		51	6	45	12	1	2	
2007	60	32	28		37	8	29	23	1		7
2008	59	31	28		49	6	43	10		1	5
2009	97	53	44		69	5	64	28	2	2	6
2010	120	39	34	47	75	4	71	45			5
2011	86	27	30	29	66	5	61	20			4
2012	78	31	17	30	55	9	46	23			5
2013	104	43	39	22	66	15	51	38	2		5
2014	114	43	53	18	57	4	53	57		1	
2015	95	39	41	15	59	11	48	36		1	
2016	61	30	18	13	43	14	29	18	1		
2017	1			1	1	1		2			
2018	50	19	25	6	36	12	24	14			
合计	1 338	613	567	181	832	113	719	457	9	10	57

3. 成人教育:为民服务,脱贫致富

大兴镇综合中学利用现有的职业教育和基础教育资源,以提升镇域内人口素质、实现脱贫致富、建设文明乡村为目的开展成人教育,更好地服务人民群众对提升知识技能的需求。

(1) 整合资源做培训,提升农民综合素质。

大兴镇综合中学多年坚持以提升农民综合素质,发展职业技能为目标,整合资源,大力推进成人职业教育培训,将短期培训和系统专项培训相结合,着重培养爱农业、懂技术、善经营的新型职业农民,为推进农业农村现代化提供人才支撑。

大兴镇综合中学提出"走出校园、走进农村、面对农民、服务农业"的口号,多年坚持针对本地农民的实际需求组织短训,将先进的农业技术推广到村屯;提出"做给农民看、教会农民干、带着农民赚"的培训思路,培养农民通过先进的农科技术走上脱贫致富路的发展思路。大兴镇综合中学整合人力、物力资源积极推进成人培训:学校组织教师充分利用寒暑假、双休日走上田间地头对农民进行农业技术培训;为服务好成人培训,学校自行创办农业知识小报、微信平台,通过多媒体手段丰富农民的知识和眼界;学校依托校内农业科技示范基地进行农业新技术的推广试验,把实惠交给农民;充分利用媒体资源,组织农民观看《农村经纪人》《科技致富能人》等成功创业影片,并邀请本地农业大户介绍成功经验。针对特定问题,学校定期举办专项培训,如农民工培训、科普之冬、雨露计划培训、新型职业农民培训活动。学校提出"外引内联"的培训办法,积极推进与县中华职教社、扶贫办、县劳转办、县农业技术推广中心以及黑龙江省畜牧研究所、黑龙江省齐齐哈尔市农业机械化学校、齐齐哈尔市职教中心学校等机构的合作,为农民专项培训提供专业支持和服务,2002 年以来培训共计 50 余次,培训 3 000 余人。

(2) 搭建平台推示范,带领农民奔小康。

大兴镇综合中学通过建立服务网络,沟通各村农民,搭建展示平台,选取各村种植养殖大户、合作社、优秀私营企业为示范户,总结示范户的成功经验,借助网络信息平台向全镇推广。定期组织农民进行实地考察学习,邀请示范户开设讲座、论坛和其他形式的分享交流会,进行线下沟通学习。至今在大兴镇建立示范户 49 家,包括哈尔滨海洋奇力有限公司、绥化天昊农业科研所、富尔农艺、大兴镇内的天兆养猪场、前官地村的黑豚养殖基地等。

(3) 建立服务中心,为民排忧解难。

大兴镇综合中学建立为农服务中心,购进土壤检测、化肥鉴定、病虫害防治等仪器和资料,由专业课教师负责为农民提供咨询服务。为农服务中心自建成以来,共做土壤检测 170 余次,实现全镇各村覆盖;化肥鉴定 100 余次,并坚持为农民、商户提供免费的病虫害和农业生产知识咨询。为农服务中心不仅依靠学校的力量为农民提供服务和咨询,并且成为当地农民与科研机构的沟通者和联系人,与黑龙江省农科院、嫩江农科所、县农业技术推广中心等服务机构达成合作关系,拓展了服务空间、提升服务水平。当村民遇到种植、养殖方面的重大难题或大规模农业病虫害等"险情"时,为农服务中心及时帮助联系专家,请专家现场把脉、会诊病情。依靠服务中心搭建的沟通平台,既及时为民排忧解难,也实现了先进农科技术的推广和实践,同时为大兴镇综合中学的专业教师提供实践平台。

(三) 桐庐县:以成人学校为大本营,构建成人学习圈

1. 搭建 30 分钟学习圈

19 世纪 70—90 年代,受工业革命和科学技术革新的影响,工业生产以及工人自身对工人教育的需求日益高涨,加之瑞典教会通过法律规定家庭户主必须教育家庭成员识字以此来提高瑞典人民素质,在此背景下,瑞典学习圈之父奥斯卡·奥尔森于 1986 年提出"成人学习圈"的主张,并将其定义为:"志同道合的朋友聚在一起讨论问题和学科知识的小圈子。"①成人学习圈的主张不仅被瑞典工会所接纳,并很快得到政府的支持。后瑞典政府所发布的成人教育文告将学习圈定义为"一群朋友,根据事先预定的题目或议题,共同进行一种有方法、有组织的学习。"②定义中"一群朋友""共同""学习"是理解学习圈的关键点,它表明学习圈是建立在相熟知的学员之间,学习的发生是依靠共同的学习目标和学习计划,学习成员之间通过分享观点、共享经验、相互启迪以此来提升思考和解决问题的能力,达成学习目标。在瑞典的学习圈实践中,大多由专门的成人学习协会地方分会所负责,组织者可以是普通成员也可以是教师,参与者一般 5—20 人,学习地点灵活、学习内容自选、学习形式为集体研讨。成人学习圈一直是瑞典重要的成人教育方式,并被其他国家借鉴学习。

成人学习圈能够充分整合利用资源,满足人民群众不同的学习需求。为深入贯彻党的十九大和十四届三次全会精神,弘扬社会主义核心价值观,推动习近平新时代中国特色社会主义思想深入人心,桐庐着力构建全纳、开放、多样的终身教育体系,构建市民 30 分钟学习圈,提升市民素养与生活品质,推动"人人皆学、处处可学、时时能学"的学习型城市建设。③

---

① 郭嘉. 瑞典学习圈研究[D]. 郑州:河南大学,2008:15.
② 郭嘉. 瑞典学习圈研究[D]. 郑州:河南大学,2008:11.
③ 桐庐县人民政府关于构建市民学习圈大力推进终身教育工作的实施意见(征求意见稿)[EB/OL].
   [2022 - 04 - 22]. http://www.doc88.com/p-1806407361940.html.

  桐庐县通过整合县、乡镇(街道)、村(社区)三级社区教育资源,包括各教育系统资源,实现资源利用最大化,坚持以人为本,满足人民群众的学习需求,搭建线上线下相结合的"乡镇(街道)30分钟市民学习圈"。"30分钟"意味着居民步行(或行车)不超过30分钟就能达到学习地点开展学习活动,体现"乡镇(街道)30分钟市民学习圈"的灵活性和开放性。为提高学习圈的覆盖辐射范围,桐庐县开展"资源共享、师资互用、项目共培、合作共赢"的成教综合体建设改革,经过两年的建设,为12个乡镇(街道)搭建了成教综合体平台,并成功入驻乡镇文体中心。成教综合体的建成,为"乡镇(街道)30分钟市民学习圈"的开展提供基础,是学习圈发展扩大的阵地。

  2. 建立农村社区学习共同体

  汪国新、项秉健认为:"社区学习共同体是生活在社区中的居民由本质意志主导的,因共同学习而结成的能实现人的生命成长和建立守望相助关系的群体。"[1]社区学习共同体以社区为载体,依靠成员们对知识的"中意"和对学习的意志组合在一起,是一种极具生命力的教育模式。在共同体中学员依靠自觉性开展学习,共同选择学习内容以及把握学习的方向,没有固定的教学者而是互为教师,通过分享知识和经验实现教、学共融,教学相长,在社区学习共同体中没有失败者,学员根据自己的评价标准进行自我评价,体现了教育的服务性而不是竞争性、选拔性。社区学习共同体被普遍认为是一种具有发展潜力的成人教育模式。

  桐庐县为扩展农村成人教育范围、提升农村成人教育品质,提出"农村学习共同体"概念,以"社区学习共同体"的认识论、方法论推广到"农间地头",以培育"农村学习共同体"作为构建30分钟学习圈的工作抓手,打造精品学习型社团。认真落实杭州市委〔2011〕1号文的"各区、县(市)要在原有成教编制基础上按照不少于万分之零点五的比例增配专职社区教育工作者"要求,并加强对社区教育志愿者、社区教育管理者和教师队伍的培训,提升社区教育工作者整体力量、素质和工作能力。各乡镇(街道)明确社区教育工作分管领导,安排不少于1名专(兼)职人员从事社区教育工作。[2] 同时,桐庐县出台了《2015年桐庐美丽乡村学共体培育计划》《桐庐县农村学习共同体评价指标》,在政策上为"农村学习共同体"建设给予支持,并坚持每年扶持和培育10—15个美丽乡村示范学共体起到领头示范作用,积极打造

---

① 汪国新,项秉健. 社区学习共同体,重拾共同体生活的现实载体[J]. 教育发展研究,2018,38(9):68.

② 桐庐县人民政府关于构建市民学习圈大力推进终身教育工作的实施意见(征求意见稿)[EB/OL].
  [2022 - 04 - 22]. http://www.doc88.com/p-1806407361940.html.

"美丽乡村学习共同体品牌",建设美丽乡村助力乡村振兴。

3. 因地制宜开展特色品牌培训

为建设教育特色品牌,桐庐县提出"一校一品"的建设目标。根据当地经济发展的特色和市场需求开展培训。例如县域内分水镇、横村镇、富春江镇分别被命名为中国制笔之乡、中国针织名镇、省级机械工业专业区,并针对这些特色开展文创、纺织相关的培训项目。根据桐庐县教育局下发《关于开展成人教育特色品牌培训项目创建活动的通知》,截止到 2020 年,每个社区学校、中等职业院校、成校至少有一个特色品牌培训项目,全县基本形成"一校一品"办学特色。例如,富春江成校与企业合作开办的机械专项培训,创新"五共"培训模式:在培养计划、教学资源、教学质量、学生管理、学生就业五个方面与企业共同承担的深度融合模式,取得显著成效,成功建设省级成教培训品牌;江南成校抓住地区内特色农业"窄溪牌"河蟹,针对河蟹的养殖、营销等专项问题开展对本地农民的定期培训和义务咨询服务;分水成校针对本地的旅游业、民宿业开展民宿业培训,结合开班授课和实地指导两种方式,帮助当地农民迅速转型为个体工商户,成为当地旅游市场的主体。

(四) 培训项目紧跟人民需求

桐庐县针对不同的人民需求开设多主题、多层次,长期教育和短期培训相结合的多种类型的为民服务项目。随着乡村振兴战略的推进,农民的学历需求日益提升。桐庐县为满足镇域农民学历提升的需求,面对不同学历基础的农民和需求开展多层次的成人学历教育,包括成人双证、成人高中、成人大专、脱盲等学历培训,每年学员达 5 000 人;同时为提升农民素质,培养新型职业农民,发挥职业教育的"造血"功能,桐庐积极推进农民综合素质提升工程,以"有文化、懂技术、会经营"为目标,培训内容包括文化知识、农业实用技术、电商营销知识等,每年学员达万人;在发展现代化农业和电商农业背景下,开展"SYB(START YOUR BUSINESS)""EYB(EXPAND YOUR BUSINESS)"培训,每年 20 余期,培训主题包括农家乐、民宿、电商农业等,为农民提供创业信息;向外转移的农村劳动力需要具备一定职业知识和技能,桐庐县各职成院校积极与企业合作开发与区域经济发展相契合的职业技能长期教育和短期培训项目;此外,为发挥教育的服务功能,桐庐县协同老年社团、老年协会开展"送课下乡"活动,通过定区举办讲座和短期学习班,以养生保健、手工园艺、传统文化、文化知识等为主题,丰富老年人退休生活,满足老年人的学习需求。

三、实践反思

(一) 研究结论

1. 因地制宜发展多种农村职业教育路径

各县、镇、村根据地理位置、人口结构、产业特点、教育基础等实际情况,结合地方特色,因地制宜地发展出多种农村职业教育的推进路径。在城镇化程度低、教育资源不丰富、第一产业为主导的 A 类地区,采取以综合中学为基础的发展路径(例如泰来县大兴镇综合中学)。A 类地区教育资源不丰富、基础建设不完善,因此整合普通教育、职业教育以及成人教育各类资源大力发展综合中学,满足区域人民多样需求实现多元发展,践行"人人皆可成才,人人尽展其才"的人才发展目标。泰兴大来综合中学(A 类地区)通过短期培训+长期服务的模式,线上示范和线下培训相结合,目的在于培养"有文化、懂技术、会经营"的新型职业农民,促进地区第一产业升级;整合资源,大力发展职业教育的服务功能,与省、市、自治区的农科院、农科所建立技术合作绿色通道,加快先进农业技术推广,不断拓展服务领域。在城镇化程度高、职业教育基础好、第二与第三产业发展潜力大的 B 类地区,采取以学校职业教育为核心的发展路径(例如濮阳职教中心)。B 类地区基础设施完备,吸引第二、第三产业的龙头企业生产工厂迁移,拉动地区经济发展,与此同时,也急需一批经过系统职业化教育、有知识、懂技术、高素质的青年劳动力推动区域经济转型。B 类地区在原有教育基础上建立职教中心,通过校企合作、订单班等模式为企业培养技术技能人才。大批青年人通过职业教育获得更好的岗位并为家庭带来可观的收入,不仅帮助部分农村贫困家庭脱贫致富,也为当地留住大量青年人才,满足经济发展的需要,加快地区经济向第二、第三产业转型,拉动城镇化进程。在地理位置优越、基础设施完善、教育资源丰富且第二、第三产业发展潜力大的 C 类地区,采取以成人学校为大本营推进农村职业教育的发展路径(例如桐庐县的农村学习共同体)。C 类地区经济发展潜力巨大,经济结构向好,由以第二产业为主向第三产业转型发展,区域劳动力市场供求基本平衡,因此职业教育在提高区域农民素质,满足人民学习需求方面发挥作用,区域内的成人学校和社区学院成为开展职业教育的大本营。通过职业教育对区域内现有的劳动力进行升级以服务产业类型升级,短期职业培训和长期的职业规划服务相互配合,灵活、快速提升劳动力素质,创造优质的劳动力资源(详见表3-3)。

表 3-3　农村职业教育路径分类表

	A 类型地区	B 类型地区	C 类型地区
经济基础	较差	一般	较好
产业结构	第一产业为主	第一产业向第二产业转型发展	第二产业向第三产业转型发展
城镇化程度	低	中	高
基础设施	较差	一般	较好
教育资源	不足	一般	充足
地区劳动力市场	供大于求	供不应求	供求基本平衡
发展路径	综合中学	职教中心	成人学校
主要模式	普、职、成教综合发展	长期系统教育＋短期职业培训	短期职业培训＋长期社区学习

2. 发展职业教育适应性,短期职业培训受青睐

无论是日常务农的农民,还是进城务工的农民工,长期的、系统的职业教育都是不容易实现的,短期的职业培训由于时间灵活、培养目标明确、实践性强、知识更新快等优势,在农村职业教育推进过程中被广泛采用并发挥了重要的作用。第一,各地区均为当地农民开展了农业科技的培训服务,实现现代农技推广使用,帮助农民解决实际问题;第二,各地区均为当地农民开设创新创业培训,培训内容包括电商农业、电商营销、民宿经验等内容,通过发动农村内源力量实现乡村振兴,建设美丽乡村;第三,各地区针对当地不同需求,均开展了具有地方特色的职业培训,例如成人学历培训、农民素质提升培训等。但各地对农村职业教育培训的内涵建设和探索尚不深入,各部门、各级政府针对培训开办缺少统筹规划和统一领导,大部分培训具有随意性和不可持续性,造成了资源和资金的浪费;部分培训课程缺乏系统性和科学性,使得内容与需求不符、实践性不强、效果不佳。

3. 农科类专业发展难度大,"农教师"培养难度高

各地根据实际需求,联合职业院校、涉农类的本科院校、农科类研究所等积极增设农科类专业。根据各地农科类专业的建设情况来看,第一,"农专业"招生难,农科类专业在中、高等职业院校中的招生效果不佳,青年人对农科类专业接受度不高,返乡意愿不强;第二,"农课程"开发难,各地区地理环境和农业条件千差万别,

需要针对地方实际情况和特色开发课程,地方职业院校教学资源有限,农科类专业课程开发难度大;第三,学科专业的设置与区域产业有差异,不能适应地区发展过程中所出现的新职业、新业态,地方特色不足;第四,"农教材"编写难,没有建立起乡村振兴下的乡土教材体系,大部分地区职业院校沿用高等职业院校涉农专业的教材,与各地方农业实践差距大,许多地区的职业农民培训更是没有教材,在田间地头边做边教;第五,"农教师"培养难,许多地方采取"就地取材"的方式,将当地养殖、种植能手发展为职教师资,但转型的"农教师"虽具有较强的实践能力以及对农村、农业的热爱,但专业理论基础不强,缺乏系统性,不具有教学知识和技能。现阶段缺少吸引具有农科类专业背景的职教师资下乡支援乡村建设的政策和宣传,培养同时具备农科类专业知识、农业实践技能、教师专业知识和技能以及对农村农业的热爱精神的"农教师"难度较大,农村职业教育农科类专业的内涵发展和师资建设面临挑战。

4. 缺少农村服务与管理人才的培养

目前我国农村管理人员年龄偏大且文化、学历水平不高,农村服务人才缺乏。农村管理人才包括乡村干部队伍、大学生村官、乡村振兴职业经理人;农村服务人才包括乡村医疗卫生教育者、健康养生从业者、基础设施专业管护人员等,以改善人居环境、从事公共服务等美丽乡村建设服务领域的乡土人才。[1] 乡村振兴战略的实施以及美丽乡村的建设都离不开管理型和服务型人才的引领。各地区专注农村实用人才的开发,例如对农业从业人员的优化和就地转业人员、农村转移劳动力的培训升级,但缺乏对农村服务和管理人才的关注和培养,不利于农村的长期发展和战略实施。

(二) 对策建议

1. 创办农村职业教育服务中心,发挥职教惠民功能

1961 年,联合国教科文组织(United Nations Education, Scientific and Cultural Organization,简称 UNESCO)在埃塞俄比亚首都亚的斯亚贝巴召开非洲国家教育部长会议,讨论该地区的教育与经济发展问题。会后,作为非洲教育问题专家的巴洛夫(Thomas Balogh)发表了一系列的评论文章,如《非洲的大灾难》(*Catastrophe*

---

① 王柱国,尹向毅. 乡村振兴人才培育的类型、定位与模式创新——基于农村职业教育的视角[J]. 中国职业技术教育,2021(6):57—61+83.

in Africa)、《非洲需要什么样的学校》(*What school for Africa*)。此时期,"人力规划"理念兴盛,巴洛夫以"发展经济学"和"人力资源说"为基础提出了一套非洲国家,乃至发展中国家教育促进经济发展战略。巴洛夫认为,职业教育发展应立足于经济发展规划和人力资源预测而进行有目的的人力储备,由此,政府主导的学校形态的职业教育应成为发展中国家职业教育的主要载体,并发挥规模作用,因此"学校本位"成为巴洛夫职业教育的主要观点。但巴洛夫在非洲的职业学校反贫困实践效果并不理想。针对巴洛夫"学校本位"的思想,福斯特(Philp J. Foster)在文章《发展规划中的职业学校谬误》(The Vocational School Fallacy in Development Planning)中却认为,由于职业学校所偏好的"精致教育",往往不能体现岗位工作情景因此不符合劳动力市场的需求,同时职业学校的学制较长,无法灵活应对市场需求,学生回报周期长等,这几点学校职业教育的缺陷成为"学校本位"职业教育成为"谬误"的原因。因此,福斯特更倾向于职业培训而非学校教育。[1][2][3]

目前,各地区农村职业教育虽陆续针对农民的不同需求开设相应培训项目,但整体发展依靠地方职业院校来完成。在高等职业院校扩招、乡村振兴和大力推进乡村职业教育的进程之下,接受系统教育的农民和报考农科类专业的适龄青年数量都不理想。其原因一方面是适龄青年对农科类专业的接受意愿不强,另一方面正如福斯特所阐述,学校教育形态与农村职业教育之间"水土不服"。因此在各地区应创办农村职业教育服务中心,提升农村职业教育适应力,增加农村职业教育灵活性,释放"教育+技术资源"活力。农村职业教育服务中心依托于地方中、高等职业院校和本科院校,联结农科院、农科所等科研机构,沟通地方政府和各社工组织,并有区域产业、企业人员参与,是集教育、技术、政策和市场多位一体的服务机构。农村职业教育服务中心与学校相比更强调服务功能:一是调动教育资源,开设符合人民需要和市场需求的职业培训;二是开发利用技术资源,为当地现代化农业建设提供技术支持和指导;三是挖掘产业资源,利用产业技术、设备、人力资源完成当地劳动力升级优化;四是协调政府和社工组织,统筹规划、统一安排资源,避免工作重复和资源浪费,并拓展政策解读、政策宣传以及辅助地方管理层制定方向和策略的智库功能。在没有职业院校的农村地区,农村职业教育服务中心将替代院校发挥

---

[1] 石伟平.福斯特的职业教育思想及其影响[J].外国教育资料,1995(2):56—62.
[2] 周正.福斯特与巴洛夫论战对我国职业教育发展的启示[J].外国教育研究,2006(3):57—62.
[3] 孙帅帅.国外关于巴洛夫职业教育思想的研究综述[J].职业教育研究,2019(8):87—92.

多方位服务功能,统筹多元资源实现效益最大化,还能灵活适应地方特色需求,丰富农村职业教育内涵,释放地方活力。

2. 整合教育资源,分类指导服务

正式的学校教育、培训以及非正式的宣讲、共同学习小组等学习模式各有千秋,需要整合多样教学资源,灵活搭配,打出职业教育"组合拳",针对不同群体以及不同需求进行分类指导和服务。第一,针对农业从业人员,依靠地区内职业院校和农科院、农科所等科研机构,开发"教育+技术资源",开展农业技术培训,培养现代化农民,建设现代化农业,提高农产品的数量和质量;第二,针对就地转业人员,职业院校协同当地用工企业联合培养,采用上岗前培训+职后培训的方式帮助农村农业富余人员快速转型,适应企业工作并获得理想的职业发展;第三,针对农村向外转移劳动力,发起城乡统筹、城乡联动的对口培养,构建以城乡衔接为重点的职业教育培训服务体系,提升劳动者的市场竞争力,将其培养成为符合转移地市场需求的优质劳动力,完成人力资本的形成和积累;第四,针对返乡创业人员以及当地有创业意愿的农民,开展电商农业、电商营销、旅游管理等创业项目培训,引导当地农民脱贫致富,释放乡村振兴的内部活力。

3. 培育卓越农村职教师资,扎根基层深耕教育

在农村职业教育发展过程中,乡村职教师资往往是被忽视的一环,但其恰恰是重中之重的一环,同时也是农村职业教育践行过程中薄弱的一环。师资队伍建设难成为各地区在大力发展农村职业教育过程中的"卡脖子"问题:第一,缺少针对农村职教师资的培养途径,目前农业科学类的高等师范教育几乎为零,地方高等职业院校的涉农专业教师多依靠引进农科专业背景人才结合入职后补充师范教育,而大部分中等职业学校却因为缺乏涉农教师而无法开设涉农专业。第二,政策上缺乏对农村职业教育教师人才的引进和保障,农村职业教育教师工作条件艰苦,在缺乏强有力的人才引进优惠政策和后期保障政策下,农村职业学校难以吸引、留住人才,造成招聘难、跳槽多的现象。第三,农村职教师资的专业发展不足,由于缺少好的工作条件、工作待遇等现实问题,农村职业院校在师资建设上具有"先天不足"的困难,造成教师学历不高、年龄偏大、专业知识和实践技能不足的问题。在此情况下,院校和地方政府并没有加大职后培养培训力度,缺少针对农村职教师资的培养体系和激励政策,致使农村职教师资专业发展不理想。农村职业教育师资问题应引起学界、社会的广泛关注。为此,应发挥社会主义国家优势,加强政策倾斜与舆

论引导。一是鼓励职业教育示范院校和农科类本科院校增设涉农类专业的师范生教育,为农村职教师资建设"开源";二是增加农村职教师资的人才引进政策,增设优惠条件,从政策上保障教师的权益;三是加大对农村职教师资专业发展的基本理论、路径模式的研究,从学理上探讨卓越农村职教师资是什么、为什么、怎么做,为教师培养培训搭建理论基础和可依照的模型框架;四是持续实施"乡村教师支持计划",并积极把农村职教师资作为重点计划对象之一,开设针对农村职教师资的培养计划和培训项目。农村职业教育的发展和改革,教师是关键,必须把农村职教师资力量的建设放在重点关注和优先发展的战略地位。

第四部分

案例发展报告

案例1：上海工艺美术职业学院："岗课赛证融通"的专业教学改革

一、学校简介

上海市工艺美术职业学院(以下简称"学院")是百所国家级示范性高等职业院校中唯一一所艺术设计类院校;全国职业教育先进单位;国家文化和旅游部确定的中国非物质文化遗产传承人群研修基地;全国毕业生就业典型经验高校50强;全国创新创业典型经验高校50强;全国高等职业院校国际影响力50强和育人成效50强;连续五年位列全国高等职业高专院校综合竞争力排行榜上海第一名,连续三年位列全国艺体类高等职业高专院校竞争力排行榜第一名;上海市"一流高等职业"建设院校。

学院认真贯彻上海市教育综合改革精神,以建设特色型高等艺术院校为目标,致力于打造深植中华文化、独具海派风貌,拥有时代特征和世界视野的文化传承与创意人才教育高地。近年来,学院确立"工艺美术＋"战略,努力推进工艺美术与时尚生活、科技创新、创意设计相融合,设置了手工艺术学院、产品设计学院、城市设计学院、数码艺术学院、视觉艺术学院、造型艺术学院6个二级学院,涵盖工艺美术品设计、数字媒体艺术设计、公共艺术设计、产品艺术设计、广告艺术设计等28个专业,为艺术创作、产品设计、环境设计、数字娱乐、文化传媒等与人民生活密切相关的文化创意领域提供优秀人才和服务。学院成立工艺美术研究中心,致力于非物质文化遗产传承和生产性保护。学院抓住上海"四大品牌"建设和文化创意产业发展的契机,建立了"上海市数码艺术公共实训基地""上海市工艺美术公共实训基地"等,汇集"东方学者团队"、国际设计师、工艺美术大师、民间特艺大师等领衔的大师工作室,逐步形成以生产型实训工场和各类工作室为主体的办学形态。

二、改革举措

上海市将会展产业视为新兴产业之一,并将全面建设国际会展之都作为战略目标。然而,由于会展专业在中国起步较晚,在发展过程中出现人才培养经验不足、培养质量不高的难题。针对上海市高等职业会展专业存在的"缺标准""缺平台""缺质量"等问题,上海工艺美术职业学院从 2003 年开始了立足上海、对标国际的"岗课赛证融通"人才培养模式改革。经过 10 年的探索,该学院的改革措施成果显著,为上海建设国际会展之都提供了坚实的人才储备基础。

上海工艺美术职业学院于 2003 年在全国率先开设会展专业,2007 年成为国家示范专业。由于会展行业在国内起步较晚,相关专业人才培养缺乏经验,因此在课程体系建设上面临较大的困难,需要与国际接轨以提升培养质量。学院选择了"岗课赛证融通"人才培养模式,以"岗课赛证融通"为人才培养的引领思想,通过与德国展示艺术标准的对接和合作,构建了以核心职业能力为基础的国际化、宽基础、重应用、灵活性强的模块化课程体系。

如图 4-1 所示,学院立足上海、对标国际的"岗课赛证融通"人才培养模式,按照"国际标准引领培养目标重构""岗课赛证融通强化培养过程""师资与文化建设保障人才质量"的思路推进教学改革。首先,加强对德合作,引入德国展示艺术的标准,通过借鉴德国有效专业发展经验重构应用型会展技术技能人才培养标准。通过完善和不断优化专业架构,确立了以发展会展核心职业能力为基础的人才培养体系,并且能够与国际标准相衔接。其次,变革教学方法,通过融通岗课赛证不断优化人才培养过程,汇聚多重资源打造高质量教学平台和资源库,推进优质教学资源建设。将展示设计全产业链的行动导向教学和体验式学习融入专业训练全过程,用比赛、集训、考证、实习来落实学生的实际技能培养环节,带动专业整体人才培养体系扩容升级,提升本专业学生技术技能核心操作竞争力。最后,夯实保障基础,重组师资队伍、重构人才评价体系,以多元立体的保障措施发展创新型会展人才的职业可持续能力。学院多措并举不断积聚"国际一流大师、名团队",通过雄厚师资建设促进会展专业高质量发展,以"媒体+产品+空间"立体化的课程体系为平台,理实一体培养学生对接文博、文旅、博览、会展、活动等展示展览工作岗位的实际工作能力,并且在实践课程中进一步培养学生灵活应对能力和职业可持续发展能力。其中,"岗课赛证融通"人才培养模式、"上海特色、德国标准"的中外合作

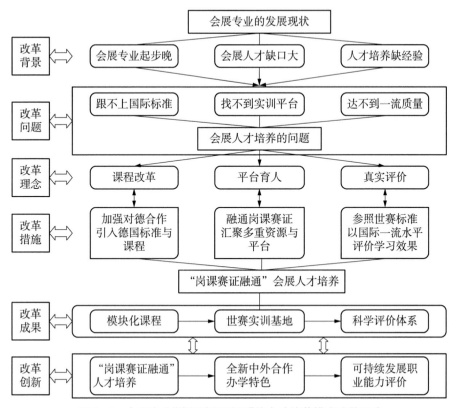

图 4-1　会展专业"岗课赛证融通"的人才培养模式改革思路

方式、"就业能力＋可持续发展能力"的人才评价体系是改革的三大创新之处。

三、改革成效

上海工艺美术职业学院以市教委的文教结合行动计划为契机,以"文教结合、中德合作"为基础的展示设计专业教学改革和探索已有多个年头。通过积极参与中德合作项目,学院借鉴德国先进的可持续发展职业教育理念,结合"传统工艺和可持续发展材料",致力于推动和完善国际标准的多元化立体展示设计跨界创新人才培养模式。这一改革举措在满足上海作为国际化中心城市的需求的同时,也对会展行业人才的市场需求进行了深入理解和针对性的培养。在教学模式方面,学院通过"项目引领、校企合作、真题训练"等手段,构建了一个具有国际标准的培养模式。这一模式的核心理念是以实际项目为驱动,通过与企业的深度合作,使学生能够在真实工作场景中应用所学知识,培养学生的实际操作能力和解决问题能力,通过该合作模式达到产教深度融合,提升人才培养质量。此外,学院强调跨界创新,将"商业空间、文化空间、多维空间"等方向融入课程体系,通过跨学科专业课程知识来拓展学生的知识领域、培养学生的跨专业思维,通过"媒体＋产品＋空间"等多模块的课程平台,学生得以全面发展,不仅拥有设计的创造性思维,还能够将其应用到商业、文化等不同领域,从而更好地应对展示艺术设计专业在实际工作中的多维知识需求。此外,学校积极促进与企业的信息和资源共享,保持课程体系的动态化调整来契合市场需求。这种紧密的校企合作关系不仅使人才培养目标能够紧跟市场变化,同时也为学校提供行业前沿信息,为课程的更新与优化提供有力支持。模块化的课程体系设计使得学生在夯实专业能力的过程中能更加灵活进行个性化培养,能根据个人兴趣和职业方向进行有针对性的学习。

总体而言,学院通过"文教结合、中德合作"为基础的教学改革,以多元化立体展示设计跨界创新人才培养模式为引领,紧密结合市场需求和国际标准,为上海培养了一批具备国际竞争力的展示设计专业人才。这一模式的成功实施不仅符合上海国际化中心城市的发展需要,也为其他高校提供了可借鉴的经验,对推动展示设计专业教育的创新与发展起到了积极的推动作用。具体改革成效如下:

(一) 促进完善了创新应用型人才的立体化培养模式

首先,自 2016 年以来,展示艺术设计专业在学院的改革成果推广应用下,学生的就业率一直居于学院前列,呈现出显著的就业优势。毕业生双证书获取率更是高达 99.5%,学生在实践能力和学术素养方面都取得了卓越的成绩。在获得奖项数量和质量上,该专业的学生斩获了众多国际、国家和市级的奖项,包括 iF 奖、国家奖学金、世界技能大赛商品展示技术项目上海赛区比赛、奥林匹克大赛创新大赛等多个领域的殊荣。其中,学生不仅在学科竞赛上获胜,还涵盖了创新创业、设计大赛、商科院校展示设计大赛等多个领域,积累了丰富的实践经验。此外,青年教师在各类教学比赛和技能竞赛中也取得了令人瞩目的成绩,不仅提升了自身专业声誉,也为学院赢得了荣誉。

其次,专业商业空间方向的建设在校内实训基地"商品展示技术"世赛基地项目的推动下,为工艺美院"双高"建设项目提供了有力的指标支持。该实训基地以世赛标准为参照,通过建设项目为学生提供了高水平的实践环境。每年夏季,基地还为全国各参赛单位老师和教练员开展橱窗设计领域的职业培训,通过实地培训和网络平台共享教学资源,提升了整个领域的专业水平。基地的宣传活动以各种形式进行,如走训、论坛和讲座,促进了橱窗设计领域内的思想碰撞和技术交流。此外,世界技能大赛项目上海基地的成立为国家职业教育提质培优和增值赋能目标提供了重要的支持。

最后,德国大师授课的跨界平台类课程为学院大部分专业的学生提供了丰富的培训机会,形成了强大的教育资源。这些跨界培训涵盖了校内外学生850余人,涉及现代设计、工艺美术等多个专业领域。其中,学生既有通过培训班学习的,也有参与校内培训的,甚至有出国学习的。这样广泛而深入的培训不仅提升了学生的综合素质,也为学院师资队伍的培训提供了有效途径。这一系列的跨界培训进一步巩固了学院在国际教育领域的地位,为学生的职业发展提供了有力的支持。

(二) 成功开拓了师资队伍引进和专业课程建设之路

改革实施以来,通过校内授课、校外实训基地、德国科隆展会,上海市工艺美术职业学院成功引进了60余位国际著名建筑大师、产品设计大师、木艺大师、藤艺大师、室内建筑师、创意概念设计师、展示设计师、新媒体设计师和项目管理专家。这个团队的专家们不仅在国际上享有盛誉,还在校内扮演着重要的角色。他们被聘为海外名师,入选上海市外籍高层人才,并在北京工艺美术学会工艺美术创新研究中心担任常务委员。其中,四名专家还担任著名跨国公司总裁,三名专家是国际著名比赛的评委,另有一位专家更被评为德国最有影响力的50名家具设计师之一。

这个改革团队自2016年以来屡获殊荣,其中包括2016年上海市高校教学团队奖和2019年世界技能大赛基地上海市教育工会"教育先锋号"。团队的校内教师在国内高校访学方面有3名成员、上海市职业技能优秀教练1名、上海市职业技能金牌教练2名、上海市职业技能竞赛第一名1名、团队教师双师证书达到100%。团队中有3名成员担任国家职业技能竞赛裁判员。此外,团队教师下企业见习完成率达到81%,上海市高校教师教学竞赛优秀奖有1名。

在专业课程建设方面,上海市工艺美术职业学院取得了显著的进展。上海市工艺美术职业学院编写的专业教材包括《展示设计概论》《商业空间展示设计》《活页式教材》等。微课方面,上海市工艺美术职业学院成功推出了《商业空间展示设计微课》等2门课程。上海市工艺美术职业学院还对三个专业方向的展示设计大纲进行了修订,编写了《44届、45届世赛培训讲义》等教材。在核心课程标准方面,上海市工艺美术职业学院涵盖了10门课程,并荣获上海市精品课程1门、校级精品课程2门、校级云平台课程6门。此外,上海市工艺美术职业学院还成功推出了20门微课,覆盖了世赛商品展示技术项目。这一系列的举措不仅在学术上获得了认可,也对提升教学水平、推动教育质量和实现培养目标产生了显著效果。

(三) 创新完善工作室项目社会影响力持续显现

为引导和支持上海高校文化艺术类学科专业建设,市教委和市文教结合工作协调小组办公室联合设立上海市紧缺艺术人才创新工作室项目,鼓励各高校积极引进海外、沪外和教育系统外顶尖文艺名家或紧缺技能人才。上海工艺美院积极响应号召,遵循上海市的"高校教育服务国家,服务社会,加强学科建设,打造世界一流水平,开门办学,汲取世界上最优秀大学的管理成果,探索中国特色的办学之路"的指导思想,成立了紧缺大师工作室。紧缺大师工作室的总体建设目标定为:引进德国顶级设计大师,系统化引入德国应用设计教育方法和体系,对接"德国可持续发展材料库",结合德国一流企业真实项目,推动家居行业的现代化设计水平,完成"中国创造",培养"中国工匠"。2017年,学院共有3个上海市紧缺艺术人才创新工作室获得立项建设,是立项高校中唯一的一所高等职业院校。紧缺大师工作室项目连续五年获得上海市文教结合办公室和上海市教委的支持,被列为"上海市文教结合紧缺艺术人才创新工作室"项目。这个项目在上海的高校中独树一帜,成为唯一一个在连续五年内获得资助并建设的项目,逐渐在上海高校中建立了一定的影响力。

作为中德高校合作的第一个项目,紧缺大师工作室成功参与了世界上最具影响力的展览会——德国科隆展会高校展区。连续四年登陆科隆展会,该项目在德国展会上得到了当地政府、学校以及电视媒体的高度关注和报道。展览期间,累计接待了数万名专业观众和普通观众,与德国科堡大学和德国科隆展会建立了良好的合作机制。在展览方面,紧缺大师工作室项目的参与不仅仅是为了学术交流,更是为学生提供了展示自己才华的平台。学生们在科隆展会上的展示得到了专业人士和观众的高度赞扬,为他们的未来职业发展奠定了坚实的基础。此外,通过与德国科隆展会的深度合作,项目不仅得到了宝贵的培训证书,还为学生提供了与国际一流设计师互动的机会,促使学生不断汲取新的设计理念和技能。紧缺大师工作室项目的成功不仅在学术领域取得了显著成就,更在社会和市场中产生了深远的影响。其不断拓展的影响力将继续为学校的发展和学生的职业发展注入新的动力。

2016年,作为唯一一所获得世界著名奖项——首届iF社会公益学生奖的上海高校,紧缺大师工作室项目受到了iF设计组织这个全球最大的设计平台的广泛报道。此外,项目还在国内外举办了 14 次工作坊,完成了 10 余次校内外展览,涵盖了学院大部分专业与班级。项目的成果被校园网报道了 10 余次,通过大师工作室微信公众号传播,阅读量累计达到三万余人次。

紧缺大师工作室项目还在校内接待了 20 余个国际访问团,接待了 40 余人次的非遗培训,并受到了上海市和嘉定区领导的 30 余次接待。在国内举办的展览中,项目累计接待观众数千人次。这些丰硕的成果显著提高了学校的教学水平和教育质量,实现了培养目标,产生了明显的效果和推广价值。校内外展览和工作坊的举办为学校树立了更高的教学标杆,吸引了国内外众多专家学者的关注。通过与国内外专家的交流,学校得以引进更多的前沿设计理念和方法,为学生提供更广阔的学术视野。同时,这些展览和工作坊也成为学生们展示个人成就、与专业同行交流的重要平台,为学科交流与融合搭建了桥梁。通过校园网报道、微信公众号传播以及国内外举办的展览,项目取得的成果得到了广泛传播。校内外展览的成功举办进一步提高了学校在设计领域的声望,为学校在相关领域的招生和人才引进提供了有力支持。

四、改革经验

(一)在国内较早建构了"岗课赛证融通"人才培养模式

学院积极响应市场需求,针对会展专业培养缺乏明确标准和课程体系多样化的问题,着手推进一系列改革举措。特别引人注目的是学院与德国展示艺术领域的深度合作,旨在引入德国标准与经验,以解决应用型人才培养缺乏明确标准的问题,构建与国际标准对接的专业构架。这一改革核心着眼于以核心职业能力为基础的模块化课程体系,注重国际化、宽基础、重应用、灵活性强的特点。

在这一改革过程中,学院对展示设计学科的"教、学、做"的方式和顺序进行了重新定义,通过模块化课程体系的改革,特别强调了"媒体＋产品＋空间"为主要内容的课程结构。这使得产业和教育资源得以更加充分的融合。改革还引入了"行动导向"的教学理念,通过现代化设计创意流程训练,采用"Learning By Doing"的教学方法。学生在课上通过运用可持续发展材料完成教学过程,从而在实际创造过程中体验并完成原创设计。这一过程不仅促进了专业协作,也加强了平台之间的跨界融通,推动了整个专业的创新发展。

新的基于实践和跨界融通的教学模式,使得学生更好地适应国际标准和行业需求。整个改革过程不仅重塑了学科的教学方法,还为学生提供了更贴近实际工作的培训,培养了学生在创造性设计和实际应用中的能力。这一系列措施旨在为学生提供更丰富的实践经验,提高其综合素质,从而更好地满足市场对于高水平会展人才的需求。

(二) 开创了"上海特色、德国标准"的中外合作方式

为了更全面的解决会展专业人才培养中存在的挑战,上海市工艺美术职业学院深入挖掘问题的本质,进一步改进了教学方法。通过融通岗课赛证的整体优化,上海市工艺美术职业学院在人才培养过程中构建了更加立体、多元的资源平台。为了推动行动导向教学和体验学习在专业训练中的全面融合,上海市工艺美术职业学院以比赛、集训、考证、实习为纽带,加强了对专业整体人才培养体系的提升。

在这一努力的基础上,上海市工艺美术职业学院充分依托上海市"文教结合紧缺大师工作室"项目平台,同时参照德国展示艺术设计双元制职业教育标准和"商品展示技术"世赛基地实训课程评价标准。通过国际平台的实际项目推进实践教学,上海市工艺美术职业学院着眼于解决教学观念滞后、缺乏教学反思等问题。在这个过程中,上海市工艺美术职业学院成功建立了以德国顶级大师设计专家团队为核心的引领者,形成了一种独特的国际化跨界设计教育方式。

通过引入可持续发展材料为设计方法的基础模块课程以及实际项目资源,上海市工艺美术职业学院在比赛、集训和实习等方面推动了专业训练全过程的优化。上海市工艺美术职业学院注重于组织高水平跨界工作坊(Workshop),完成创意流程训练,积极参与世界一流展赛,以检验创意水平。这些改革举措,无论是平台建设、组织形式还是内容体系的升级,都全方位地提高了教师和学生跨界创新和实践能力。

(三) 建构了"就业能力＋可持续发展能力"的人才评价体系

针对会展专业人才不足以胜任新时代会展工作,生涯发展更是"后续无力"的问题,学院参照世赛基地系列管理规定,组织国际化高水平跨界 Workshop 完成创意流程训练,参加世界一流展赛检验创意水平。从平台建设、组织形式和内容体系多方面保证教师和学生跨界创新和实践能力的提高。将"媒体＋产品＋空间"立体化的课程平台和模块化的课程体系建设融通,让学生根据自身特点,掌握2～3个专业基础模块技能,拓宽学生对展品的理解。同时,在设计训练的过程中,提高跨界设计能力的基础上,注重提高独立工作与团队协作能力。毕业生可以完美对接文博、文旅、博览、会展、活动等,面向艺术空间展陈设计、会展空间艺术设计、品牌主题陈列设计、展示展览运营等工作岗位,适应会展项目运营管理服务第一线,并具有岗位迁移潜质和可持续发展的能力。

学院不断深化改革评价模式,突破以往完全学分制的限制,通过暑期小学期制,以展示艺术设计专业为基础,构建开放式的不同专业的师生参加的工作营。通过工作营的跨界授课模式,遴选校内不同专业、不同年级的优秀学生分组混合学习。在现代化设计创意流程训练的前提下,引入"行动导向"的教学理念,运用可持续发展材料完成教学过程,学生在课上体验创造过程并完成原创设计。课后根据设计深化阶段,针对不同技术、材料、加工工艺、加工技术和加工流程的需求,对接不同类型的工艺和材料工作室课程模块继续学习,并在不同类型的企业中完成作品制作,最终完成展示。国际工作营的教学将校内外、国内外不同传统工艺的工作室的师资、材料和实训资源多维度连接。整个过程促进了专业协作,促进了各实践平台之间的跨界融通。在不打破现有教学体系前提下,通过可持续材料,建立灵活的线上与线下融合的国际化跨专业教学机制。

五、反思与点评

在"岗课赛证"融合的过程中,院校应当采取一系列有力的举措。一方面,院校需强化与企业的深度合作,充分发挥企业在生产实践和职业技能方面的独特优势。积极培养学生的工匠精神和技艺,以提升育人实效,从而进一步提高社会效益。围绕国家会展产业的发展战略和需求,院校应立足本土会展发展平台资源,强化自身的生产创新能力。及时优化专业课程结构,完善师资专业发展通道,不断促进本校会展专业人才培养体系的立体化、特色化和创新化。通过多主体之间的协同联动,有效提高院校会展专业整体的育人实效,为"岗课赛证"综合育人的培养机制创新与构建提供新视野和新动力。另一方面,为进一步立足本土,院校应展望国际,创新国际合作交流模式。通过与国际上具有卓越经验和声誉的会展企业、机构以及大师进行深度合作,不仅能够借鉴其先进的管理模式和行业标准,还能够获得更为优越的学术研究平台与实践经验。高质量、高水平的国际交流为学生提供更广泛、更深入的学术与实践机会,激发院校在学科研究、教学内容和实践培训等方面的国际思维。这一努力不仅能够进一步满足不断发展的市场需求,还将推动会展专业的创新与升级,为培养具有国际竞争力的高素质会展专业人才打下坚实基础。

案例2：无锡科技职业学院：产业学院建设与新商科人才培养

一、学校简介

　　无锡科技职业学院是江苏省首家由国家级高新技术产业开发区举办的公办高等职业院校，是江苏省中国特色高水平高等职业学校建设单位。学校位于中国最具经济活力的长三角几何中心、吴文化发源地、素有"太湖明珠"之称的历史文化名城——江苏省无锡市，坐落在拥有5 000余家科技企业、1 000余家国家高新技术企业的国家级开发区——无锡高新技术产业开发区的核心地带，目前在校生人数11 000余人，专兼职教师917人，其中具有硕士及以上学位比例为71.29%，具有高级职称比例为35.29%，"双师"素质比例为79.33%，聘请80余名企业海归博士、行业精英、企业技术专家担任学校产业教授，打造了校企"混编式"教学团队。

　　学校秉承"立足高新区、融入高新区、服务高新区"的办学宗旨，构建"区校一体、三环耦合、四院融通"的办学格局，探索形成了"创新驱动，区校一体"的全国高新区高等职业教育新吴模式。学校设有集成电路学院(无锡高新区紧缺人才实训学院)、物联网与人工智能学院、智能制造学院、商学院(空港物流学院)、文化旅游学院(新吴区社区学院)、数字艺术学院、继续教育学院、海外教育学院8个二级学院。对接高新区"6+2+X"现代产业体系，设置31个专业，形成了工、理、文、艺并行发展的专业格局。其中，微电子技术专业入选国家工信部产教融合专业合作建设试点，移动互联应用技术和现代物流专业为江苏省高水平专业群，建有省高水平骨干专业3个。

　　学校依托无锡国家高新技术产业开发区，与华润微集成电路(无锡)有限公司共同牵头打造无锡集成电路产教联合体成功入选首批国家级市域产教联合体，牵头组建全国半导体行业产教融合共同体，牵头成立全国开发区职业教育发展联盟、中国(无锡)跨境电商综试区人才培养产教联盟等。学校与无锡高新区龙头企业共建产业学院 5 家,集成电路专精特新产业学院获批工信部第一批"专精特新产业学院"建设项目,建成工信部"校企协同就业创业创新示范实践基地",建有省发改委工程研究中心 1 个、省教育厅工程技术研究开发中心 2 个、省级产教融合平台 2 个,政行企校协同保障战略产业人才供给。区校共建紧缺人才实训学院、新吴区社区学院,为高新区重点企业培养"本科后"特需人才 8000 余名,形成覆盖 6 个街道、115 个社区的终身教育体系,成为全国、全省优秀成人继续教育院校,获评省成人教育改革发展 40 周年 40 佳社教单位。区校共建全国高校首个"学习强国"线下体验馆暨大学生思想政治教育实践基地,成为省级社科普及基地。学校服务地方不断取得新成效,三度荣获中国产学研合作促进奖,四度荣获无锡市职业院校产业发展贡献奖。

近年来,师生斩获全国职业技能大赛一等奖、"挑战杯"中国大学生创业计划竞赛金奖,获省职业技能大赛一等奖 17 项、省教学能力大赛一等奖 6 项,获省教学成果奖一等奖 1 项、二等奖 4 项,"校园节庆"文化入选全国职业院校校园文化建设"一校一品"学校。建校 20 年来为社会培养了 4 万余名高技能人才,毕业生就业率始终保持在 97% 以上,服务地方和区域就业率达 70%。

二、改革举措

会计专业是高等职业院校普遍设置且生源较为充沛的成熟专业,但大多高等职业定位于为单位或组织内部培养会计人员,通常采用比较传统的培养模式,普遍存在"单主体培养、缺乏资源""同质化培养、缺乏特色""圈养式培养、缺乏实践"等问题。在当前"大众创业、万众创新"的背景下,小微企业对会计服务外包的需求日益增加,这为会计专业提出了新的挑战和机遇。与此同时,现代技术在财税领域的应用不断推广,财务共享服务成为新兴业态。会计专业人才需适应这一时代背景,从传统的培养模式中解放出来,更好地服务社会。为了更好地迎合会计行业新的需求,提高会计专业人才培养的适应性,有效解决存在的问题,无锡科技职业学院会计专业自 2011 年着手变革培养模式。通过产业学院的支持,无锡科技职业学院围绕教育部人文社科课题、省教改课题、省软科学课题展开研究与实践,深化产教融合,积极与企业开展校企合作。这为会计专业培养模式的创新提供了坚实的理论和实践基础。

　　无锡科技职业学院充分发挥地方高等职业院校的特色,与航天信息股份有限公司共建"航信财税产业学院"(简称"航信学院")。产业学院通过"双元协同""四级递进""五互五共"的改革创新,精准定位人才培养目标,整体设计人才育训过程,全面保障人才培养需求。这不仅使无锡科技职业学院的会计专业更好地适应了当前行业的新趋势,也为学生提供了更丰富的实践机会,加强了校企合作的深度与广度。这一模式的实施为高等职业院校会计专业人才培养提供了可行的经验,对于其他院校的会计专业培养模式的改革具有一定的借鉴意义。

(一)"双元协同",精准定位人才培养目标

　　首先,无锡科技职业学院采取了"双元协同"的战略,以精准的方式确定了人才培养的目标。通过与企业的深度合作,无锡科技职业学院调整并优化了人才培养方案,以更好地满足区域经济社会的发展需求。无锡科技职业学院积极响应并紧跟着行业发展的步伐,将会计专业人才培养的定位从传统的企业内部会计岗位调整为更适应市场的会计服务外包岗位,这一创新性的调整使无锡科技职业学院能够更加准确地培养符合市场需求并具有独特特色的会计人才。此外,学院紧密关注行业发展的新需求和新标准,确保学院的人才培养目标紧跟时代潮流,通过与企业的密切协作,学院能够更灵活地调整培养目标,使其与当前行业发展趋势相契合。"航信学院"成立"财税服务工作室",建设"双师双能型"教师培养培训基地,联合授课,联合开展平台建设、技术服务、社会培训,共同指导学生代理记账、代理报税等实训操作,共编教材,实现"人才共推互聘"。同时秉承"以服务获支持,在贡献中协同"的理念,将"一中心两平台三基地"打造成"产学研培创"一体化平台,承接各类政府购买服务项目、小微企业管理咨询项目,开发"江苏省会计人员在线继续教育课程",开展各类财税培训,开展创业训练及项目孵化,以服务获得更多校企协同育人资源,实现"成果共享互利"。学院以"双元协同"为引领,确保学生在校期间接触最新的行业动态和实践经验,使其具备应对未来复杂职业环境的能力。这一精准的定位和与企业的协同合作为无锡科技职业学院培养有特色的会计人才提供了坚实的基础,使学生能够更好地适应不断变化的职业环境。

(二)"四级递进",整体设计人才育训过程

　　在这一过程中,无锡科技职业学院借助产业学院的力量,着重于专业、课程和教材的打造,以创新的方式塑造会计人才培养模式。为此,学院成立了"航信学院"专业建设指导委员会,引入了行业标准和企业资源,并展开 LCCI 国际职业资格认证。同时,学院将人才培养的定位从企业内部的会计岗位调整为会计服务外包岗位,紧密对接"无锡·感知中国会计服务示范基地"的需求。为重构人才培养模式,学院对"基础素养—基本技能—岗位能力—拓展能力"四个模块的课程体系进行了重新设计。实践教学体系则按照"认知—仿真—孵化—顶岗"的四级阶梯进行,孵化实训则按照"A岗(学徒岗)—B岗(助理岗)—C岗(会计岗)—D岗(管理岗)"的四岗螺旋提升进行。这样构建的"四级递进"人才培养模式,有助于促进人才培养与产业需求的融合,实现课程内容与职业标准的无缝衔接,同时确保教学过程与生产过程的有效对接。图4-2清晰展示了这一"专业共建互赢"的理念。面向区域会计服务外包产业,学院将人才培养的定位再次调整,从企业内部的会计岗位转向会计服务外包岗位。通过建构"四级递进"人才培养模式,学校和企业共同参与课程的建设和教材的编制,成功地打破了会计人才同质化培养的困境。学院立足于区域对会计人才的需求,通过校企合作的方式,深刻改革了人才培养过程,对接新经济业态中的四层职业标准,全面重构了四模块四级阶梯的课程体系,致力于多岗位、多情境、多主体的培养和培训学生,从而培养出更高素质的会计人才。

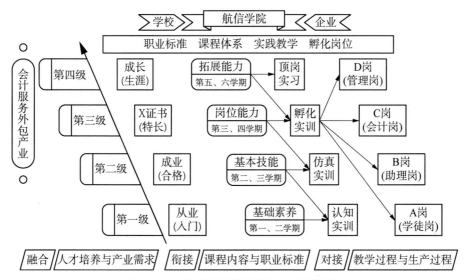

图4-2 航信学院"四级递进"人才培养模式

(三)"五互五共",全面保障人才培养需求

无锡科技职业学院会计专业2012年起与大型国企、税务信息化领域的领军企业、国家"金税工程"主要承担者——航天信息股份有限公司开展校企合作,于2016

年共建集"产学研创培"于一体的校企协同育人共同体——"航信学院",按照《企业
会计准则第 40 号——合营安排》中的"共同经营①"模式运行,形成了"五共五互"校
企协同育人机制(如图 4-3)。整合学校、企业、行业的各类资源,多主体联合培养
会计人才。以专业共建互赢、资源共用互惠、人才共推互聘、文化共融互通、成果共
享互利的合作机制创新,建成"一中心两平台三基地",互聘师资组成混编团队,秉
承"以服务获支持,在贡献中协同"理念,多方面保障人才培育资源。以"区校一体"
为特色,不忘"高新区办学,办在高新区"的办学初心,秉承"以服务获支持,在贡献
中发展"的理念,以产业学院为依托,对接无锡高新区会计服务外包产业发展需求
调整人才培养方向,通过"五互五共"的机制创新,以专业共建互赢、资源共用互惠、
人才共推互聘、文化共融互通、成果共享互利的合作机制创新,实现了园区(会计服
务示范基地)、企业和学院的人才与资源的有效互动,树立了高等职业院校深度融
入区域经济的典范。依托产业学院抓技术、抓实践、抓教师、强服务,多岗位锻炼学

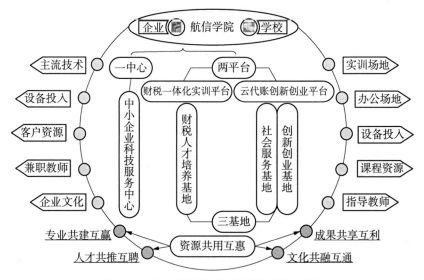

图 4-3　航信学院"五共五互"协同育人机制

---

① 《企业会计准则第 40 号——合营安排》中的"共同经营"模式,即校企双方确认在"航信学院"中单独所
持有的资产,以及按其份额确认共同持有的资产;双方各自确认单独所承担的负债,以及按其份额确
认共同承担的负债;双方各自确认出售其享有的共同经营产出份额所产生的收入;双方各自按其份额
确认共同经营因出售产出所产生的收入;双方各自确认单独所发生的费用,以及按其份额确认共同经
营发生的费用。

生的实践能力。将"一中心两平台三基地"建成"产学研培创"一体化平台,互聘师资组成混编团队,成立"航信创新班"进行"前店后场"孵化实训,教学过程对接生产(服务)过程,破解"圈养式培养、缺乏实践"的难题。

三、改革推广成效

(一) 改革成效

1. 人才培养质量显著提升

一是创新技术人才培养效果显著。无锡科技职业学院学生在省级以上技能大赛中获得一等奖1项、三等奖3项,展示出了无锡科技职业学院学生在技能培训和实际操作中的优秀能力。在江苏省的"互联网+""挑战杯"等各类大学生创新创业大赛中取得了11项奖项,凸显了无锡科技职业学院学生在创新思维和创业实践能力方面的优势。二是毕业生就业情况优良。无锡科技职业学院"航信学院"毕业生展现出了极高的就业竞争力,就业率高达98.7%,留新率也达到了61%。毕业生专业对口率高达73%,这意味着他们所从事的工作与他们的专业密切相关,有效地实现了学以致用。更为值得一提的是,其薪酬水平高出省内平均水平20个百分点,这充分证明了他们在职场中的价值和专业能力,用人单位满意度接近100%。

2. 专业建设成果丰硕

无锡科技职业学院会计专业在2017年成功申获江苏省高水平骨干专业,专业建设和课程设置被肯定。紧接着,物流管理专业群也成功支撑了申获省高水平专业群,这进一步证明了学院在专业建设方面的全面性和领先性。这些成果的取得,不仅提升了专业教学质量,也为学生提供了更广阔的发展平台。

3. 课程和教材建设成果突出

在课程建设方面,无锡科技职业学院在课程建设方面取得了显著的成果。学院与合作伙伴共同建设了1门省级在线开放课程、2门市级精品课程,为提高教育质量奠定了坚实基础。此外,为了满足会计从业人员不断增长的知识需求,学院合作开发了17门会计继续教育课程,这些课程具有高度的实用性和针对性。在教材建设方面,学院同样取得了不俗的成绩。与相关企业合作开发了5门核心课教材和6门实训课程教材,这些教材既注重理论知识传授,也强调实践能力的培养。其中,1本教材荣获江苏省重点教材的称号,肯定了学院在教材建设方面的实力和水平。

4. 打造了省市级产教融合实训基地

无锡科技职业学院与航信共建的"实训、服务、创业一体化"BPO专业群综合实训基地,成功获得了2016年江苏省产教深度融合实训基地的荣誉。该实训基地不仅具备了先进的设备和完善的教学环境,更注重学生的实践操作能力和创新创业精神的培养。通过为学生提供了更加贴近实际工作的实训环境,帮助他们更好地掌握专业技能,为未来的职业发展打下坚实的基础。此外,"财税一体化综合实训平台"也成功获得了2016年无锡市产教融合现代化实训基地的荣誉。该平台采用了最先进的技术和最新的教学理念,为学生提供了一个高度仿真的财税工作环境。通过该平台,学生可以更好地掌握财税方面的专业知识,提高他们的实践操作能力和解决问题的能力,为未来的职业发展做好充分的准备。

5. 培养了高水平教学团队

无锡科技职业学院"航信学院"混编师资组成的"财税服务工作室",不仅在财税服务领域取得了显著的成就,更是培养出了一支高水平的教学团队。该团队有博上学位1人,同时还有1位晋升为教授,两位晋升为副教授;团队成员中获江苏省高校"青蓝工程"中青年学术带头人培养对象1人、优秀青年骨干教师培养对象2人,获得"无锡市优秀教育工作者"称号1人,获江苏省教学能力大赛二等奖1项。2016年"财税服务工作室"获评名师工作室,这些荣誉和成就充分展示了该团队在财税服务领域的专业能力和教学水平。

6. 显著提升了社会服务能力

在横向项目方面,无锡科技职业学院"航信学院"成功完成了多项政府购买服务项目和企业咨询项目,每年能够获得横向到账经费70多万元。在服务培训方面,学院积极招收"航信创新班"学生,近年来共计招收9期,共有187名学生,为206家企业客户提供税务咨询、财务管理等优质服务。学院每年都会举办10场以上的线下培训课程,包括所得税汇算清缴、电票时代发票管控形势与涉税风险等方面的内容,参加培训的人数每年达到5 000人次以上。在远程教学方面,学院录制了17门课程104个专题537课时的江苏省会计人员继续教育在线课程,学员人数超过50 000人,覆盖无锡、常州、南通、泰州、扬州等地区。综上所述,"航信学院"在提升社会服务能力方面做出了积极的贡献,不仅完成了多项政府和企业咨询项目,还提供了专业的税务咨询和财务管理服务,同时为广大学员和企业提供了丰富的培训课程和学习资源。

(二) 推广应用

1. 学术研究成果

无锡科技职业学院会计专业依托"航信学院"在人才培养模式改革、校企协同育人方面的研究成果共发表论文 16 篇(其中 CSSCI 论文 8 篇、北大核心 9 篇、EI 论文 3 篇),出版专著 1 部。在产教融合平台建设、师资队伍建设等方面的成果,已经推广至物流管理专业群"空港产业学院"建设中,推动该专业群成功申获 2020 年江苏省高等职业教育高水平专业群。

2. 人才培养院校交流

依托"航信学院"的会计专业"五共五互、四级递进"人才培养模式溢出效应明显。先后有遵义职业技术学院、苏州职业大学、青岛职业技术学院、湖北工程职业学院、柳州职业技术学院等 8 所学校来交流学习,与江苏省宝应中等专业学校等 3 所中等职业校达成共培合作协议。在锡山中等专业学校设立"蒋漱清教授工作室",对其专业建设、实训基地建设、师资建设等方面进行指导,对口支援师资培训 23 人次,联合培养学生 117 名。

3. 领导认可

全国财政职业教育教学指导委员会副主任委员、山西财政税务专科学校校长赵丽生教授评价该成果"总结了校企协同育人新机制、高等职业会计人才特色培养的新举措、产业学院'共同经营'混改新思路,为贯彻落实《国家职业教育改革实施方案》中提出的深化产教融合、校企合作、育训结合,推动企业深度参与协同育人提供了可借鉴的范例,值得推广"。

四、改革经验

(一)"区校一体"互融互通

无锡科技职业学院以"区校一体"为特色,不忘"高新区办学,办在高新区"的办学初心,秉承"以服务获支持,在贡献中发展"的理念,以产业学院为依托,实现了专业共建互赢、资源共用互惠、人才共推互聘、文化共融互通、成果共享互利的"五互五共"的机制创新。"区校一体模式"能够有效地整合区域内的教育和产业资源,实现资源共享和优化配置。学校和企业可以共同参与人才培养过程,从课程设置、实践教学到就业推荐等各个环节,实现人才培养与产业需求的紧密结合。这不仅可以提高资源利用效率,还可以促进教育和产业的协同发展,有助于提高毕业生的就业率和职业素养，同时也为企业提供了更符合需求的人才资源。其次，"区校一体"的合作模式有利于促进技术创新和成果转化。这种合作模式将高校和园区紧密联系在一起，使得院校的研究成果能够更好地服务于社区，同时也能够从园区中获取更多的实践经验和需求反馈，从而进一步推动技术创新。再次，"区校一体"模式有助于提高区域社会效益，促进区域经济社会的发展。通过人才、资源、文化、成果的互相流通，实现园区（会计服务示范基地）、企业和学院的有效互动，帮助高等职业院校深度融入区域经济。无锡科技职业学院这一特色性的理念创新，为高等职业院校服务区域经济、深化产教融合提供了可参照的典范。

高等职业院校应学习"区校一体"的教育理念，与所在区域的企业、园区、社会团体、政府等建立合作伙伴关系。一方面这些合作伙伴可以为学生提供实践机会、社会资源支持、课程资源等，从而丰富学校的教育资源。另一方面，可以向区域伙伴开放学校资源，如共享课程、讲座、体育设施、图书馆、实验室等资源，供社区居民使用，提高院校资源的利用效率，增强院校与区域社会和经济的联系。

（二）"行企岗职"动态衔接

无锡科技职业学院会计专业对接无锡高新区会计服务外包产业，在"无锡·感知中国会计服务示范基地"这个优质资源云集的财税服务平台上，与"行企岗职"动态衔接，人才培养标准对接"4层"职业标准、课程体系按照"4个"模块、按"4级"阶梯设计实践教学体系、会计孵化按"4岗"螺旋提升的"四级递进"的人才培养模式，为实现职业教育的五个对接提供了范例。这一培养模式的优势在于，能够针对区域会计服务外包产业的需求，将人才培养目标从传统的企业内部会计岗位拓展到更广泛的会计服务外包岗位。这种调整使得人才培养更加贴近市场的实际需求，也使得毕业生能够适应新经济业态中的不同职业标准。重构的"4模块4级阶梯"课程体系，将职业标准与课程设置紧密结合，通过多岗位、多情境、多主体培养培训学生，在使得学生脱离企业个性化会计知识与技能，全面掌握会计岗位所需的技能和知识之余，还能够培养学生的团队协作和沟通能力，提高了毕业生的就业竞争力，为区域经济的发展提供有力的人才支持。

高等职业院校应根据专业特色，灵活动态地实现"行企岗职"动态衔接，首先要深入调研行业、企业、岗位、职业的需求和发展趋势，了解各行业、各企业的人才需求和岗位职责要求，明确人才培养的目标和定位，制定相应的人才培养方案和课程体系。其次，实施多主体协同培养，通过校企合作、校地合作、校校合作等方式，实现人才培养的协同效应。行业、企业、学校、社会等多主体共同参与人才培养的全过程,共同制定培养方案、共同开发课程资源、共同参与教学实施、共同评价培养质量,形成人才培养的合力。再次,在顶岗实习期间努力做到多岗位实践培养,通过轮岗制度,让学生体验不同岗位的工作内容和流程,增强他们的综合素质和职业技能,提高他们的适应能力和转换能力。没有条件的院校也可以创设多情景模拟教学,通过模拟真实的工作场景和业务流程或案例分析、角色扮演等方式,让学生在实际操作中掌握知识和技能,提高他们的实践能力和解决问题的能力。

(三)"合营安排"混合改革

无锡科技职业学院"航信学院"按校企双方形成单独主体,根据《企业会计准则第 40 号——合营安排》中的"共同经营"模式运行,实行联合管理委员会领导下的院长负责制。这是开创性的制度创新,为国家职业教育混合所有制改革提供了参考。职业教育混合所有制改革是经济领域混合所有制改革的延伸和拓展,是对办学体制的整体创新,能够调动大量社会、市场资源投入职业教育,真正调动社会、市场资源投向教育领域,让不同性质的所有制主体参与到职业院校办学中,优化职业院校布局,增强职业教育办学活力。具体来说,职业教育混合所有制可以引入更多的资源和资金,这些资金可以用于改善教学设施、购买先进的设备和学习资料,以及提高教师的教学水平;职业教育混合所有制还有助于提高职业教育的质量和效率。通过引入市场竞争机制和企业管理的理念和方法,学校可以更加注重教学质量和效果的提高,同时也可以更加注重成本效益和资源利用效率的提高。

无锡科技职业学院"航信学院"的成功经验表明实现职业教育混合所有制办学需要政府、企业、职业院校和社会各方面的共同努力和支持。需要政府通过制定法律法规和规章制度,明确混合所有制办学的地位和权益,为混合所有制办学提供法律保障;职业院校要加强师资队伍建设,提高教师的素质和能力,同时创新人才培养模式,以满足企业和社会的需求;企业要树立办学主体意识,和院校一起积极探索,完善管理机制,确保办学质量和效益。但必须注意混合所有制职业院校作为一个新生事物,是办学体制改革的重大创新,其改革不可能一蹴而就,必定要在实践中进一步摸索,不断完善。

五、反思与点评

无锡科技职业学院依托"航信学院"产业学院创造了"五共五互、四级递进"人才培养模式,实现了"行企岗职"动态衔接和"区校一体"互融互通。产业学院是产业、行业、企业参与高等职业院校教学、科研与人才培养,搭建校企"共建、共管、共享"平台,实现产教融合的重要方式。以产业学院为载体,企业与学校合作开展现代学徒制人才培养,可以解决人才专业化和规模经济发展的内在矛盾,即学徒可以在企业中学习到独特的、专有的技能,而在学校中则可以学到普遍的行业知识和通用的技能。已有研究表明目前产业学院存在概念不清晰、定位不准确、行业企业参与度低、平台创设不够、课程体系开发不足、师资队伍乏力、人员流动不畅等各方面问题。[①] 未来一方面需要国家和地方要从法律、政策层面对产业学院建设予以机制保障,加快制定推进职业院校产业学院建设的专项政策,例如明确产业导师特设岗位、明确产业兼职教师引进与认定、明确企业培训补贴等;另一方面,产业学院自身也必须形成长久的管理和运行机制,明确产业学院与学校、企业的行政关系,明确各方主体的责权利,制定完善的产业学院合作协议、章程和事务清单。

---

① 邢晖,曹润平,戴启培.高职院校产业学院现状调研与思考建议[J].国家教育行政学院学报,2022(9):20—29.

案例3：上海民航职业技术学院：头部企业领航的人才培养改革

一、学校背景

上海民航职业技术学院的前身是 1965 年成立的民航一〇二厂技工学校和 1972 年成立的民航上海管理局教导队，1980 年 3 月 7 日合并成为民航上海管理局技工学校，并于 2012 年 5 月升格为大专，现是中国民用航空局主管的全日制普通高等职业院校，为中国民用航空局四所直属高校之一。学院坚持"立足华东、服务民航、特色鲜明、社会满意"的办学定位，以争创国内一流民航高等职业院校为目标，持续不断提高办学质量与规模，深化教学改革、优化专业结构、强化综合素质。

其中，"空中乘务"专业为上海民航职业技术学院的骨干专业，上海高等教育内涵建设"085 工程"实施项目。空中乘务专业一直保持很高的就业率与专业对口率，先后为国家领导人专机组输送了六批空乘毕业生。目前，学院与东方航空、春秋航空、吉祥航空开展"订单式"人才培养，校企共同设置课程开展联合教学，深受企业欢迎。

二、改革措施

我国已是世界民航强国，然而，民航空乘专业人才培养却跟不上行业发展，特别是"对接国际标准""融合行业平台"和"培养质量评价"方面缺乏有效性。为全面提高空乘专业人才的适应性和质量水平，自 2012 年起，上海民航职业技术学院开始探索"有效对标、有效融合、有效评价"的教学改革，改革思路如图 4-4 所示。

（一）有效对接

为了更好地适应国内市场需求和行业发展，培养出符合国际标准的高等职业

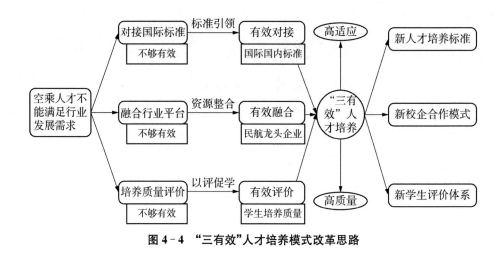

图4-4 "三有效"人才培养模式改革思路

民航空乘专业人才,为国内外航空市场提供更多、更好的人才支撑,上海民航职业技术学院对培养标准进行深入研究,对标国际民航组织、中国民航局客舱乘务员训练标准等,制定出包括人才培养标准、课程标准、教学标准、设备标准等专业标准体系,建构"岗位能力分析的进阶课程体系"(如图4-5),提高人才培养的适应性。

具体来说,第一,在标准引领方面。按局方规定,空乘岗位实施职业资格准入制度。随着现代民航业以资本密集、技术密集为标志的高度规模化发展,空乘教育工作不再是一个单纯的业务问题,而是一个事关全行业安全管理、安全发展的重要问题。确保客舱安全,从教育的源头抓起,从规范乘务员的资格管理和所具备的知识、能力入手。中国民用航空局相继出台了《客舱训练设备和设施标准》《机组资源管理训练》《大型飞机公共航空运输机载应急医疗设备配备和训练》《关于使用第三方机构对客舱训练设备和设施进行评估的指南》《客舱乘务员、乘务长、客舱乘务教员、客舱乘务检查员资格管理》《关于加强客舱安全管理工作的意见》等规范性文件。空中乘务教学计划的制定以中国民用航空局的这些规范性文件、劳动和社会保障部(现人力资源和社会保障部)颁布的《民航乘务员》国家职业标准为依据,参照航空公司《客舱服务手册》《客舱机组操作手册》等企业标准与要求,强调行业规范,执行行业标准。同时,由于各航空公司在客舱服务、安全培训上存在差异,本教学计划制定时寻求行业共性的内容,以便学生未来入职接受岗位培训时容易适应培训差异。

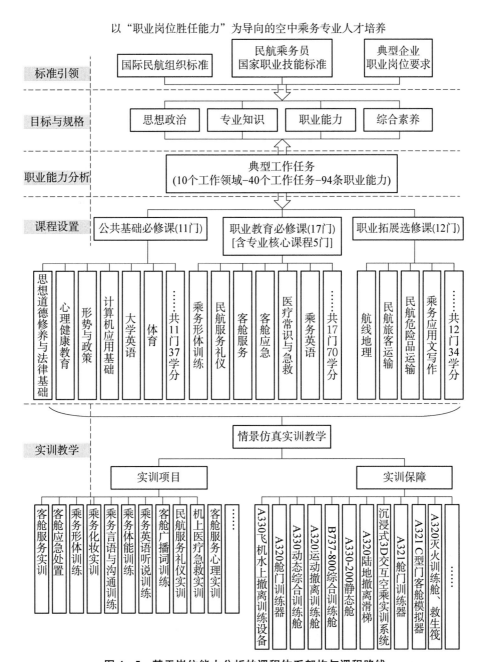

图 4 - 5　基于岗位能力分析的课程体系架构与课程路线

第二,在目标与规格方面。重视素质培养,谋求学生未来发展。在民航业发展迅速,乘务人力资源短缺,职务晋升(尤其是晋升乘务长)较快的今天,航空公司偏爱有发展潜力的学生,而不是只懂技能的服务员。因此为了学生长远职业发展,注重"发展型"人才的培养,不止要关注职业技能提升,更要关注人才职业素质的培养。推动思政教育融入专业教学,推动当代民航精神进入课堂、进入教材、进入头脑。力争培养出专业技能突出,具有高度的乘务职业认同感,具备良好乘务职业形象、安全意识、服务意识、外语应用能力的空乘人才,构建学生就业与长远发展的核心竞争力。

第三,职业能力分析方面。上海民航职业技术学院以能力为主线的整体教学设计思路,有效做到知识与技能结构培养的连贯性与一致性。让学生在学习时清楚明了学习目的以及所学习掌握的知识和技能在未来职业发展中的作用。技能学习按照职业形象能力训练、外语能力训练、客舱服务能力训练、客舱应急处置能力训练、机上急救能力训练、沟通能力训练的逻辑线路展开,其中职业形象能力、外语能力等基础素养的训练贯穿整个学习过程。经过三年循序渐进的连贯性学习,从简单到复杂,从单一训练到综合运用训练,学生逐渐了解和掌握岗位所需知识与技能。

(二) 有效融合

为有效实现高职民航空乘专业人才培养与行业的深度融合,上海民航职业技术学院搭建了一个高质量的融合行业平台,以帮助学生及时获得最新的行业知识与技能,以及接触真实的行业案例和实践的机会,使得人才培养能够适应不断变化的民航市场需求。"融合行业平台"包含丰富的在线课程、实践案例、行业专家讲座等资源,为学生提供全方位的学习支持。通过这个平台,学生可以走出校园,接触到真实的行业工作情境;学校也可以通过与企业合作来优化自身的师资、教学资源、制度和文化等。

上海民航职业技术学院深化校企合作,构建包括东航、国航等国内头部航空企业在内的企业集群,开创"多频共振""双向赋能"协同育人校企合作新范式。建立头部企业领衔的合作企业集群,开展订单等双主体人才培养,联合制(修)订专业标准,共同进行职员、师资培训,统一开发教学资源、实训基地和制度建设等工作(如图 4‐6),保证航司资源与学校教学深度融合。

第一,在订单培养方面。2014 年,上海民航职业技术学院与上海春秋教育培训

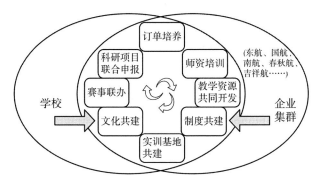

图 4-6　"多频共振""双向赋能"协同育人校企合作新模式

中心开展校企合作培养客舱乘务员;与春秋航空股份有限公司合作开办春秋航空客舱乘务专业订单班;2015 年,与中国东方航空股份有限公司合作开办"乘务(航空安全)员"订单班。

第二,在培训服务方面。2013 年,上海民航职业技术学院为春秋航空股份有限公司的秋航空机组提供相关培训;2014 年,为上海吉祥航空股份有限公司的吉祥航空乘务提供水上撤离培训,为内蒙古民航机场集团公司的内蒙古民航机场集团候机楼大赛提供培训;2015 年,为北京首都航空有限公司的首都航空乘务提供水上撤离培训;2016 年,与上海春秋教育培训中心签订航空乘务培训共建合作协议;2017 年,为浙江长龙航空有限公司提供乘务培训。

第三,在赛事联办与联合演练方面。2013 年,上海民航职业技术学院与中国民航局、民航华东地区管理局、上海机场集团有限公司一起联办"民航机场候机楼服务岗位职业技能大赛";2014 年,与辽宁省机场管理集团有限公司联办"辽宁省机场管理集团首届候机楼服务技能大赛",与新疆机场集团公司联办"新疆机场集团公司民航客运服务技能大赛";2014 和 2015 两年,与上海机场贵宾服务有限公司联办"上海机场员工岗位技能竞赛";2015 年,与辽宁省机场管理集团有限公司联办"辽宁省机场管理集团第二届候机楼服务技能大赛";2017 年,与辽宁省机场管理集团有限公司联办"辽宁机场集团'U 悦杯'机场服务英语大赛"。

第四,在师资培训方面,上海民航职业技术学院与东方航空技术应用研发中心有限公司、中国航空运输协会北京翔宇教育咨询有限公司等自 2012 年起连续多年开展"双师"培训(礼仪、形象、乘务教员等);与中国东方航空公司、春秋航空股份有限公司、中国货运航空公司合作开展上海市中等职业学校空中乘务专业师资培训。

第五，在教学资源联合开发方面，上海民航职业技术学院与东方航空技术应用研发中心有限公司联合开发《客舱服务》《客舱应急》精品课程建设；与春秋航空股份有限公司联合开发空中乘务系列精品课程研发；与上海吉祥航空股份有限公司联合开发《民航服务礼仪》精品课程建设。

第六，在实训基地共建方面，上海民航职业技术学院与春秋航空股份有限公司校企共建 A321 舱门训练器实训室。

第七，在科研课题联合申报方面，上海民航职业技术学院与上海吉祥航空股份有限公司、春秋航空股份有限公司联合申报民航教育人才类项目"高水平空中乘务特色一流专业建设"；与春秋航空股份有限公司联合申报全国职业教育教师企业实践基地"产教融合"专项课题。

(三) 有效评价

"培养质量评价"不够有效——高等职业民航空乘专业人才培养具有其独特的行业特殊性，现有的质量评估指标体系和方法缺乏针对性，未能凸显其专业特色，无法全面准确地衡量该专业的培养质量。首先，高等职业民航空乘专业强调的是为民航业提供高素质、专业化的乘务人才。培养质量评价需要针对这一目标进行细化，涵盖仪容仪表、生活作息、服务技能、沟通能力等多方面。而既有的评价体系往往比较单一，只能评估其专业知识和技能的掌握程度，无法全面评估学生的综合素质。其次，高等职业民航空乘专业的课程设置和教学方法也具有特殊性。课程设置需要与行业需求紧密结合，注重实践性和职业能力的培养。而现有的质量评价主体比较单一，关注教师对学生的评价，忽略了学生、企业等多元主体对培养质量的评价，无法真实反映实际的学生培养效果。

针对上述问题，上海民航职业技术学院调整评价标准，制定多元多维的空乘人才评价新体系的策略，建立"预备乘务员评价机制"。制定完善的预警、退出、动态调整机制（如图 4-7），开展多元、有效评价，保证人才培养与行业发展、岗位要求完全对接，提高人才培养的实用性和时效性。

第一，空乘专业学生的准军事化管理规范，开展航空乘务系学生行为规范评分。在这个规范下，学生的一日生活制度被详细地规定和要求，包括起床、早操等。此外，对于学生生活园区及内务卫生、仪容仪表等方面，也都有明确的规范和标准。这些规范和标准的制定，旨在保证学生能够养成良好的生活习惯和严谨的纪律作风，从而更好地适应未来的职业要求。这种准军事化管理规范在大队和区队两个

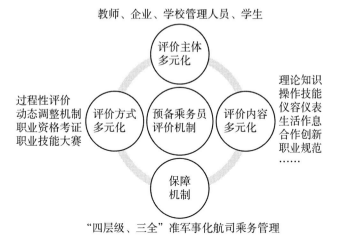

图4-7 多元、动态、有效的预备乘务员评价机制

层级上进行管理和监督。大队是学生管理的最高机构,负责制定系部学生管理计划,科学地布置学期学生管理工作,组织实施各项评比和考核工作等。区队则是具体执行机构,负责在大队领导下,认真履行准军事化管理的各项规定,公平、公正、公开做好日常各类考勤,开展区队学生互帮互助活动,带领全区队学生创建良好的学风,积极开展丰富多彩、特色鲜明的课余活动,不断增强集体凝聚力,激发集体荣誉感。通过这种层级分明的管理方式,可以确保每个学生都能够在这种严格的管理制度下得到有效的指导和监督。

第二,对于学生的专业水平考核,学院基于空乘岗位的胜任能力,为每门专业课的每个模块都精心制定了考核评价纲要。这些纲要从具体行为到概括化的胜任能力被划分为四个科目。以专业核心课《客舱应急》中的释压模块为例,一级科目主要包括标准程序、岗位胜任能力、业务能力等;二级科目则涵盖了客舱释压处置程序、信息沟通、协作配合、情景意识、决策等多个方面;三级科目进一步细化了客舱释压处置程序、信息沟通等模块的考核内容,如程序错误、程序缺失(归属"客舱释压处置程序")、沟通及时、信息正确(归属"信息沟通")等;四级科目则更加具体,例如"未立即自我固定""未戴上氧气面罩""先戴氧气面罩、再固定自己"(归属"程序缺失")等细节。这些考核评价纲要的制定,能够帮助更准确地评价学生的技能掌握情况,确保学生具备应对各种情况的能力。

通过以上评价管理,空乘专业学生可以养成良好的职业素养和生活习惯,获得适应未来职业要求的知识和能力。同时,这种评价管理制度也可以提高学生的学习积极性和自律性,有助于他们在未来的职业生涯中更好地发挥自己的能力和优势。

三、改革推广成效

(一) 改革成效

实施改革以来,每年为中国民航业输送合格人才500余名,为企业培训6000余名学员。麦可思评估显示,2016—2017届毕业生对母校满意度平均值高达96%。学生、教师、专业均取得了突破性的进展。其中,获得国际级奖项的学生1位,获得国家级奖项的学生1位,获得省市级奖项的学生13位、教师24位、专业2个(如图4-8)。

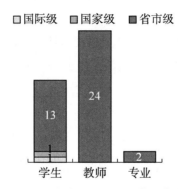

图4-8 各类市级及以上获奖统计

(二) 推广成效

一是承担国内空乘标准制定。上海民航职业技术学院在空乘领域具有卓越的影响力,先后承担民航局空乘大赛标准和证书标准制定。这些标准和方案不仅体现了上海民航职业技术学院的专业性和权威性,也进一步推动了国内空乘行业的发展和规范化。除此之外,上海民航职业技术学院还为教育部制订了高等职业学校空中乘务专业实训教学条件建设标准高水平层次实训室建设方案,以及中等职业航空服务专业简介与标准制(修)订,这些标准的制定为空乘专业的教学提供了清晰明确的指导,对于提升教学质量和培养优秀的空乘人才具有重要的作用。上海民航职业技术学院还积极参与了教育部高等职业专业目录动态调整工作,通过提供专业的建议和意见,为教育部的政策制定提供了有力的支持和参考。

二是积极推广教学改革经验。上海民航职业技术学院在中国民航大学、广州民航职业技术学院、中国民航飞行学院等 5 所学校推广学院改革经验，分享教学理念、课程设置、教学方法等，为其他学校提供参考和借鉴。同时，承接上海市中等职业学校空中乘务专业市级师资培训项目，通过培训的形式推广改革经验，提升其他学校教师的教学水平和专业素养。此外，学校还积极助力中西部发展，为打赢脱贫攻坚战作出贡献。通过开展教育帮扶项目，对口帮扶张家界航空工业职业技术学院、天府新区通用航空职业学院等建设空中乘务专业。通过分享教学资源、传授教学经验，帮助这些学校提升教学质量，培养更多的优秀人才，为当地经济发展作出贡献。

三是以社会服务推广改革成效。上海民航职业技术学院不仅在协助多家航空公司申报乘务培训资质方面表现出色，还积极开展万余名乘务和航空安全员资质培训工作。学院拥有先进的训练设施，能够满足各种航空培训需求。此外，学院还承办了行业专业技能大赛，为提升行业整体水平作出了贡献。通过这些举措，学院不仅展示了其在社会服务方面的实力，还进一步推广了改革成效，为民航事业的发展做出了积极贡献。

（三）社会反响

一是在重大社会活动中获得信任。乘务系学生不仅在 2014 年担任了亚洲相互协作与信任措施会议第四次峰会会务工作，而且在世界技能大赛全国选拔赛开幕式担任了引导员。这些重要的社会活动不仅需要他们具备专业的技能和知识，更需要他们具备高度的责任感和使命感。因此，他们在这些活动中的出色表现，无疑赢得了广泛的信任和认可。

二是获得官方媒体的高度推介。解放日报、文汇报、中国民航报、澎湃网等多家具有广泛影响力的媒体，先后多次报道了上海民航职业技术学院空乘专业的教学改革。这些报道不仅充分肯定了该校在空乘专业教学方面的创新和进步，还引发了广泛的关注和讨论，进一步提高了学院的知名度和影响力。

三是行业的认证。中国航空运输协会理事长、中国航空运输协会客舱乘务委员会主任、航空食品分会会长、原中国国际航空股份有限公司副总裁冯润娥理事长高度评价该空乘教学改革，认为有效解决了在中国民航发展驶入快车道的背景下，高等职业民航空乘专业人才培养的适应性和高质量问题。高等职业空乘专业"三有效"人才培养模式被中国民航局作为"空乘人才的摇篮"。

四、改革经验

(一) 对接国际:"国际引领＋中国特色"专业标准体系

随着全球经济一体化的深入发展,职业教育正面临着前所未有的机遇和挑战。对接国际标准,已经成为职业学校专业教学发展的重要趋势。对接国际标准可以引进先进的理念和模式,优化课程设置,提升专业教学的质量和水平;可以帮助培养具有国际视野和跨文化交流能力的人才,并同时吸引更多的国际学生和外籍教师,提高职业学校的国际化水平;可以促进学校与国际企业和机构的合作与交流,拓展学校的合作渠道和资源,增强职业学校的竞争力,为未来的发展奠定坚实的基础。上海民航职业技术学院对培养标准进行了深入研究,不仅参照了国际民航组织和中国民航局客舱乘务员训练标准,还从综合素质培养、空乘职业能力、岗位工作任务、课程结构体系、课程教材建设、校企合作机制、质量监控体系等方面进行了全面考虑。最终形成了一个符合国际标准,且具有鲜明的中国特色的系统化、闭环型的专业标准体系,包括人才培养标准、课程标准、教学标准、设备标准等,这些标准相互关联、相互支持,形成了一个完整的系统。总结其经验发现,要想构建"国际引领＋中国特色"专业标准体系,职业学校需要积极了解和掌握国际教学标准,包括其核心内容、特点、要求和实施方式等。这可以通过参加国际会议、研讨会、学术交流等方式获取信息,并组织教师进行学习和培训。另外,职业学校在内化国际专业标准的同时,要结合本校实际情况,对本校专业建设进行全面深入的调研和分析,找出自身的优势和不足,形成符合中国国情、具有学校特色的专业标准。最后,职业学校还需要注重专业标准的实用性、可操作性和可持续性,需要加强对专业标准的实施和监督,制定具体的实施方案和细则,明确责任和分工,加强对实施过程的监督和评估,确保专业标准的实施能够取得实效。

(二) 校企合作模式:头部企业领航的企业集群

通过校企合作,学校可以借助企业的实践经验和资源,提高教学质量和学生的实际操作能力;学生可以通过实践了解自己的兴趣和优势,更好地规划自己的职业发展方向;企业可以通过产学研合作,推动自身科技创新和经济发展。上海民航职业技术学院改变过去浅层次和单一的校企合作方式,逐步推进、拓宽、深化校企合作,与头部企业、相关企业集群开展产教研深度融合。校企共同开发制定空乘专业实训标准、候机楼服务岗位技能大赛标准、修(制)订国家专业标准、"民航空中服务"职业技能等级证书("1+X"证书)等,建立了"多频共振""双向赋能"协同育人校企合作新范式。总结其经验发现,要提高学生培养质量和学生办学质量,职业学校应努力推进校企合作工作,主动与相关行业的企业建立合作伙伴关系。首先,职业学校需要了解企业对于人才的需求,包括企业的招聘标准、岗位职责、技能要求等等。根据企业的需求来调整课程设置和教学内容,使教育更加贴近实际生产和生活。其次,职业学校可以与企业建立长期稳定的合作关系,通过与企业签订校企合作协议,明确双方的职责和义务。同时,学校还可以设立校企合作委员会或者专业指导委员会,邀请企业代表加入,共同制定人才培养方案和教学计划。在此基础上,学校可以进一步邀请企业工程师或者技术人员来学校授课或者指导实践课程,也可以安排学生到企业进行实习或者实践、利用自身的科研优势和企业进行合作,共同研发新技术、新产品和新工艺等。

(三) 人才评价:"学校评价+企业评价"人才培养体系

"学校评价+企业评价"的多元评价机制可以更好地满足企业对人才的需求,提高人才培养的质量和针对性;可以帮助职业学校更好地了解社会对职业教育的需求和期望,提高职业教育的社会认可度和影响力;可以帮助学生更好地了解自己的职业能力和素质,进而调整自己的学习和职业规划,提高自己的职业竞争力和个人发展潜力。上海民航职业技术学院引入企业评价机制,打通学校教育评价与航司评价相统一的通道,建立了"学校评价+企业评价"空乘人才培养体系,特别建立"预备乘务员评价机制",进行评价、预警、退出等动态调整,显性技能与隐性素养培育相互促进,实现评价的范式转型,融通了"学校评价—企业评价"之间的行业逻辑壁垒。总结其经验发现,职业学校必须认识到评价内容应该具有多元性,不仅需要涵盖学生的知识技能,还需要关注学生的综合素质和职业道德。通过综合考察这些方面,学校可以更全面地了解学生的能力和表现,同时也可以有针对性地提高学生的综合素质和职业技能。此外,评价主体也应该具有多元性,需要积极邀请企业参与到学生评价的过程中。企业参与学生评价可以提供更加实用的反馈和建议,有利于学生更好地适应未来的工作环境。在实现企业参与学生评价的过程中,需要注意一些问题。首先,要保证评价的全局性和客观性。企业参与学生评价时,需要制定科学的评价标准和方法,避免受个别企业主观因素和偏见的影响。其次,要注重建立学校和企业之间稳定的合作机制和沟通渠道。企业与学校之间需要建立良好的合作关系和沟通渠道,共同制定评价方案和管理制度,确保评价工作的顺利进行。

五、反思与点评

上海民航职业技术学院在汇聚行业头部企业、领航企业集群方面表现出色,积极推动这些企业参与到人才培养的标准制定、效果评价等过程中。这种做法具有积极的推广价值,对于提高职业教育人才培养质量具有重要意义。头部企业在各自行业中拥有卓越的服务能力和引领地位,因此具有推进校企协同、加速亟需国际人才培养和推进人力资源供给侧结构性改革的基础。通过头部企业的参与,可以促进职业教育与产业需求的紧密结合,头部企业对于行业发展趋势和市场需求有着更为敏锐的洞察力,能够为职业教育提供更加实用、前瞻的人才培养标准和评价制度。同时,通过与头部企业的合作,职业院校可以更好地了解行业发展趋势和市场需求,及时调整人才培养方向和课程设置,提高人才培养质量和适应性。此外,这些头部企业的行动可以引领行业内其他企业参与职业教育,提高整体教育水平。在未来的职业教育校企合作中,应该充分发挥行业头部企业的引领示范作用。通过依托区域职业教育产教联盟等平台,积极在"双高"职业院校和头部企业之间搭建桥梁。这种合作方式可以实现资源共享、优势互补,使职业院校和企业共同参与到人才培养的过程中来,从而获得更加贴近实际、更加符合市场需求的人才培养标准和人才评价制度。通过这种方式,可以提高职业教育人才培养质量,使培养出来的人才更加符合行业的需求和发展趋势,为行业的发展提供更加有力的人才支撑。

第五部分

国际动态报告

国际经验 1：日本农业职业教育的发展经验

中国是一个农业大国，但随着青壮年劳动力人口源源不断地流出农村流向城市，我国农业劳动力保障正在受到威胁，与现代农业生产要求相匹配的农业从业者将呈现出日益严重的结构性短缺，我国农业即将面临后继无人的局面。[①] "未来谁来种地"将成为我国重大战略性问题。

日本自 20 世纪 60 年代经济高速增长期开始，出现严重的农业劳动力不足以及年龄结构失衡，农业后继无人的局面。[②] 在社会结构变迁的驱动下，日本对农业职业教育重点领域进行改革，在提升农业从业者质量和结构方面取得良好成效。[③] 分析日本农业职业教育改革的背景和经验，对我国培养高质量的农业接班人，建设农业现代化具有重要的借鉴意义。

一、日本社会结构变迁：农业职业教育改革的动力

（一）政策渐变：农业政策由"消灭小农"向"提升小农"调整

在日本，职业教育又被称为产业教育，日本农业职业教育培育重点的变化与日本农业的发展模式和农业政策导向转变休戚相关。日本约 37.8 万平方公里的土地面积中只有约 12% 的土地是可耕地，人均耕地面积约 1.24 公顷，是典型的小规模农业经营国家，这严重阻碍了日本农业生产效率和农业现代化的实现，因此日本政府将"小微农耕"视为阻碍日本农业优化的绊脚石[④]，1961 年日本出台《农业基本法》提出"有选择地扩大农业生产"，目的是推进农业规模化经营以改善农业结构[⑤]，随

① 韩占兵. 中国"农业接班人危机"：分析框架、现实判断与破解之道[J]. 南京农业大学学报（社会科学版），2014,14(1):1—8.
② 乐燕子. 农业接班人问题：日本的现状、应对措施及基本经验[J]. 中国农村研究，2015(2):251—264.
③ 李文英. 日本农业教育的现状、特点及其启示[J]. 比较教育研究，2004(10):63—68.
④ 小田切德美. 日本農政の総括と展望：農業基本法以降の農政展開[J]. 土地制度史学，1999:123—132.
⑤ 韩朝华. 日本的农业结构政策、农业发展困境及镜鉴意义[J]. 经济思想史学刊，2021(2):37—60.

后又企图利用市场将小农户"挤出"土地,进一步淘汰小微农户①。1961—2009 年期间,日本政策不断为扩大农业生产规模加码但收效甚微,但以小农为主的经营状况并未得到扭转。② 并且,政府这种忽视小微农户的做法引起日本民众和农业协会的不满,在很大一定程度上导致了 2009 年自民党在大选中下台的后果。在这种摇摆不定的局面之中,立足小农服务小农的政策部署,为小农户提供更便捷的农业技术指导和服务,帮助小农户提升农业技能,通过劳动力技术进步实现小农高质量发展,提升农业生产效率。除此之外,还强调培养农业经营者的"企业家"精神和经营能力,农业大学校和农业经营大学校将承担这一重任。

(二) 经济转型:由第一产业向"第六产业"转型

二战后,日本经济重心逐渐转向重工业和加工制造业,从而导致大量农村劳动力向城市迁移。随之而来的是日本自 1965 年以来长达 50 年的农产品自给率下滑以及大量土地抛荒问题制约了日本农业和农村的发展。东京大学教授、农业专家今村奈良臣在 20 世纪 90 年代中期提出第六产业的概念,即一二三产业之积(1×2×3=6),其中"1"指农产品的初级生产;"2"指对初级农产品进行深加工并制造出新的产品;"3"指在把第一、第二产业的产品从生产者转至消费者的过程。③ "第六产业"提出的目的是延长农业产业价值链,增加农产品利润值和农业生产者的收入,以此缩小城乡收入差距,稳固农村农业劳动力。随后日本农林水产省发布的《食品、农业、农村发展白皮书》④从国家层面确立了向第六产业转型的农业发展方向。因此也使农业从业者从单纯的农业生产者向农业经营者转变,不仅需要掌握农产品的种植和养殖技术,还需要具备农业经营能力,即具有明确的经营理念,能够根据外部环境的变化进行合理的经营管理,能够持续、稳定经营农业的一种综合能力⑤,因此以农业技术技能培养为主的农业职业教育不再能够满足第六产业发展。

---

① 国際協調のための経済構造調整研究会報告書[EB/OL]. [2022 - 04 - 22]. https://www.esri.cao.go.jp/jp/esri/prj/sbubble/data_history/5/makuro_kei01_1.pdf.

② 杨秀玉,刘平方. 经济发展与日本农业的适应[J]. 世界农业,2015(9):191—195.

③ 路征. 第六产业:日本实践及其借鉴意义[J]. 现代日本经济,2016(4):16—25.

④ 農林水産省. 平成 23 年度食料・農業・農村白書[EB/OR]. [2022 - 04 - 22]. https://www.maff.go.jp/j/wpaper/w_maff/h23/index.html.

⑤ 刘德娟,周琼,曾玉荣. 日本农业经营主体培育的政策调整及其启示[J]. 农业经济问题,2015,36(9):104—109+112.

（三）人口迁移：青年劳动力由农村向城市转移

年轻一代纷纷离开农村进入大城市生活，农村青年劳动力的迁出与日本社会少子化、高龄化叠加在一起造成日本农业劳动力老龄化严重（见表 5-1），面临后继无人的局面。但是随着中心城市的"过密化"，逐渐出现了小部分城市人口回流农村就农的情况。[①] 日本政府长期将升学无望的农村子弟作为农业后备军，随着青年劳动力大量迁出，这一希望也几乎落空了，但城市人口逐渐回流农村的情况也为农业职业教育提供了新的契机。

表 5-1　1970—2020 日本农业劳动力情况（单位：万人）

年份	1970	1980	1990	2000	2010	2020	2021
骨干农业从业者	704.8	412.8	292.7	240.0	205.1	136.3	130.2
其中：65 岁以上	82.9	68.8	78.3	122.8	125.3	94.9	90.5
所占比例	11.8%	16.7%	26.8%	51.2%	61.1%	69.4%	69.5%

资料来源：農林水産省. 農業構造動態調査[EB/OL]. [2022-04-22]. https://www.maff.go.jp/j/tokei/kouhyou/noukou/index.html♯r.

注："骨干农业从业者"是指平时主要从事个体农业工作的人。

（四）教育失范：农业高中毕业生由"就农"向"升学"转变

日本年轻人"畏农"思想明显，将农业看作是 5K[②] 产业，这种"离农"倾向直接造成了农业高中面临招生难和毕业生就农率低的双重困难和挑战，使其培养农业下一代接班人的功能受到质疑。[③] 毕业生的就农率长期稳定在 5% 左右（详见表5-2），因此被认为正在失去培养农业接班人的功能。同时，在全社会对学历的不断重视以及大学和专门学校升学率不断提升的背景下，农业高中发生了目标漂移，压缩农业课程而扩大基础教育课程分量[④]，这也在一定程度上造成了农业高中毕业生的就农率持低而升学率攀升。农业高中培养农业从业者的功能失灵对日

---

① 農林水産省. 新規就農者調査[EB/OL]. [2022-04-22]. https://www.e-stat.go.jp/stat-search/files? page=1&layout=datalist&toukei=00500236&tstat=000001015194&cycle=7&year=20200&month=0&tclass1=000001032273&tclass2=000001161607&tclass3val=0.

② 日语中"费力""肮脏""危险""赚不到钱"和"结不了婚"五个词读音都是以 K 开头，合起来就是 5K。

③ 農業高等学校は農業者育成機関としての役割を終えたのか：教育社会学と農業経済学における学際的研究[EB/OL]. [2022-04-22]. https://cir.nii.ac.jp/crid/1050852482499899648.

④ 陈焕章. 日本农业高中的困境与对策[J]. 外国中小学教育，2006(5)：22—27.

本农业的劳动力保障的打击是巨大的,这迫使日本不得不寻求新的培养主体和路径。

表 5-2 农业高中就业人数及就农人数、占比统计(单位:人)

年份	1980	1985	1990	1995	2000	2005	2010	2015
农科就业人数	45 180	34 453	37 138	28 751	19 009	16 661	13 191	14 238
其中就农人数	6 270	2 834	1 604	1 283	1 055	891	757	729
占比	13.9%	8.2%	4.3%	4.5%	5.6%	5.3%	5.7%	5.1%

二、日本农业职业教育的转向:培养农业经营者

(一) 以培养农业经营者为目标的教育主体

日本农业政策希望通过扶持优秀的农业经营者来提升农业竞争力。在开放的农业市场之下农民既有经营的机遇,又面临经营的难度,不仅需要先进的农业技术,还需要现代化的经营理念和手段。因此,日本政府将这种具有"企业家"精神的农业经营者作为本国农业接班人和重点培育对象,并将培育的重任托付给农业大学校和农业经营大学校,培养内容则包括丰富的经营意识、应对技术和经营革新的能力、应对社会经济形势变化的广泛视野和协调性,以及富裕生活所必需的能力。农业大学校和农业经营大学校并非凭空出现的,而是继承、延续了战前农业讲习机构和战后的农业者大学,并在一次次的革新中稳定下来,正因具有农业技术普及、改良、进修机构的前身,相比大学农学部、农业短期大学及农业高中,农业大学校和农业经营大学校在培养农业经营者方面更具优势。

1. 继承农业讲习机构的农业大学校

1948 年日本制定了《农业改良促进法》,国家和都道府县开始合作致力于农业改良、生活改善、农村青少年培养事业,在各县建立农业讲习所,培养农业改良普及员等技术人员,以及战前的修炼农场在战后改名为"经营讲习农场",以培养农业自营者为目的[①];1977 年《农业改良促进法》的修订,"经营讲习农场"改为农民进修教

---

① 農林水産省. 农业改良促进法[EB/OL]. [2022-04-22]. https://www.maff.go.jp/j/seisan/gizyutu/hukyu/h_tuti/kairyo_165.html.

育机构(通称"农业大学校"①),正式定位为农业技术改良和普及的重要一环,以高中毕业生为对象进行了 2 年的短期大学水平的教育;1981 年,以培养农业自营者为目的的农民研修教育机构农业大学校与以培养农业技术指导者为目的的农业讲习所相结合,诞生了综合性的新农业大学校(简称新农大)②。1993 年,日本为扩大农业经营规模,开始实行认定农业者制度,随后农业大学校的法律名称被改为"农业者研修教育机构",同时扩大教育对象,可以接纳高中毕业生、大学毕业生以及一般从业人员。③ 目前日本除秋田、东京、富山、石川、福井以外的 42 个道府县均设有农业大学校(也称县立农业大学校)。

2. 延续农业者大学的农业经营大学校

20 世纪 60 年代正是日本经济高速增长阶段,农村人口开始大量流向城市,为确保日本农业后继有人,1968 年农林省在东京都多摩市设立了唯一一所直属中央省厅的国立农业者大学。农业者大学主要为农业、农村培养高等管理人才,后由于陷入日本政府机构改革和党派分权的漩涡中,最终于 2012 年关闭。④ 在农业者大学关闭后,AFJ 协会(Agri Future Japan)联合多个相关农业协会和企业共同举办农业经营大学校,继承了农业者大学的宗旨,面向全社会招生具有三个月以上的农业工作、实习经验或致力于从事农业的人员,并将年龄限制扩大到 19—40 岁。农业经营大学校的目标是培养具有经营力、领导力、社会力、农业力(简称"四力")的日本新一代农业人才,虽然该校并非直接由农业者大学演变而来,但二者办学方式和教育方针高度相似。农业经营大学校以培养农业经营的领军者为办学目的,而不是单纯教授农业技术,因此学校广泛开设人文社会科学、管理科学等多学科课程;校舍设在城市中心,一方面利于从全国聘请著名的研究人员和经营者等开展讲座,另一方面帮助农业经营者从消费者的角度和城市的视角出发探索农业新价值;学校自身不开设实验农场,而是派遣学生在校外进行长期实习,实施以经营现场的实地学习和校内的理论学习相互交替的三明治式教学;学校实行全寄宿制,旨在通过集

---

① "大学校"不属于文部科学省管辖的机构,与根据《学校教育法》而设立的"大学"不同。虽然不管是什么样的机构都可以使用"大学校"这个名称,但省厅等行政机构特指了培育干部或者是专门知识、技术的研修而设立的机构为"大学校"。

② 伊藤淳史.農業者研修教育施設(農業大学校)の展開過程[J].農業経済研究,2003(75):97—106.

③ 上野忠義.日本における農業者教育[J].農林金融,2014(4):26—44.

④ 農研機構.農業者大学校に関する情報・手続き[EB/OL].[2022 - 04 - 22].https://www.naro.go.jp/farmers-ac/.

体生活培养学生的协作精神和人格修养。

(二) 面向区域特色和农业劳动对象的专业设置

农业大学校的专业设置受日本农林水产省的指导,其专业划分是围绕培养后备农民展开的,一是紧扣地区特色,二是分工不分家。日本各地的农业生产因地域差异较大,日本农业大学校在专业设置方面跳出同质培养、固定研究和统一模式的束缚,专业布局与区域禀赋和农业发展规划相耦合。例如,北海道作为日本最大的粮食供给基地,以小麦、甜菜等旱田耕作及奶酪畜牧业为核心,在这种农业布局之下,北海道县立农业大学校设有四个专业:水稻经营、旱田作物经营、畜产品经营和农业经营研究,基本覆盖北海道几大农产品类型[①];山梨县作为日本最大的葡萄、桃子产地,山梨县立农业大学校设置果树、蔬菜和花卉三个培养专业和一个落叶果树研究专业[②]。

农业大学校面向区域农业劳动对象的专业设置具有知识的跨学科性和实践的多维性。知识的跨学科性体现在农产品从养殖、栽培到经营、销售的生产过程涉及多个学科知识。如北海道县立农业大学校的旱田作物经营专业,专业学习上以小麦、天妇罗、甜瓜(北海道农业中主要的旱田作物)等作物为学习对象,学习作物栽培、机械操作和生产管理技术,主要理论课程包括植物生理学、土壤肥料学、农业机械学、农业政策经济、农业经营等,覆盖了生物、化学、机械、管理多个学科。实践的多维性体现在现代农业实践涉及科技、人文、社会、生态等方方面面,随着农业技术创新和产业升级,农业集成度越来越高,农产品已不是单一产品概念,而是一条完整的产业链。日本农业大学校面向农业劳动对象的专业设置一方面适应了日本复杂的地理环境,不同地区农产品生产差异大的现状,配合地区农业特色发展提供相应的农业劳动力培养以及农业技术服务;另一方面,面向农业劳动对象的专业设置覆盖了农产品育种、栽培(或养殖)、加工、销售、管理整条生产链所需的知识和技能教育,为受教育者日后的经营做准备,符合农业大学校以农业经营者为培养目标的要求。

---

① 北海道立農業大学校. 学科・コース紹介[EB/OL]. [2022 - 04 - 22]. https://www. pref. hokkaido. lg. jp/ns/ngd/.
② 山梨県立農業大学校. 養成科・専攻科(専門課程)[EB/OL]. [2022 - 04 - 22]. https://www. pref. yamanashi. jp/noudai/senmonkatei. html.

（三）坚持实学教育和实践学习的培养模式

萌芽于 17 世纪的日本实学,对明治维新以来的日本教育产生了巨大的启蒙作用。[①] 福泽谕吉提出的实学思想强调学问的实用性、实践性和经济性。在实学思想影响下,实学教育、师徒同行、全寄宿制成为从明治维新时期建立的农民道场中继承下来的日本农业职业教育的三大支柱。农业大学校培养课程依据日本农林水产省制定的农业普及事业的指导方针,2 年的总授课时间在 2 400 小时以上,授课、实验、实训大概占 5 成,实习大概占 5 成,实践和实习则占总课时的 70％—80％。日本农业大学校学生不仅需要在学校开设的经营农场中实践学习,将农业劳动和农产品经营售卖作为学习的一部分,学生早上 6:50—7:00 起床,早训后 8:50 进入农场劳作,保持"日出而作,日落而息"的作息规律,尽管大部分专业都开设农机课程,但是一年级学生都必须采用传统劳作的方式——亲自下田干活,把农民精神和生活方式也作为农业职业教育的一部分。[②] 坚持师生同行的原则,即老师和学生共同在农场中劳动并指导学生学习。学生在学校学习结束后需要接受外派,到家庭农场、委托农场等进行农业生产现场的实习,并在实习期间坚持与农户同吃、同住、同劳动、同学习和研讨。农业大学校对农业实践的重视在农场的占地面积可见一斑,对日本五个地区农业大学校的设施面积进行抽样统计,在国土紧张的日本国内,农业大学校的农场面积占比都在 65％以上。

表 5-3　日本农业大学校农场面积及占比

地区	学校	农场面积(ha)	占比(%)
北海道·东北地区	北海道县立农业大学	195.50	81.45
	岩手县立农业大学校	288.50	93.67
关东地区	千叶县立农业大学校	16.00	69.57
	埼玉县立农业大学校	5.18	86.98
中部地区	岐阜县立农学院	11.92	97.60
	爱知县立农业大学校	36.61	93.90
近畿地区	三重县立农业大学校	5.00	89.28

[①] 吴莹,周嘉.试析近代日本实用主义教育思想的特点[J].东北师大学报(哲学社会科学版),2015(2):170—175.
[②] 姚永龙.农业职业教育结构问题研究[M].镇江:江苏大学出版社,2014:177.

续　表

地区	学校	农场面积(ha)	占比(%)
	滋贺县立农业大学校	6.14	71.45
中国地区	山口县立农业大学校	16.34	96.35
	广岛县立农业大学校	6.85	76.15

　　资料来源：根据农林水产省公布的各县立农业大学官方网站查询整理。農林水産省. 農業大学校等のご案内[EB/OL]. [2022 - 04 - 22]. https://www.maff.go.jp/j/keiei/nougyou_jinzaiikusei_kakuho/kyoiku_syoukai.html.

　　相比农业大学校对农技学习的重视，农业经营大学校则更偏重农业经营管理能力的培养，但始终贯穿实学思想，注重知识的实用性。农业经营大学校不设具体专业，而是围绕着培养农业经营者的经营力、社会力、领导力和农业力展开"三个部分"和"四个模块"的学习。三个部分包括聘请农业界、产业界的经营者、研究员等作为讲师开展讲座和讨论；通过4个月在先进的农业经营体实习以及3个月在除农业外的企业实习，了解各类事业的核心竞争力；根据学生的具体需求和自定的农业经营设计方案，由行业内讲师进行特别授课和讨论。四个模块则是对农业经营者的经营力、社会力、领导力和农业力分别设置一系列的课程和讲座，其中针对经营力开设18门课程、社会力7门课程、领导力8门课程、农业力9门课程。虽然开设课程较多但是学校专任教师只有2位，课程大多由产业界优秀经营者、研究所代表和大学教授担任讲师。经过2年的学习后，学生最终完成自己的农业经营企划并向社会发布，AFJ协会则会为日后独立开展的农业经营事业提供一定的帮助。[①]

　　(四) 体现终身学习和全纳思想的学习体系

　　1998年日本文部科学省制定的《学习指导要领》明确指出，农业教育不是单纯的技术教育，不应封闭在特定的教育领域，而是贯穿在教育过程的各个阶段、各个方面，以加深全社会，特别是青少年对农业和农村的理解，使之形成正确的人生观和职业观。[②] 农业普及教育逐渐进入幼儿园、中小学和普通高中阶段。例如小学的生活科、理科、社会科课程中让学生从事简单的作物种植和小动物养殖，并对本国

　　① 日本农业经营大学校. 教育課程及び教育の方法[EB/OL]. [2022 - 04 - 22]. https://jaiam.afj.or.jp/.

　　② 文部科学省. 学習指導要領(平成10年度改訂)[EB/OL]. [2022 - 04 - 22]. https://warp.ndl.go.jp/info:ndljp/pid/11293659/www.mext.go.jp/a_menu/shotou/cs/index.htm.

的农林水产业建立一定的认识;在初中的理科、社会科、技术科、家庭科课程中,学习动物饲育、植物种植的有关知识,了解农村和农业的特点及发展农业技术和农业生产的重要性,培养有计划栽培农作物的能力以及体验木制品的设计、加工方法。① 日本也是全球第一个将"食育"入法的国家,2005通过的《食育基本法》,在中小学教育中加入"食农教育",通过拉近饮食现场和农业生产现场的距离,了解本国的粮食生产和农业发展,培养国民对农业的理解和职业兴趣。②

1951年出台《产业振兴教育法》后,日本将未来农业劳动力的希望寄托在升学无望的农家子弟身上,但随着大量农村青年流失,这一设想逐渐失效。北海道大学农业经济学教授坂下明彦认为,现在农业职业成熟期向后推延了,20—30岁的人仍然处于摸索过程中,真正在农业职业上稳定下来要到30岁之后,指望农业高中毕业生直接进入农业行业并安心经营是不切实际的。③ 伴随着1971年《关于应对社会结构急剧变化的社会教育的应有状态》咨询报告的公布,终身教育逐步贯穿日本教育改革与发展,农业大学校、农业经营大学校都是在"建立终身学习体系"的影响下诞生并完善了终身学习的农业职业教育体系(如图5-1)。无论来自农村或者城市,普通高中、大学、农业高中、农业短期大学毕业生或具有同等学力的转行者,都被鼓励进入农业大学校和农业经营大学校学习。此外,农业大学校在本地区的辐射作用还包括与幼儿园、中小学、普通高中关于农业普及教育的合作,与农业高中关于升学指导的合作,与大学农学部和农业短期大学关于人才培养的合作,以及与当地农科所、农技普及机构关于农技改良普及的合作等等,在横向合作、纵向衔接两条路径上不断完善终身学习体系。

图5-1 以农业大学校和农业经营大学校为核心的
农业职业教育纵横融通路位图

---

① 赵芳.日本农业教育的特点与发展趋势[J].现代日本经济,2000(6):42—46.
② 農林水産省.食育基本法[EB/OL].[2022-04-22].https://www.maff.go.jp/j/syokuiku/pdf/kihonho_27911.pdf.
③ 姚永龙.农业职业教育结构问题研究[M].镇江:江苏大学出版社,2014:177.

终身学习体系的完善促进更多非农户子弟加入农业中,从农业大学校人校生的背景来看,1995 年农业大学校的入校生中 46.9%是专业农户子弟,29.2%是兼业农户子弟,23.9%是非农户子弟;到 2018 年,22.7%是专业农户子弟,17.0%是兼业农户子弟,60.3%是非农户子弟。①

三、日本经验的启示:我国农业接班人何以培育

(一)人才观:明确培养农业接班人的要旨

随着我国城镇化、工业化的快速发展,我国农业劳动力出现结构性缺失,农业劳动力老龄化问题开始凸显。根据中国第三次农业普查数据,2016 年全国 3.14 亿农业生产经营人员中年龄在 55 岁及以上的比例已达到 33.6%,老人农业与妇女农业成为农业生产的常态。② 这意味着我国农业劳动力保障正在受到威胁,无法保障长期均衡发展且缺乏可持续发展力。与此同时,近几年农业职业教育的萎缩又深化这一危机,中等职业教育农林牧渔类专业在校生从 2013 年的 172.23 万人下降到2019 年的 43.1 万人,减少 129.13 万人,降幅达 75%③;2014 年至 2018 年,涉农专业高等职业在校生数在全国高等职业院校在校生总数中的占比由 8.71%下降到6.84%④。

2012 年,中央一号文件首次提出了"新型职业农民"概念,但中等农业职业教育以及高等农业职业教育都未将"新型职业农民"作为主要的人才培养目标。由于农业职业教育培养重点和目标的模糊错位,造成"学农即离农"的教育资源浪费现象。中日两国在劳动力向第二、第三产业转移的同时,都出现了农业人口结构失衡的问题,日本通过不断强调农业接班人的概念,并亦步亦趋地调整农业职业教育重点和目标的做法值得我国借鉴。根据我国现代农业发展的需求以及农业劳动力结构的具体情况和问题,需要进一步明确我国目前需要培养的农业接班人的内涵,并作为

① 農林水産政策研究所. 就農者育成拠点としての道府県農業大学校の役割と機能—多様化するニーズへの対応と課題[EB/OL]. [2022 - 04 - 22]. https://www.maff.go.jp/primaff/kanko/project/attach/pdf/200930_R02nodai_02.pdf.
② 朱庆生,蔡弘,丁仁船.农业劳动力结构变迁视角下农业现代化研究[J].江淮论坛,2020(2):113—119.
③ 黄思源,刘继阳,刘杰.农业职业教育服务"三农"的经验借鉴与政策建议[J].中国职业技术教育,2021(27):72—80.
④ 郝文武."三农教育"思想的发展与实践[J].北京师范大学学报(社会科学版),2021(5):35—47.

农业职业教育人才观的基础,将培育农业接班人作为农业职业教育的要旨,将现有职业农民、符合条件的农业从业者、返乡人员以及有志务农的青年作为农业职业教育的重点培育对象,有的放矢地开展农业职业教育。

(二) 专业观:强化涉农专业设置的适应性

专业是学校与社会、生产联系最紧密的纽带之一。由于农业生产对自然资源和环境的高度依赖使得农业生产活动的地域性十分显著,而农业技术自身也具有空间适应性。[①] 我国地大物博、气候生态多样、农业区划明显,因此农业职业教育专业设置需要紧密结合各地区的自然资源禀赋和社会经济发展实际,体现出农业生产的地域规律和农业技术的空间适应性;培养方案应服务地方需求、体现地域特色,以区域农业农村发展总体规划为指导。[②]

分工下的生产力专业化和职业分工是教育专业划分的根源之一,目前我国职业教育专业设置同样是以职业分工为导向,以职业岗位和职业群为依据[③],例如种子生产与经营、植物保护与检疫技术、农产品加工与质量检测等专业都是针对农业产业链的某一环节或某类技术。然而过于细致的专业划分忽视了农业生产的复杂性和整体性。由于越靠近"土地"的生产环节利润越低,涉农专业毕业生更希望进入食品公司而非就农;也因为只掌握了农业生产链中某一环节的技能,所以没有能力展开农业经营并获得富裕生活。我国农业正在从传统意义上的第一产业向三产融合的融合型农业转变,需要农业职业教育改革专业观,延伸专业知识与技能,从面向生产环节的专业设置向面向产业链的专业设置转变,增加跨学科知识和技能,培养能够独当一面的农业经营者而非"农业工人"。

(三) 培养观:注重农业生产的实践和实习

亚当·斯密曾指出:"事实上除了所谓美术及自由职业,恐怕没有一种职业像农业那样需要种种复杂的知识和经验的。必须随天气的变化及许多意外事故而变化的操作方法,所需要的判断与熟虑,比永远相同或几乎完全相同的操作方法所需

① 戴小枫,叶志华,王韧. 建设国家农业创新体系的目标、任务、内容和原则[J]. 农业科技管理,1998 (10):7—10.
② 姚志友,仇苗苗,刘晓光,董维春. 农业博士专业学位设置的必要性与可行性[J]. 学位与研究生教育, 2022(2):34—42.
③ 张慧青. 基于产业结构演进的高职专业结构调整研究——以山东省为例[D]. 上海:华东师范大学, 2017.

要的多得多。"①农业技术是人类在农业科学和生产活动过程中认识和改造自然积累起的知识、经验和技能的总和,由于农业对象的生物性、农业劳动的季节性等特征,决定农业技术学习需要跟随生物的生命周期和季节性规律安排教学、实践和实习。现阶段职业院校对农业人才的培养以1—2年学习理论知识,0.5—1年集中实习为主,学生甚至无法经历学习对象完整的生长周期或者只能学习一遍,培养的质量和效果无法保证。农业生产实践实习应将学习对象的生物规律作为课程安排的重要依据,避免一刀切。例如作物"春耕秋收"的规律明显区别于畜牧"夏饱秋肥冬瘦春死亡"的规律,因此作物类专业的实践课程安排应区别于畜牧类专业的课程安排。

涉农专业学生应进入企业还是农场实习的问题在我国农业职业教育领域还未得到重视和讨论。日本农业大学校的学生不仅需要在学校的自营农场中学习,还要外派到优秀农场和农业企业进行实习;农业经营大学校的学生则需要在农场以及非农业企业轮流实习。我国现阶段职业院校主要通过与涉农企业合作为学生提供顶岗实习的机会,导致学生远离土地和农业生产的现场,暴露了农业职业教育是为涉农企业培养技术员和操作工,而不是培育农业接班人、后备军的一种功能缺失。为涉农专业学生提供农业生产现场实习的机会,不仅是在农业劳动中积累农业技术知识和经验,更是在农业职业教育中延续我国耕读教育的渊源,在汗流浃背中,体验劳动的快乐、收获的喜悦和歉收的遗憾,真切感受自然界生命的价值和自身通过劳动创造生命的价值。②

(四) 生涯观:构建终身学习和终身选择的生涯教育

农业不仅是一种生产方式,更是一种生活方式,自古农业生产和农业生活不分家。不能把做农民、从事农业仅仅作为一种糊口或是谋生的手段,应作为一种职业选择和生活方式去加以宣传,鼓励更多有志青年投身农业。应当让全社会,尤其是年轻人深入体悟农业生活方式,激发从事农业的热情,在尊重个体个性和禀赋的前提下选择进入农业领域。农业职业教育仅重视农业技术技能的培养而忽视对人从事农业的职业理想、热情的关注,必然会走向"学农即离农"的困境,需要从免学费、发补贴等外部激励转向重视人的内生发展。现阶段,需要重塑农业职业教育生涯

---

① 亚当·斯密. 国民财富的性质和原因的研究[M]. 郭大力,王亚南,译. 北京:商务印书馆,1972.
② 梁媛. 文化传承视野下的新耕读教育模式论[J]. 重庆社会科学,2017(8):109—115.

观,需要改变针对某个群体或者某一年龄阶段的观念,也需要打破单纯学历教育或者技能培训的枷锁。将农业职业教育渗透到普通教育、基础教育和成人教育阶段,纵向上扩大农业职业教育的辐射面。一是,实施农业普及教育。从年轻一代开始普及农业职业观,激发城市儿童对农业生活的兴趣以及农村儿童对农业的认同感和自豪感,稳固农业劳动力的社会基础。例如日本推出的《食农教育法》,要求在中小学教育中必须加入关于粮食和农业的教育,培养对农业的理解和兴趣,以及增强对"和食"的情感;二是,建设具有全纳教育性质的高等农业职业教育体系,能够为人的各个生命周期和各个发展阶段提供学习和教育的机会,保证农业职业教育的连续性、适时性和选择性。

国际经验 2:新加坡产教融合式职业教育的发展路径

职业教育高质量"内涵式"发展的优势因素离不开产教融合。在新的技术革命和时代浪潮下,产教融合作为解决人才培养和产业发展"两张皮"问题的重要抓手,始终是职业教育改革的逻辑主线,走产教融合、校企合作的发展道路是职业教育的立身之本、发展之源。① 我国的产教融合在发展过程中面临多重问题,主要体现在主体权责分工不明确、合作模式单一且流于形式、质量保障和监督体系不完善、师资队伍建设落后等突出问题,现阶段产教融合出现了松散、低效、浅表的弊端②,因此需要进一步研究驱动逻辑,打造产业系统和教育系统互融互生共同体,达到"深度融合"的目标需求。产教融合要求面向产教双方利益共同体的需求,形成产教价值共创机制,推动职业教育内涵提升和产业发展。新加坡以其卓越的职业教育体系而著称,其在职业教育领域取得成功的关键在于深度的产教融合,这一发展模式确保了职业教育教学体系与市场需求高度契合,提高了职业教育的实际价值。其中,积极的多元互动、高质量的教师团队、完备的质量评价体系都为新加坡职业教育的可持续发展提供了坚实的基础,在满足产业需求的同时也能落实教育的育人目标,使得职业教育毕业生能够在劳动力市场获得积极的职业发展机会,实现办学效益的最大化。通过对产教融合下新加坡职业教育发展的规律和经验进行归纳分析,以期为我国职业教育产教融合进一步深化提供借鉴。

---

① 聂强,聂蕊. 园区模式:职业教育产教融合的新路径[J]. 中国高教研究,2023(7):103—108.
② 顾绘. 产教深度融合:学理依凭、机制内涵与实施寻径[J]. 中国职业技术教育,2017(33):8—11+26.

一、新加坡职业教育与培训的发展背景

(一) 经济导向的教育发展目标推动职业教育面向劳动力市场

新加坡的教育具有很明显的经济导向,教育的主要目标是满足经济社会转型发展的需要。作为一个自然资源有限的国家,新加坡政府大力开发人力资本以推动经济发展,近 20 年来,新加坡对教育的投资占 GDP 的 4% 左右,且每年对教育投资的增长速度大于国民生产总值的增长速度。[①] 为了与四次经济发展转轨相适应,新加坡政府相应地进行了四次教育改革,在经济发展的不同时期及时调整教育结构和方向,使教育始终为经济建设服务。从劳动密集型到知识技术密集型的经济转型,新加坡的职业教育人才培养目标也从培养熟练技术工人转型到满足高新技术产业的高层次职业教育人才。新加坡政府认为,解决由于技术快速更新、人口老龄化等问题带来的结构性失业挑战,关键在于不断对劳动力进行培训和技能更新。新旧岗位的交替所产生的新的技能需求使得劳动力需要不断对自身的能力进行更新,否则就会出现失业难题。在此背景下,新加坡职业教育的工艺教育学院和理工学院在劳动力的再培训中扮演着关键角色,致力于培养高素质技术技能型人才,积极面向劳动力市场的产业需求发展职业教育。

(二) 流动贯通的教育分流体系帮助职业教育满足多元需求

新加坡的分流教育是与经济和政治发展密切相关的,在分流的过程中将学生导入不同的发展领域,通过分流将人才划分为不同类别,满足经济发展各个模块对于劳动力素质的类型需求。同时新加坡的教育体系是立交桥式的横向流动纵向贯通,学生可以根据自身需要在普通教育或者职业教育体系里持续深造,不同类型和不同层次教育之间既有清晰界限又能够相互联系。新加坡流动贯通的普职分流体系能够很好地将个人发展和经济需求相结合,同时保证每个层次的教育之间不存在断层,保障学生有机会通过个人的努力获得更好的发展,规避了过早分流带来的弊端,这一体系通过多层次的分流选择,允许学生根据其兴趣、能力和学术水平选择不同的学术或职业路径,强调弹性教育模式和终身学习。新加坡通过动态的教

① 魏丽娜,周翔宇. 我国高等教育经费配置的现实困境与改进策略——基于新加坡的经验启示[J]. 云南师范大学学报(哲学社会科学版),2020,52(5):126—133.

育分流体系摒弃职业教育狭隘的工具导向[1]，在满足多元需求的同时有利于教育公平的实现，提升职业教育吸引力，维护社会稳定。

(三) 实用主义的教育思想强调职业教育关注实际技能

新加坡人民行动党强调"务实原则"执政理念与实用主义立场的执政方针，认为教育必须具备增值效益[2]，政府不断对教育进行改革，以期通过实用主义教育提升个人生产力和推动国家经济发展，更好地将人才导向有利于经济发展的实用学科。在实用主义思想的影响下，新加坡政府认为，帮助失业人群最好的方法不是为其提供财政资助，而是帮助他们增进自身技能并通过实训活动来促进其就业。因此新加坡职业教育强调高素质技能型人才的可持续发展，一方面通过职业教育让学生掌握现代产业技术，使得其劳动力质量处于先进水平从而有效解决就业问题；另一方面新加坡职业教育关注能力可持续发展，通过职业培训不断发掘劳动力的才能，致力于全方位提升个人技能和素养，发挥人力资源的最大效能为产业发展服务。

二、新加坡职业教育的发展现状

新加坡的职业教育与培训主要由两个主要教育机构提供，分别是三所工艺教育学院(ITE)和五所理工学院(Polytechnic)，这些都是政府资助的机构。工艺教育学院相当于我国的中等职业教育，专注于提供初级证书和高级证书级别的职业培训，而理工学院则相当于我国的高等职业教育机构，提供培训、高级文凭和专业文凭。新加坡学生在16或17岁时参加标准的中学毕业考试，即GCE"O"水准考试，根据他们在这一考试中的成绩以及资格，毕业生可以选择进入初级学院等大学预科机构，或进入理工学院、工艺教育学院等职业教育体系（如图5-2），不论是继续学术教育还是接受职业教育，都要求学生至少完成10年的学校教育，从而提高了进入职业教育的门槛，使得职业教育的生源质量有所保障，学生具备能够满足接受科学技术和前沿课程的能力基础。新加坡的职业教育发展充分体现多元合作，从多元协同、课程设计、质量评估、师资建设上充分体现产教融合，通过把握产业系统和教育系统的核心要素打造共生生态，促进职业教育高质量发展。

---

[1] 夏惠贤.教育公平视野下的新加坡教育分流制度研究[J].上海师范大学学报(哲学社会科学版)，2018,47(5):98—107.

[2] 谢宗顺.新加坡教育改革的核心理念[J].教育学术月刊,2013(10):14—18.

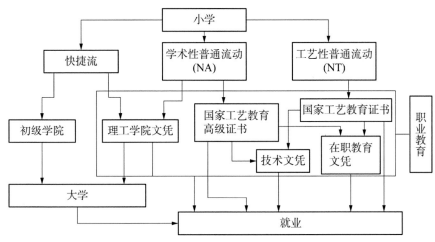

图 5 - 2 新加坡教育分流体系

(一) 职业教育发展深度融合多元需求

1. 职业教育机构与企业之间建立双向合作关系

新加坡职业教育与培训机构以及行业之间建立了紧密的联系,通过不同的行业咨询委员会进行深度合作。其合作模式主要表现在企业高度参与学校教育,学校也能够为企业进行培训资格认证。一方面,企业为职业教育学生大量提供实习机会,工艺教育学院甚至有超过 3 500 家公司参与校企合作实践,理工学院的合作数量至少是这个数字的两倍,近 1 万家公司参与提供多达 18 000 个职位的培训,工艺教育学院和理工学院的学生通过在行业企业内进行实习,了解岗位能力和技能需求。同时,职业教育机构也在校园内建立了许多卓越中心,以加强与商业和工业的联系,这为学生提供了与工作环境相似的真实学习体验,从而把握最新的行业走向,锻炼自身的实践能力。另一方面,高等教育机构有权力自主对公司进行培训中心认证。如果一家公司能够根据工艺教育学院的课程要求和考试规定进行内部培训,那么它就有资格成为工艺教育学院认可的培训中心(ATC)。[①] 这些培训中心将会被认定为具有工艺教育学院项目培训资格的机构,这一认定意味着该公司可以获得政府支持和保障,可以自主灵活地培训员工。这种合作带来的效果是工艺教育学院及其课程融入公司运作,建立与工艺教育学院和行业之间紧密的合作关系

---

① Institute of Technical Education (2021b, April 17) Approved training centres [ER/OL]. [2022 - 04 - 22]. https://www.ite.edu.sg/employers/industry-training-schemes/approved-training-centre.

和定期沟通,以实现互惠互利的局面。

新加坡职业教育和产业的深度合作还体现在组织架构上,职业教育机构董事会的成员包括工会代表、政府官员和教育从业者,董事会主席通常是来自私营部门的知名人士,他们具备丰富的经验,能够为经济和人力资源问题提供全面的指导。职业教育机构的组织架构中利益相关者占据主要地位,目的是保障其能够及时参与人才培养方案的开发,不断将业界的需求反馈到现有和新的课程中,使得人才培养能够满足经济市场的需要。例如在工艺教育学院,职业教育课程改革方案的制定不能只在职业教育内部进行,需要经过严格的产业需求分析和利益相关者的咨询,然后提交给工艺教育学院的学术理事会和教育部进行批准,经批准后,这些课程将采用公认的职业分析过程(DACUM)进行开发。DACUM 研讨会汇集了经验丰富的行业专家,他们提供关于职业技能概况、具体工作能力、任务和知识的输入,以制定每个培训课程的技能标准,以便对这些能力进行客观和可测量的评估。通过多元治理的组织架构形成体系化的职业教育合作链条,多方合力保障职业教育与产业发展形成长效合作机制。

2. 职业教育课程和教学不断改进满足多元需要

新加坡职业教育为满足经济发展需求,在课程和教学方面不断进行实验和创新,从而使得学生能够更好面对工业 4.0 带来的挑战,具备更强的"适岗性"。在理工学院,"人工智能"是所有学生的必修模块,数字素养能力和相关数据分析能力是所有全日制课程中必须包含的关键核心技能。南洋理工学院以其教学工厂概念而闻名,强调全流程"学习+开发"育人导向、双场域"学校+企业"合作模式、双建设"教师+学生"质量保障。教学工厂的实施通过探索现实世界中存在的问题和挑战来进行,工业项目的解决方案由学生和员工共同设计和建造。通过使用最新的技术和设备为毕业生未来的工作做准备,车间和实验室配备了接近工业级的设备和设施,以无缝过渡到工作,同时能够让他们保持灵活性并不断更新技术技能。由于完成教学工厂产品需要考虑成本、质量、可靠性和期限,再加上一段时间的行业实习监督,学生能够熟悉工作规范,进一步提升时间意识、安全意识、质量要求。相关课程和教学改革使得新加坡职业教育在学生能力建设和产教融合方面做出了巨大贡献。

新加坡职业教育在高度市场化的过程中,也紧密联系个人发展,致力于满足社会和个人不同的发展需求。虽然新加坡职业教育首要目标是保证与市场需求的相关性,就业能力和行业相关的"硬技能"仍然是课程教学改革的驱动因素,但是因材施教和职业生涯可持续性也逐渐成为职业教育改革的目标,课程和教学也逐渐开始注重协作能力、解决问题以及独立学习等"软技能"全面培养。例如新加坡职业教育3年制课程为避免课程设置过度专业技能化而忽视人本主义,会通过生活技能、核心能力、核心课程之外的其他模块和行业实习使学生广泛接触不同领域,以帮助学生选择兴趣领域,从而平衡"硬技能"和"软技能"的要求,促进职业教育学生素质的全方位提升。

(二)职业教育质量保障关注内外部协同

新加坡为了保证职业教育高质量发展并且能够不断改进,构建了一个全方位的质量保障体系,包括外部的质量监管和内部的质量评估,外部质量监管主要是对新加坡职业教育专业、教学、课程结构与产业结合度进行评估,促进职业教育不断调整优化;内部质量评估主要是对于办学资源、育人水平、运行模式进行评价,对于内部发展现状进行初步把控,更好地结合外部需求进行改进。新加坡工艺教育学院和理工学院形成了各具特色的职业教育质量保障框架,以确保职业教育课程的质量和技能实用性。

1. 工艺教育学院的质量评估和监督机制

工艺教育学院在发展过程中形成了科学的质量评估和监督机制,在2018年因其卓越的组织能力而获得新加坡质量奖(SQA)的特别表彰,证明了其在质量保障方面的杰出表现。工艺教育学院的课程开发、评估和教学的各个环节都受到学术质量保证(Academic Quality Assurance)框架(图5-3)的严格管理。这一框架覆盖了从学术规划、课程设计、交付到评估的全过程,确保课程的建设质量和实际效能。

除此之外,工艺教育学院采用了特征分析(FA)比较模型[1](表5-4)来评估课程的质量和绩效,特征分析模型以五个关键变量为评估依据,包括需求、结果、就业、成本和进展。通过定量数据模型分析,工艺教育学院能够对课程质量进行全面评估,并将评估结果用作改进课程的指导基础。这种系统化的评估模型有助于保证课程评估的科学性,通过实证数据反馈的需求合理分析劳动力市场,不断改进教学模式。此外,工艺教育学院还定期接受新加坡教育部—工艺教育学院质量保证

---

① Varaprasad N. Vocational Education and Training in Singapore [G]// Symaco L P, Hayden M. (Eds.). International Handbook on Education in South East Asia. Singapore: Springer Nature, 2021:1-25.

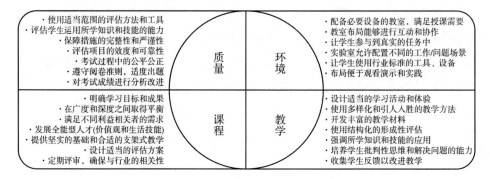

图 5‑3 工艺教育学院 AQA 框架

框架(iQAF)的外部质量监管,确保学院遵循质量标准保障其内部质量评估流程的有效性和公正性,通过对于职业院校发展质量的评估和监管,促使职业教育改革能够真正满足学生、雇主和社会的期望。

表 5‑4 课程特征分析比较模型

类别	所衡量内容
要求	课程的申请需求
结果	课程成功毕业的学生比例
就业	毕业生在就业市场上的就业表现
成本	课程的培训费用
进展	ITE 毕业生在何种程度上取得了更高水平的培训

2. 理工学院的质量评估和学生评价模式

理工学院采用了理工学院质量保障框架(PQAF),该框架规定了五年一次的质量评估计划。这一评估计划由教育部组织并由内外部高级专业人士组成的评审小组执行。[①] 理工学院需要在外部质量审查之前向教育部提交机构自我评估报告。主要是针对五个领域的二十五个项目进行的自我评估,包括治理和领导、管理和战略规划、教学和学习,行业联系和市场服务。教育部的外部审查小组(ERP)将进行为期 5 天的现场调查,最终形成一份定性报告全面评估学院发展质量,对需要改进

---

① 参阅:https://unevoc.unesco.org/pub/tvet_country_profile_-_singapore_revised_may_2020_final.pdf。

的领域提出建议。这一过程不仅为学院提供了改进的建议和指导,还对政府未来的预算投入和人员配备调整提供参考。以确保教育质量的不断提高。理工学院以这种方式持续关注其课程和服务,以适应不断变化的职业需求。在理工学院的学生评价体系突出多维化特征,而且大部分是根据一套完善的标准,根据文凭的不同,它可能包括持续评估、学期考试、项目工作、设计作品集、软件开发、课堂参与和表现。重点已从单一的考试成绩转向基于解决问题和行业导向项目工作的综合评估模式。从而能够对获得的知识、解决问题的技能、协作和创新的能力更好地进行评估,基于学生现状和行业需求来进行有效教学改革。

新加坡工艺教育学院和理工学院在职业资格认证和质量保证方面发挥了关键作用,通过这些机构的不懈努力,确保了职业教育的质量,为学生提供了高质量的职业发展机会,满足未来职业市场的需求,为社会和经济的持续增长作出贡献。

(三) 职业教育师资建设强调一贯制培养

1. 职业教育企业师傅注重职前教师资格培训

新加坡职业院校的教师聘任不要求申请者毕业于名牌大学或拥有硕士、博士等高学历,本科毕业即可。新加坡职业院校很看重教师的企业工作经验,80%的教师曾是企业的经理或业务骨干,职业教育特殊的职业性强调作为职业教育的教师,行业能力往往比学术背景更重要。对于教师较高的行业经验要求,就会带来另外一个问题:教师的教学能力亟需提升。因此新加坡十分关注对于职业教育教师的职前培养。由于几乎所有的教员都是根据他们的行业经验来招募的,所以他们在上课之前需要经过培训从而适应教学课堂生态。工艺教育学院于2013年成立了专门的教育培训学院,为其三个校区的教学教师提供初步培训和专业发展,人数超过2500人。该学院的使命是加强该机构的职业工艺教育专业知识,并在四个领域加强员工的培训:领导力、教育学、专业技能和行政组织能力。工艺教育学院讲师在初任时会立即被分配一个导师作为他们的教学伙伴或向导,将在课堂上观察并帮助他们掌握最基本的教学和课堂管理技能,监督现场教学(SFT)超过6个月。此外,学校提供一个为期30周的结构化培训项目,称为工艺教育学高级证书(ACTEP),面向刚从行业招聘的初级讲师。它着重从以下六个方面培养和帮助新教师:提供和促进以学习者为中心的能力导向教学;管理和激励学习者的学习能力;制定书面评估报告;执行和评估能力;促进信息和通信技术支持的学习活动;进行专业发展实践的反思性教学。

2. 职业教育教师具有完备的职后生涯培训体系

在新加坡的职业教育系统中,教师的培养与发展至关重要。新加坡职业教师能够获得符合他们自身文化和独特特点的差异化在职人员发展培训。针对在职人员,提供了一系列短期课程,包括技能培训、专业发展和进修课程,以保持其领域的最新技术知识。例如每个理工学院都有自己的员工和能力发展部门,教师在完成初始讲师培训标准核心课程和教学组合要求后,将获得理工教育与学习证书(CTLPE)。之后,每个理工学院可以根据其年度绩效管理工作中汇总的教师培训需求,通过其员工发展部门提供额外的培训。这些培训可能涉及与教师自身的发展要求相关的模块,如基于问题的学习、有效的教学和学习、整体评估方法,以及学生的关怀和指导。新加坡对于工作人员的发展不仅限于学术人员,还包括实验室、讲习班和办公室的行政人员,每个工作人员都能根据其目前的工作职能和机构内未来部署获得最优的培训计划。同时为学生提供多样化的学习选择。此外,员工的专业发展还包括更高学历学位的学习、行业相关的培训以及与龙头公司或机构的国际交流等多种方式。

三、产教融合下新加坡职业教育与培训的发展特征

若要做到产教融合,就要把握经济系统和教育系统的复杂属性,从不同系统背后蕴含的价值属性出发,深入挖掘找出其优势特征,新加坡职业教育的发展特征主要体现在公平性、流动性、自适应性和开放性。

(一) 公平性

新加坡在产教融合的背景下,实现了职业教育的公平性。学生可以根据自己的兴趣和能力选择适合的学习途径,并且在完成教育后有平等的机会进入工作场所,而不受个人特征的限制。这有助于建立更具包容性和竞争性的职业教育体系,为广大学生提供公平的教育和职业机会。新加坡的立交桥式教育体系是确保教育机会公平性的核心要素,能够允许学生在不同的教育水平和体系之间灵活转换,并且职业教育的学生能够拥有机会和路径不断提升自己的学历水平。[①] 这种多样性的学习路径有助于个性化的学习,使学生能够根据自己的兴趣和学术能力选择适

---

① 吴芳,郝理想,吴芒. 以需求促发展,以技能赢未来:新加坡职业教育与培训的历程、架构与特征[J]. 成人教育,2022,42(9):79—87.

合的职业教育途径。此外,多元化的课程选择也确保了学生能够选择与其职业目标相符的课程,学生可以根据自己的兴趣和能力选择适合的职业培训课程,从而提高了他们的学习动力和满意度。

就业机会的公平性在新加坡职业教育中也占有重要地位。这里有一系列措施来确保学生在完成教育后能够平等地进入工作场所。产业合作伙伴关系是其中一个关键要素,职业教育机构积极与产业界建立联系,确保课程与市场需求保持一致。这种紧密的联系有助于将学生培训与实际职业机会对接,确保他们具备市场上需要的技能。此外,职业指导和支持也是确保学生职业成功的重要组成部分,通过提供就业机会信息、面试技巧和职业规划建议,帮助学生有效地进入工作场所。公平的薪酬和职业晋升机会是新加坡职业教育体系的另一个关键特征。政府制定了法规和法律,确保在职业领域内不存在性别、种族或其他歧视。这意味着工资和职业晋升机会是公平的,不受个人特征的影响。这样的法律框架有助于打破潜在的不平等,确保每个学生都有平等的机会在职业领域取得成功。目前,在劳动力市场被高度认可成为职业教育毕业生成功就业的一个重要因素,毕业生通过职业教育获得了丰富的知识、实际技能,能够满足劳动力市场的多方面需求,为自身创造了高收入和职业前景。

教育和就业公平的落实改变了新加坡社会各界对职业教育的传统消极态度,将其转变为积极和受欢迎的教育选择,这不仅有助于拓宽学生的教育选择,还能实现终身学习的职业教育发展目标。社会各界的个体逐渐看到了职业教育的未来潜力,对职业教育的社会认可不仅改善了职业教育的声誉,还为更多的人提供了获得职业技能和职业机会的平等机会,从而为国家的发展和社会的繁荣做出了重要贡献。

(二) 流动性

制度资源供给是实现职业教育资源流动的关键因素。新加坡政府在这方面起到了重要作用,通过提供激励性和保障性的资源来支持职业教育体系的发展。激励性资源包括财政支持、奖学金计划和研究经费,以鼓励学校和培训机构提供高质量的职业教育课程。政府还通过设立专门的职业教育和培训部门,制定政策和法规,确保职业教育体系的有效运作。同时,政府还进一步补贴职业教育和培训机构80%至90%的运营成本,这就使得职业教育的学费非常低廉。此外,政府还提供了贷款计划,以确保职业教育学费对于学生来说是可负担的,从而鼓励更多人选择职业教育。保障性资源包括制定职业教育标准和质量控制体系,以确保职业教育的质量和可持续性。政府与产业界合作,共同制定职业技能标准,这有助于确保课程与市场需求保持一致。政府还建立了职业认证和监管机构,监督和审核职业教育提供者,确保他们符合国家标准。这些制度性资源供给措施有助于维护职业教育的质量和声誉,为学生提供可信赖的教育。

其次,主体资源流动是新加坡职业教育体系成功的关键因素之一。这种资源流动涉及企业、学校和其他主体之间的资源双向流动,以满足市场需求和提高学生的职业素质。在产教融合的背景下,企业在职业教育中发挥了关键作用。他们提供实习和学徒机会,让学生在真实的工作环境中获得经验,企业还与学校合作,共同开发课程和培训项目,确保学生毕业后具备实际用途的技能。学校和培训机构也积极参与资源流动,与产业界建立紧密的伙伴关系,通过实际合作效果评估企业角色担当,对优秀企业培训职能进行资格认定,赋予其自主培训资格并获得国家认定和政策资源支持。这种良性合作关系确保了职业教育的发展目标能够与时俱进,也提升了校企合作的积极性和质量。此外,新加坡的职业教育体系还鼓励成年人参与终身学习,不断提升职业技能。政府和企业合作提供了各种成人培训计划,为在职人员提供了灵活的学习机会,以适应快速变化的市场需求。

(三) 自适应性

新加坡的职业教育在产业动态调整方面表现出显著的自适应性。新加坡职业教育通过与产业界深度合作,在专业设置、课程内容、教学过程中能够紧密对接产业需求。这种合作关系确保了教育体系能够灵活地适应产业的新兴趋势和技术创新。例如,在新兴技术领域人工智能(AI)和物联网(IOT)方面,新加坡的职业教育机构与科技公司紧密合作,开设相关课程,培养具备这些领域所需技能的技术人才。这不仅有助于满足市场需求,还使学生具备与时俱进的技术知识,提高了他们的就业竞争力。新加坡的职业教育还注重与产业界的深度合作,通过与企业建立伙伴关系,共同开发课程和培训项目。这种合作有助于确保教育课程紧密贴合实际职业需求,学生毕业后具备市场上需要的技能。企业提供实际工作机会和指导,使学生能够在真实的工作环境中应用他们所学的知识,这对于职业素质的提高至关重要。

职业教育强调应用导向性知识和技术技能在实践中的建构。这意味着学生不仅获得理论知识,还在实际工作场所中积累实践经验。课程设计通常以实际问题和工作场景为基础,学习的内容与实际工作紧密相关。例如,在医疗保健领域,学生可能需要参与模拟手术或实际护理任务,以培养他们在临床环境中的实际技能。这种应用导向性的学习有助于学生将所学的知识与实际工作相结合,提高他们的问题解决能力和决策能力。其次,技能的建构是职业教育中的核心要素。课程通常包括实践性的技能培训,学生有机会通过模拟操作或真实项目来练习和应用所学的技能。例如,在工程领域,学生可能需要设计和制造实际产品,以锻炼他们的技术技能。这种实践性的培训有助于学生获得与职业领域相关的实际技能,为他们的职业就业提供了坚实的基础。此外,知识和技能的建构也涉及跨学科的综合能力。新加坡的职业教育强调沟通、团队合作、问题解决和创新等跨学科技能的培养。这些技能在实际职业生活中至关重要,使学生能够更好地适应不同的工作场景和应对复杂的问题。

新加坡的职业教育不仅关注静态知识和技能的传授,还强调终身学习和可持续发展。学生被鼓励不断更新他们的知识和技能,以适应快速变化的产业和技术趋势。这种自适应性的学习模式有助于确保毕业生具备市场上最新的知识和技能,增强了他们的就业竞争力。

(四)开放性

在产教融合的背景下,新加坡职业教育体系具备显著的开放性,这种开放性体现在两个关键方面:办学模式的创新性和办学主体的多元性。这些特征为新加坡的职业教育提供了强大的灵活性和适应性,有助于满足不同学生和产业领域的需求,为国家的发展和劳动力的提升质量做出了积极贡献。

首先,新加坡职业教育系统在办学模式方面凸显创新意识。这体现在不同类型的教育提供者和课程设置上,满足了不同学生的需求和产业的要求。新加坡的政府在职业教育领域投入了大量资源,设立了多所工艺教育学院和理工学院。这些机构提供广泛的职业课程,涵盖了从工程到医疗保健等多个领域。它们的办学模式强调实践性和应用导向性的学习,确保学生具备实际用途的技能。除政府支持的机构外,私立培训机构也在职业教育领域发挥重要作用,它们通常专注于特定领域,如创意产业、酒店管理和信息技术等。这些机构提供了更加灵活的课程,以满足学生和企业的特定需求。新加坡的职业教育体系也支持学校与企业之间的合作办学。这种模式允许学生在学校和企业之间进行实习和学徒培训,从而获得实际工作经验,并将课堂学习与实际工作相结合。

其次,质量评估保障的主体和方式多样化也是新加坡职业教育的一个显著特征。这有助于确保教育质量的提高和适应不断变化的需求,同时为学生提供更多选择和机会。新加坡政府在职业教育领域制定了严格的质量标准,并设立了相关的监管机构,如技能发展局(Skills Future Singapore, SSG)和教育部(Ministry of Education)。这些机构负责监督和评估职业教育提供者的质量,确保它们符合国家标准。产业界在职业教育的质量评估中发挥了关键作用。产业合作伙伴积极参与课程开发和评估,确保培训与实际职业需求保持一致。这种产业认可有助于确保学生毕业后具备市场上需要的技能。学生的反馈也被视为评估质量的重要因素。学校和培训机构定期收集学生的反馈意见,以便不断改进课程和教学方法,确保学生满意度和学术成绩的提高。新加坡的职业教育体系积极与国际合作伙伴合作,汲取国际经验和最佳实践。这种国际合作有助于提高新加坡职业教育的国际竞争力,并确保与国际标准保持一致。

四、启示

(一) 明确多元主体权责,形成产教系统协同发展生态

职业院校作为职业教育的核心主体,承担着为社会发展培养高层次技术技能人才的责任。一方面,职业院校要抓住社会经济发展走势,在与地区行业、企业的紧密联系过程中能够及时动态调整自身教学目标、课程模式,能够在与产业端对接过程中自主淘汰老旧专业并发展新兴特色专业,为人才顺利进入劳动力市场打下坚实基础。另一方面,在校企合作过程中,应该给予职业院校一定的自主权,各方要重视职业院校对于合作结果的反馈,职业院校在合作过程中不断对企业的合作态度和行为进行动态评价,从而选择最优的校企合作模式,避免企业"搭便车"现象影响人才培养质量。

企业是职业教育高质量发展的重要合作者,企业应积极主动参与职业教育形成发展合力。长期稳定的校企合作关系建立至关重要,在岗位标准和课程标准对接、应用性知识和技术技能的转化方面,充分发挥其指导作用,提供实训机会和平台,对于顶岗实习学生要给予同等员工待遇,深度参与职业教育人才培养。[①] 学校和企业之间可以通过协商来共同构建互惠共赢的校企利益共同体,确保企业投入

---

① 危浪,王翠霞.职业教育校企深度合作演化仿真研究[J].系统科学学报,2024,32(4):112-117.

与回报的稳定性,形成校企合作的可持续发展模式。

政府在职业教育领域具有战略性的守护者地位,其作用不仅在于政策制定与监管,还涵盖了资源配置、质量保障、校企合作、社会公平及机会均等方面。在实际需求方面,政府通过战略性的资源投入,如拨款和基础设施建设,确保职业教育机构能够充分应对不断演化的社会经济需求。此外,政府通过设立教育质量标准、建立评估体系和监督机构,积极维护职业教育的质量水平,以应对市场的要求,确保学生获得实际技能和知识。政府也鼓励产业界与教育机构的紧密合作,以满足产业的专业技能需求,并促进创新和竞争力。此外,政府致力于提供平等的教育机会,推动适应性教育在社会层面的确立,满足不断演进的社会和经济需求,推动职业教育的高质量发展,并确保劳动力市场的稳健和持续发展。

(二) 形成有效运行机制,保障跨界主体效能发挥

运作机制的关键在于如何使复合体良好运作,而核心则在于内部各要素之间如何相互联系、相互作用,以保证有机体健康地存活下来。[1] 产教融合下发展职业教育实际是不同系统之间的跨界协同,需要强有效的运行机制保证各方主体的效能发挥。

首先,完善资源配置,优化规范性制度设计。第一,由于教育系统之间经费资源存在不均衡,发展职业教育需要加大对职业教育经费保障,国家性教育经费投入需要精准化完善,对于不同区域、院校的差异化需求进行有针对性供给;同时,为了促进产教融合,可以对于校企合作模范优秀企业进行经济性补贴,提升企业加入校企合作的积极性。第二,更新资源供给要素,在教育资源配置过程中,仅仅强调经济性资源是远远不够的,职业教育向优发展离不开师资和教学设备的配备更新,因此,需要完善资源供给要素配置结构,健全师资、经费、教学设备三方为主要主体的教育资源体系。第三,规范性制度设计在职业教育发展过程中的作用也不可忽视,除职业教育法律法规的进一步完善外,职业教育招生制度和职教高考也需要加快落实,生源质量和毕业生质量在一定程度上影响着职业教育的社会认可度,职业教育不再成为普通教育的兜底教育,而是满足个人发展和社会需要的教育。

其次,在产教融合中,企业和学校可以通过建立紧密的需求互动机制来实现有效合作。建立紧密的伙伴关系,签署明确的合作协议企业在实际市场中明晰未来

---

[1] 王晓静. 职业教育集团化办学的运行机制研究——以山东省为例[D]. 济南:山东师范大学,2015.

技术趋势和岗位需求,及时形成最新的产业报告反馈给学校。职业院校应根据企业的岗位需求,与企业共同制定课程和培训计划,邀请企业专家定期评估教学质量和改进教学过程,确保教育内容与实际工作需要相符。建立实时的合作反馈机制,对校企合作的有效性进行评估,根据结果实时进行调整,从而不断优化合作模式,比如教学工厂和园区模式深入落实,从而达到产教融合双赢的局面,促进二者有机互动。

最后,在产教融合的背景下,资源共享机制在不同层面发挥着关键作用,包括区域间、校企间和学校间的资源共享。不同地区的职业教育机构可以建立区域性的资源共享机制。这可以涵盖教师培训、教育设施、实验室和技术设备等方面。例如,一些发达地区的学校可以与邻近的地区合作,共享他们的先进教育资源,扩大优质资源的覆盖范围。同时不同职业教育学校之间也可以建立资源共享机制,这包括教材、教学方法、课程设计和教育技术等方面的资源,学校可以通过相互交流收集最前沿的教育信息,形成职业教育系统发展的内生动力。校企合作是产教融合的关键模式,资源共享在这一层面尤为重要,产业方提供实践基地和技术资源,学校方为产业提供人才储备和研究支持,这种合作可以涉及共同进行课程开发、项目研发、双师型教师培养、企业人才培训等。这些机制通过合作协议和项目实施,提高资源利用效率,促进知识传递和技能培训的交流,从而增强职业教育的内部教学质量和市场适应性。

(三) 建立多元师资网络,打造职教师资特色建设通道

职业教育师资常常以培养高素质"双师型"教师队伍为建设目标,"双师型"师资不能只聚焦职业院校教师,也要将教师来源拓展到行业企业,将过去的"双师型"素质拓展到"双师型结构"①,关注企业师傅的引进和培养、鼓励产业界的专家兼职教学,通过灵活的工作安排和报酬体系,吸引专业人士参与教育,满足多元化教师需求。"双师型"教师的发展中建立稳定有效的外部反馈机制是关键步骤,形成校企交流常态化组织和平台,比如在师资培训过程中,高等职业院校应该与行业密切合作,通过行业咨询委员会定期召开师资培训会议,以实践行业经验为会议主题,强调应用型教师培训而不只是无实质意义的"主题教育"活动,通过对于教师行业

---

① 张振.工作本位学习视域下职业教育师资发展:欧盟经验与中国镜鉴[J].教育发展研究,2021,41(13):48—54.

经验和实操技能的及时更新,关注高等职业院校和就业市场的场域对接,从而避免高等职业人才培养的滞后效应。

在"双师型"教师的培养过程中,不仅仅要完善外部反馈机制,也要关注教师自身的职业生涯发展。在教师的准入职培养过程中,主要关注教师职业能力和行业技能两个方面,建立教师的评估和认证机制,以确保引进的新教师符合一定的教育标准和质量要求。对于高等职业院校教师要着重于行业导向的专业培训,以确保其具备关键产业领域的专业知识和实际技能;对于企业教师要注重其教学能力的培养,完成从工作场域到教学环境的转化,能够按照教育规律和教学要求规范有效地完成教学任务,能够真正将自己的行业经验传授给学生。在教师持续专业发展阶段,要为教师提供各种各样的发展机会,如推动国际化的交流项目和教师交流计划,教师可以有专门的培训假期去参加国外学术研讨会、培训课程,或者在企业进行一段时间的工作,以获取国际化的教育经验和最新工作领域的实践。同时也要帮助教师树立正确的职业价值观,通过合理的激励、监督和晋升机制激发"双师型"教师的职业发展动力和职业归属感。

(四) 打造内外部评价体系,促进产教融合内涵式提质增效

产教融合背景下,职业教育需要打造多元共治的治理生态,在质量评价过程中强调完善评价要素指标、打造多元协同评价体系、采取科技融合的过程性评价方式。首先,高等职业质量评价要进一步落实"评什么"的问题,在评价指标的设计上要关注内外部联动,完成教育质量到就业质量的延伸。在评价指标的构建上要考虑政府、企业、学校多元的联动,分为教学维度、就业维度和社会责任维度。在教学维度,主要考察课程质量、教师教学水平、学生表现,例如新加坡理工学院就构建相应的内部质量评价框架,从教学全过程对于课程、质量、环境和教学进行全方位的监督,同时学生参与度和产业满意度也应被纳入评价范围,以确保学生积极参与校企合作和工作表现水平。在就业维度,主要考察毕业生的就业率、就业质量和职业发展情况,就业能够反映职业教育与市场需求的契合度,从而确定职业教育是否成功地使学生融入职场并实现职业晋升。在社会责任的层面,着重评估高等职业院校是否致力于学生的道德教育和价值观培养,以及是否积极参与社区服务、社会实践和公益项目,以充分履行其教育机构的德育使命。只有将单纯量化的职业教育教学质量指标与反映个体核心素养的价值指标有机融合,才能真正培养出高质量的现代职业人。

其次,评价的主体和责任需要分工明确,各方紧密合作形成内外部联动互补。政府监管机构在这一过程中发挥监管和标准制定的作用,以确保高等职业院校遵守法规和标准,监督和引导教育质量的提升。高等职业院校本身应承担主要的评价责任,包括制定详细的评价计划、数据收集、结果分析和教育质量的改进。产业界合作伙伴应积极参与质量评价,通过对行业企业参与评价的事项清单和频率进行规定,促使产业界定期提供就业数据、实际需求,确保市场需求能够及时反馈到教育系统激发改进。此外,学生也应被纳入评价过程,提供有关课程、教学方法和实际工作经验的反馈,他们的意见和建议应被认真考虑,并纳入评价的指标体系中。

最后,应该形成与技术深度结合的过程持续性评价反馈机制。建议建立在线合作平台,以便各方能够共享信息、数据和评估工具,促进数据的透明性和共享,使各方更容易获取所需的信息,通过人工智能和大数据平台,完善数据收集平台、构建评价数据筛选模型,确保评价数据的科学性和有效性。过程性评价的重要性不可低估,通过对于高等职业建设中课程、教学方法和职业发展的阶段性成果进行评估,确保其高等职业质量水平在最终能够与市场需求对齐的同时,也能够在"最近发展区"内不断提升[1],督促高等职业院校关注质量提升进程中的过程性发展指标,为最终高水准高质量职业教育目标的实现打下坚实基础。同时,建立反馈机制,在过程性评价中让学生、教师和产业界能够提供实时的反馈意见,从而发挥评价效果的最大化,通过对反馈结果的及时分析,有助于快速识别问题并采取纠正措施。

---

[1] 孙颖,刘红,杨英英.日本职业教育质量外部评价的经验与启示——以高等专门学校为例[J].外国教育究,2014,41(5):33—39.

国际经验 3：应用型本科教育发展的 多国家与地区比较

当前，我国已建成世界上规模最大的高等教育体系，但随着经济发展与社会建设的不断推进，人才供需关系深刻变化，高等教育结构性矛盾与同质化问题凸显。自2014年国务院常务会议提出引导一批地方新建本科高校向应用技术型高校转型之后，发展应用型本科教育成为国家改革高等教育、培养高层次应用型人才的重要举措。然而，当前应用型本科教育发展实践逐步陷入瓶颈，新建院校面临诸多挑战且缺乏足够的支持，借鉴他国经验显得尤为重要。本文选取德国应用科学大学、英国多科技术学院、日本技术科学大学等作为典型代表，通过比较分析不同国家与地区应用型本科教育的突出特色与共同经验，为我国进一步推动应用型本科教育发展提供一定启示。

一、典型国家与地区应用型本科教育发展概况与特色

德国应用科学大学、英国多科技术学院、日本技术科学大学是世界范围内应用型本科教育的典型代表，在其各自所处国家与地区的高层次应用型人才培养上发挥了重要作用，并具备显著特色。

（一）德国应用科学大学：面向本州，师资优异

德国应用科学大学起源于20世纪60年代，其建立旨在弥补以培养学术型人才的综合大学教育与培养技术技能人才、以"双元制"为特色的职业教育之间的功能差距。据德国联邦数据统计局2019年最新数据显示，德国高等教育阶段当前共有各类高校424所，其中应用科学大学213所，约占高校总数的50%，比综合大学还多出86所[1]，可谓德国高等教育的"半壁江山"。

---

[1] Statistisches Bundesamt. Institutions of higher education [EB/OL]. [2020 - 09 - 10]. https:// www. destatis. de/DE/Themen/Gesellschaft-Umwelt-Bildung-Forschung-Kultur/Hochschulen/ Tabellen/hochschulen-hochs-chularten. html.

德国应用科学大学区域性很强,主要基于所在州的经济发展情况,考虑企业实际需求,凭借与劳动力市场高度相关的学位课程为区域提供应用型人才。[1] 如德国中部黑森工业应用科学大学位于韦茨拉尔市的校区,因该区域以徕卡相机、小型显微镜等光学工业为主,而着重开设了微系统工程学、软件技术工程学等相关工程类专业,以为区域发展培养人才。此外,德国应用科学大学对教师也具有较高要求。与传统综合大学不同,教学是德国应用科学大学的核心活动,教授并没有积极进行科研的个人义务,一般负责主讲课程;每位教授至少配备 1 名协助教学准备与指导的教学助理。相比普通教授往往每周只有 8 小时的教学负担,应用科学大学教师每周需花费 18 小时左右的教学时间。[2] 而要想成为应用科学大学的教授,一般必须同时具有博士学位与职业教育教师资格,具备 5 年以上专业相关工作经历,并拥有突出的研究成果及企业资源。有些州还对应用科学大学教授招聘提出了更多要求,如北威州法律规定教授 5 年工作经历中必须至少有 3 年是在大学之外、与所教专业相关的领域中进行。[3] 这些硬性要求一定程度上保障了德国应用科学大学的师资质量,进而为优质教育教学奠定了基础。

(二) 英国多科技术学院:灵活课程,工读交替

英国多科技术学院是兴起于 20 世纪 60 年代的一种新型高等学校,其建立基于 1963 年罗宾斯报告(Robbins Report)为中心的短暂政策热潮,旨在通过构建二元制的高等教育体系缓和精英教育与大众教育的矛盾。虽然 1992 年英国《继续教育和高等教育法》从法律上废除了高等教育二元制,多科技术学院升格成了大学,但在其悄然消失之前,多科技术学院在英国科技人才、专业人才的培养中占有一席之地。[4]

与其他国家与地区的应用型本科教育相比,英国多科技术学院的课程形式较为灵活,包括全日制课程、部分时间制课程、夜间制课程、工读交替制课程等,其中工读交替的三明治课程尤具特色。三明治课程往往需要 4 年时间,比其他类型课程

① 彭湃. 德国应用科学大学的 50 年:起源、发展与隐忧[J]. 清华大学教育研究,2020,41(3):98—109.
② Michael P. Vogel. The professionalism of professors at German Fachhochschulen [J]. Studies in Higher Education, 2009,34(8):873-888.
③ Ministeriums des Innern des Landes Nordrhein-Westfalen. Einstellungsvoraussetzungen für Professorinnen und Professoren[EB/OL]. [2020-09-10]. https://recht.nrw.de/lmi/owa/br_bes_detail?sg=0&menu=1&bes_id=4877&anw_nr=2&aufgehoben=N&det_id=337705.
④ 石伟平. 比较职业技术教育[M]. 上海:华东师范大学出版社,2001.

多出一到两年,用来进行更多的企业实习等工作实践。其具体课程实施往往采用"2+2+1"或"1+2+2"等模式,第一阶段主要在学校学习,内容多为专业基础理论;第二阶段主要在企业进行实际工作,兼修一些补充课程;第三阶段主要完成毕业设计,选题多来自企业正在进行的项目。[1] 通过"在校学习—企业实践—在校学习"形式,实现理实一体化的教学,帮助学生在真实的工作场景中更好地理解理论知识,完成实践操作,提升综合职业能力。虽然多科技术学院是英国应用型本科教育的机构载体,但其应用型人才培养更多以各类课程为基础,具有面向实践又灵活多样的特征。

(三) 日本技术科学大学:编入学制,对接高专

日本技术科学大学创建于 20 世纪 70 年代,其成立旨在通过大力培养高水平应用型人才应对产业变化,为"技术立国"战略实施提供人才支撑,并解决高等专门学校(高专)学生升学问题。当前日本仅有两所技术科学大学,即位于爱知县丰桥市的丰桥技术科学大学与位于新泻县长冈市的长冈技术科学大学,主要培养具有实践性、创造性、主动性,并具备领导力、职业精神的新一代工程师。虽然日本技术科学大学数量不多,但其教育质量优异,备受社会好评。

相比而言,日本技术科学大学的面向对象与招生制度极具特色。日本技术科学大学主要通过编入学制招收短期大学、高专等的毕业生。其中高专毕业生是技术科学大学的主要生源,一般只有在不能满足定员的情况下才在大学第一年通过一般入学考试与推荐入学方式招收非工业类普通高中和职业高中毕业生。[2] 编入学制是指学生被录取后直接进入技术科学大学的第三学年,编入学的招生名额可占总名额的 80%,意味着技术科学大学实际上主要通过插班入学方式招收职业教育生源。同时,技术科学大学在人才培养目标、人才培养内容、人才培养方式方面,都十分注重与高专的对接贯通。例如,在专业设置上,大多数高专的专业在技术科学大学中都有相同名称的专业,部分专业虽名称略有差异但也基本能一一对应。这使得不同阶段的人才培养能够有效衔接,学生生涯发展路径系统畅通。

---

[1] 付雪凌,石伟平. 政府、学院、市场关系重构——英国多科技术学院变迁与治理[J]. 河北师范大学学报(教育科学版),2016,18(2):49—53.

[2] 叶磊. 日本技术科学大学的办学特色及其经验启示[J]. 职教论坛,2014(16):84—87.

二、典型国家与地区应用型本科教育发展的共同经验

不同国家与地区的应用型本科教育必然因其所处经济、政治、文化环境等的不同而有所差异。通过对德国应用科学大学、英国多科技术学院、日本技术科学大学进行对比(如表 5-5 所示),可以发现不同国家与地区的应用型本科教育在发展背景、基本制度、师资要求、专业设置、课程教学、校企关系、各类保障等方面存在一定共同经验。

表 5-5　典型国家与地区应用型本科教育比较

	德国	英国	日本
名称	应用科学大学	(原)多科技术学院	技术科学大学
历史背景	工业化进程加快,产业不断升级,技术革新,高等教育大众化需求增加	经济迅猛增长,第三次科技革命浪潮冲击,人力资本理论、平等主义思想等影响,人口出生率激增,高等教育滞后	"经济中心"导向、"科学技术立国"等国家发展战略需要,产业转型升级,高专生升学呼吁
建立时间	20 世纪 60—70 年代	20 世纪 60—70 年代(到 20 世纪 90 年代)	20 世纪 70 年代
学制	四年制学士;两年制硕士	两年制、四年制	四年制本科;两年制硕士;五/三年制博士;本硕、硕博连读
学位	学士、硕士	学士、荣誉学士	学士、硕士、博士
本科招生	具备 Fachabitur(专业高考)成绩的人都可申请;对实践经验有要求(具备普通高考成绩者也可申请)	具有高级或"A"级中学毕业会考证书、16 岁普通学校教育证书、商业和技术教育委员会资格证明、没有资格但具有丰富工作经验者都可申请	主要生源来自高专一年级:一般入学考试+推荐入学,普通高中毕业生;三年级:编入学制为主,短大、高专、专修学校毕业生
专业设置	关注技术性强的领域;由各州教科部根据本州经济发展状况和企业实际需求进行设置	根据当地工商企业的实际需求与人才市场供求现状进行设置(后以技术为主的单科性学院向综合性学院转变)	聚焦工科,对接产业、连贯对应(高专—技科大—研究生专业)

续　表

	德国	英国	日本
课程教学	在校学习＋实习基地学习＋项目周(外出考察)	三明治课程(工读交替);单元或模块课程	基础＋专业＋实训课程
师资	教授(博士学位、职业教育教师资格、5 年以上相关工作经历等)、专职教师、兼职教师	日益重视教师的学术素养	专业过硬、实践能力较强、经验丰富的专兼职师资队伍
校企合作	校企深度合作(服务区域经济)	面向企业	产学官合作

(一) 发展背景:应对经济发展与教育发展的需要

虽然德国、英国、日本的应用型本科教育兴起时间有所不同,但它们的发展动因有一定相似之处,都主要是为了应对两方面的需要:一方面是经济发展的需要,主要表现为经济增长转型与产业升级革新;另一方面是教育发展的需要,主要表现为高等教育改革与个人生涯发展。例如,德国应用科学大学的建立正值国内工业化进程加快、产业不断升级、技术持续更新的时期,同时由于高等教育发展不足、大众化需求增加,开设高等教育层次、培养更高素质的技术技能人才的应用型本科成为应时之需。英国多科技术学院的建立背景与之相似,并受到人力资本理论、平等主义思想与人口激增的影响。日本技术科学大学的建立除了"科学技术立国"背景下经济发展外,还受到高专生升学需求日益增加的影响,旨在为职业院校学生的生涯发展提供新的路径。可见,发展应用型本科是应对经济转型与教育改革的国际趋势与普遍措施。

(二) 基本制度:开设可获学士学位的四年制本科

在学制方面,不同国家与地区的应用型本科院校基本都开设了四年制本科。在此基础上,大部分国家与地区的应用型本科都具有较为灵活的学制,如日本技术科学大学可以本硕连读。而在学位方面,德国、英国、日本的应用型本科教育都无一例外地可以授予学士学位,并且大部分都可以授予硕士学位。虽然应用型博士学位的授予权一直因学术漂移问题受到极大争议,但各国应用型本科院校大多仍为之不断争取。德国应用科学大学自己本身虽然不能授予博士学位,但可以联合其他高等教育机构为学生共同颁发博士学位。而日本技术科学大学可颁发博士学位,学生可以直接在应用型本科院校接受博士生教育并获得学位。

(三) 师资要求:强调教师的专业能力与工作经历

总体而言,不同国家与地区的应用型本科院校对教师都有较高要求,尤其强调教师的专业能力与工作经历,往往对教师所应获得的学历学位、资格证书以及应具有的实践能力、相关经验进行了较为严格的规定,并在此基础上关注专兼结合的师资队伍建设。德国应用科学大学的教师主要分为三类,包括教授、专职教师与兼职教师,构成了分工明确、较为完整的教师团队。日本技术科学大学要求教师专业必须过硬,同时具有较强的实践能力与丰富的工作经验。而英国多科技术学院后期对教师的关注日益偏向学术素养水平,最终走向与普通综合大学合并的道路。可见,重视教师的专业及专业教学水平、工作或实践经验,是保证应用型本科教育质量与特色的关键举措。

(四) 专业设置与课程教学:凸显区域性与应用性

不同国家与地区在应用型本科院校的专业设置与课程教学方面具有两大共同特征,即区域性与应用性。绝大部分应用型本科教育的发展都是指向服务区域经济发展的,因此在专业设置上十分注重院校所在区域的劳动力市场需求。德国应用科学大学尤其关注技术性较强的专业,日本技术科学大学尤其关注工科专业;而英国多科技术学院虽然后期从以技术为主的单科性学院转向综合性学院,但早期也强调根据企业需求与劳动力市场供求状况进行专业设置,应用型本科教育的区域性十分突出。在课程教学方面,不论是德国应用科学大学对实习基地学习以及项目周外出考察的强调,英国多科技术学院的三明治、模块课程,还是日本技术科学大学对实训的关注,都凸显了应用型本科教育课程与教学的应用性与实践性,表明了应用型本科教育的基本定位与人才培养方向。

(五) 校企关系与保障:重视校企合作与法律保障

由于应用型本科教育要培养应用型人才,不同国家与地区的应用型本科院校都非常重视学校与企业之间的紧密联系与相互合作。例如,德国应用科学大学与当地各类企业,尤其是中小企业开展深度合作,企业不仅在院校的教学、研究、师资等方面有所参与,还向学生提供实习及毕业设计岗位、资助科研项目等,合作形式非常多样。日本产学官合作已成为基本国策,日本技术科学大学常与企业研究人员共同开展研究并转化成果进行生产,同时通过研讨会、讲座、培训等为企业提供技术咨询。在外部保障方面,不同国家与地区的应用型本科教育基本都受到本国或该地区的法律、政策保障。如德国1976年的《高等教育总纲法》将应用科学大学正式纳入德国高等教育体系;日本1976年颁布《国立学校设置法部分修正法案》,宣布建立丰桥技术科学大学与长冈技术科学大学等,为应用型本科教育在高等教育中与综合大学平等的地位提供了法律保障。

三、典型国家与地区应用型本科教育发展对我国的启示

(一) 明确办学定位,拓展办学层次,完善办学制度

1. 明确办学定位:培养应用型人才,开展应用性科研,服务区域经济发展

应用型本科教育与传统的普通综合大学教育在办学定位上应有区别。普通综合大学一般定位于研究型、学术型人才的培养,以基础科学研究为主;而应用型本科教育应定位于应用型人才的培养,强调"为职业实践进行教育"[①],以应用性科研为主,关注区域经济发展与产业现状,满足区域内行业企业对应用型人才的需求。在应用型本科的分类定位中,由于我国现行的双轨制与职业教育发展需求,可借鉴国际经验,将应用型本科教育定位于本科层次的高等职业教育,作为高等职业高专之后更高层次的教育。至于究竟是以院校为单位还是以专业为单位发展应用型本科,笔者认为都可以,只是在我国以学术型大学为尊的背景下,首先单独发展应用型本科院校或更为现实,同时也可在重视应用型人才培养的普通综合大学中选取适当专业,转型为应用型本科专业。

2. 拓展办学层次:建立以本科为主的办学层次,适当拓展硕士、博士层次

应用型本科教育的办学层次应以本科为主,但借鉴其他国家与地区经验,我国应用型本科可以适当拓展硕士与博士层次教育。在学位授予方面,应用型本科教育应与普通综合大学具有平等地位,也可授予学士学位;而硕士、博士层次可先尝试开放专业硕士、专业博士授予权,一方面减少应用型本科院校必须先获得学术硕士与博士学位授予点后才能申请专业硕士、博士授予点的阻碍,另一方面也可增加其他高校向应用型本科转型的积极性。就学位体系而言,可沿用现有学位体系,不必针对职业教育开设单独学位体系。

---

① 王宝玺,迪尔特·欧拉. 什么是欧洲应用科技大学——瑞士圣加仑大学迪尔特·欧拉教授访谈录 [J]. 高校教育管理,2015,9(4):1—5.

3. 完善办学制度:招生侧重职教生源,学制灵活多样

应用型本科教育在招生方面可学习日本技术科学大学的编入学制,关注职教生源,对招考制度进行针对性改革,为中等职业毕业生"职教高考"、高等职业毕业生"专升本"等提供专门路径;同时也对普通高中生、社会人员(非传统生源)开放。在学制方面,应以四年制为主,同时可探究其他学制如两年制、本硕连读等;除全日制外,还可采用弹性学制,如部分时间制、工读交替、三明治制等,使应用型本科教育在培养应用型人才方面更具灵活性与吸引力。

(二) 调整专业设置,改革课程教学,建设师资队伍

1. 调整专业设置:面向区域经济发展、产业变化、行业企业需求

应用型本科教育在专业设置上,应立足于区域发展需求,与行业企业的人才需求紧密互动,通过科学合理地开设相关专业为所在区域培养符合要求的应用型人才。同时,并不是所有专业都可以纳入应用型本科层次,应用型本科教育涉及专业应以技术应用型专业为主,如日本技术科学大学以工科专业为主,通过加强专业特色,保障人才培养的区域性、应用性、实践性。

2. 改革课程教学:关注应用性、实践性,加强理实一体

应用型本科教育应加强课程与教学的应用性与实践性,探究应用型本科知识论基础,避免课程结构、教学内容成为传统综合大学、研究型大学的"压缩饼干",或仅是对高等职业高专的简单"理论添加",而应办出应用型本科特色。课程与教学也应重视学生实习实践,实现理实一体化教学,以提升应用型人才培养的质量。

3. 建设师资队伍:强调教师专业能力与工作经验,打造专兼结合师资队伍

应用型本科教育落实的关键在于一线教师。要办好应用型本科教育,必须加强应用型本科师资培养,关注教师专业知识水平与实践能力、专业教学能力的提升。当前我国应用型本科教师能力不足的问题较为普遍,一方面,这受制于师资培养的现行制度。普通综合类大学相关专业的学生在专业知识方面具备一定水平,但通常缺乏教育教学知识与能力,且毕业后直接成为教师,缺乏专业相关的工作经历;师范院校的学生在教育教学能力方面或有优势,但在专业能力与工作经验方面普遍不足;而职业教育专业硕士的培养不仅多针对于中等职业学校,也在实践中面临诸多困难,难以达到理想效果。另一方面,这也受制于当前的教师准入制度。我国应用型本科教育的教师准入制度与普通高校趋同,很难体现应用型本科特点。因此,在改革应用型本科教师培养制度的基础上,应学习德国、日本等国经验,提高

教师准入标准,可将具有一定相关工作经历作为标准之一,同时引入兼职教师,建设专兼结合的师资队伍。

(三) 深化校企合作,开发评估标准,加强保障体系

1. 深化校企合作:紧密合作关系,拓展合作内容与形式,争取校企双赢

应用型本科教育的应用性决定了其必须与行业企业建立紧密的联系,使人才培养真正符合行业企业需求,能够在实践领域担任具体工作。因此,可在遴选"教育企业"的基础上,关注区域内企业,尤其是中小企业;促使企业全面参与人才培养,参与形式可多样化;促使学校服务企业发展,加强应用型研究以解决企业技术难题、转化生产成果。

2. 开发评估标准:针对应用型本科开发专门的评估指标体系

应用型本科教育学术漂移的趋向在世界范围内都是普遍而难以解决的问题。这一方面是由于综合性大学、研究型大学长期以来占据优势地位,民众通常对精英教育更加青睐,劳动力市场习惯以学历作为人才筛选条件,从而使应用型人才发展路径优势不足。另一方面也是由于评估指标长期以来以综合性大学、研究型大学为基础,在评估"指挥棒"的作用下,应用型本科教育若想获取资源与地位,必定朝着更多的纵向课题、更多的论文发表等方向努力。因此,应向我国台湾学习,开发与传统综合大学、研究型大学评估不同的、针对应用型本科的评估指标体系,突出应用型本科实践性、应用性、区域性的特点,如关注横向课题、服务企业等,改变向传统综合大学、研究型大学靠拢的评估导向,避免应用型本科教育失去特色。

3. 加强保障体系:确立应用型本科的法律地位,加大政策支持力度

典型国家与地区应用型本科教育的发展往往都有明确的法律或政策为依据。我国应通过颁发法律明确应用型本科教育与普通本科教育具有同等地位,同时制定奖惩政策,加大对应用型本科的支持力度。通过"胡萝卜+大棒"的方式,如给予应用型本科经费补贴,向应用型本科开放学位授予点等,提升开办应用型本科教育的吸引力,促使更多适合开展应用型本科教育的院校、专业等进行升格或转型,激励更多新应用型本科院校的建设与发展。

■ 参考文献

Glass G L. Primary, secondary, and meta-analysis of researcher [J]. Educational Research,1976(5):3-8.

Institute of Technical Education (2021b, April 17) Approved training centres. [EB/OL]. [2022-04-22]. https://www.ite.edu.sg/employers/industry-training-schemes/approved-training-centre.

Michael P. Vogel. The professionalism of professors at German Fachhochschulen [J]. Studies in Higher Education, 2009,34(8):873-888.

Ministeriums des Innern des Landes Nordrhein-Westfalen. Einstellungsvoraussetzungen für Professorinnen und Professoren [EB/OL]. [2020-09-10]. https://recht.nrw.de/lmi/owa/br_bes_detail?sg=0&menu=1&bes_id=4877&anw_nr=2&aufgehoben=N&det_id=337705.

Statistisches Bundesamt. Institutions of higher education [EB/OL]. [2020-09-10]. https://www.destatis.de/DE/Themen/Gesellschaft-Umwelt/Bildung-Forschung-Kultur/Hochschulen/Tabellen/hochschulen-hochschularten.html.

Yin R K. Case Study Research: Design and Methods [M]. 4th ed. Thousand Oaks: Sage Publications, 2009.

埃米·R. 波蒂特,马可·A. 詹森,埃莉诺·奥斯特罗姆. 共同合作:集体行为、公共资源与实践中的多元方法[M]. 路蒙佳,译. 北京:中国人民大学出版社. 2013:74—78.

北海道立農業大学校. 学科·コース紹介[EB/OL]. [2022-04-22]. https://www.pref.hokkaido.lg.jp/ns/ngd/.

毕冉."互联网＋课堂"背景下高校教师职业能力面临的挑战及对策[J]. 现代教育管理,2015(12):50.

曹健,郭彩琴. 对教育公平和教育效率关系的理解[J].苏州大学学报(哲学社会科学版),2003(1):119.

陈焕章. 日本农业高中的困境与对策[J]. 外国中小学教育,2006(5):22—27.

戴小枫,叶志华,王韧. 建设国家农业创新体系的目标、任务、内容和原则[J].农业科技管理,1998(10):7—10.

付雪凌,石伟平. 政府、学院、市场关系重构——英国多科技术学院变迁与治理[J]. 河北师范大学学报(教育科学版),2016,18(2):49—53.

高权德,李峥. 论"供给侧改革"对高等职业教育发展的启示[J]. 当代继续教育,2016,34(5):70—73.

顾绘. 产教融合:学理依凭、机制内涵与实施寻径[J]. 中国职业技术教育,2017(33):8—11＋26.

郭嘉. 瑞典学习圈研究[D]. 郑州:河南大学,2008.

国際協調のための経済構造調整研究会報告書[EB/OL]. [2022－04－22]. https://www.esri.cao.go.jp/jp/esri/prj/sbubble/data_history/5/makuro_kei01_1.pdf.

国务院. 关于印发国家职业教育改革实施方案的通知[EB/OL]. [2022－04－22]. http://www. gov. cn/zhengce/content/2019-02/13/content _ 5365341. htm.2019-1-24/2019-3-22.

韩朝华. 日本的农业结构政策农业发展困境及镜鉴意义[J]. 经济思想史学刊,2021(2):37—60.

韩占兵. 中国"农业接班人危机":分析框架、现实判断与破解之道[J].南京农业大学学报(社会科学版),2014,14(1):1—8.

郝天聪. 市场发挥职业教育资源配置决定性作用的路径探析[J]. 职业技术教育,2015(10):14.

郝天聪,庄西真. 走出去:职业教育发展的中国经验[J]. 职教论坛,2016(13):38.

郝文武."三农教育"思想的发展与实践[J]. 北京师范大学学报(社会科学版),2021(5):35—47.

黄思源,刘继阳,刘杰. 农业职业教育服务"三农"的经验借鉴与政策建议[J]. 中国职业技术教育,2021(27):72—80.

黄兆牛.基于供给侧改革的职业教育转型与创新[J].教育与职业,2017(4):5—10.

柯炳生."三农"问题与农村职业教育[J].中国职业技术教育,2008(6):14—16.

匡瑛.比较高等职业教育:发展与变革[M].上海:上海教育出版社,2006.

乐燕子.农业接班人问题:日本的现状、应对措施及基本经验[J].中国农村研究,2015(2):251—264.

李文英.日本农业教育的现状、特点及其启示[J].比较教育研究,2004(10):63—68.

梁媛.文化传承视野下的新耕读教育模式论[J].重庆社会科学,2017(8):109—115.

林惠玲,林子华.我国现代职业教育体系的"供给侧改革"[J].福建商业高等专科学校学报,2016(2):58—61.

林克松,石伟平.改革语境下的职业教育研究——近年中国职业教育研究前沿与热点问题分析[J].教育研究,2015(22):65.

刘德娟,周琼,曾玉荣.日本农业经营主体培育的政策调整及其启示[J].农业经济问题,2015,36(9):104—109+112.

刘延东.深化改革 加快发展 开创我国现代职业教育新局面 刘延东在全国职业教育工作会议上的讲话[J].职业技术教育,2014(18):34.

卢春娟.职业教育供给侧改革:重点突出三大群体[J].中国劳动,2016(9):15—17.

路征.第六产业:日本实践及其借鉴意义[J].现代日本经济,2016(4):16—25.

聂强,聂蕊.园区模式:职业教育产教融合的新路径[J].中国高教研究,2023(7):103—108.

农业部.全国农产品加工业与农村一二三产业融合发展规划(2016—2020)[EB/OL].[2022－04－22].http://www.moa.gov.cn/govpublic/XZQYJ/201611/t20161117_5366803.htm.

農林水産省.农业改良促进法[EB/OL].[2022－04－22].https://www.maff.go.jp/j/seisan/gizyutu/hukyu/h_tuti/kairyo_165.html.

農林水産省.食料・農業・農村の動向(令和2年度)[EB/OL].[2022－04－22].https://www.maff.go.jp/j/wpaper/w_maff/r2/pdf/zentaiban.pdf.

農林水産省.食育基本法[EB/OL].(2005－06－17)[2022－04－22].https://www.maff.go.jp/j/syokuiku/pdf/kihonho_27911.pdf.

農林水産省.新規就農者調査[EB/OL].[2022－04－22].https://www.e-stat.

go. jp/stat-search/files? page＝1＆layout＝datalist＆toukei＝00500236＆tstat＝
000001015194＆cycle＝7＆year＝20200＆month＝0＆tclass1＝000001032273＆
tclass2＝000001161607＆tclass3val＝0.

農林水産政策研究所. 就農者育成拠点としての道府県農業大学校の役割と機
能—多様化するニーズへの対応と課題［EB/OL］.［2022－04－22］. https://
www. maff. go. jp/primaff/kanko/project/attach/pdf/200930_R02nodai_02. pdf.

農研機構. 農業者大学校に関する情報・手続き［EB/OL］.［2022－04－22］.
https://www. naro. go. jp/farmers-ac/.

農業高等学校は農業者育成機関としての役割を終えたのか:教育社会学と農業
経済学における学際的研究［EB/OL］.［2022－04－22］. https://cir. nii. ac. jp/
crid/1050852482499899648.

彭湃. 德国应用科学大学的 50 年:起源、发展与隐忧［J］. 清华大学教育研究,2020,
41(3):98—109.

平和光,杜亚丽. "互联网＋教育":机遇、挑战与对策［J］. 现代教育管理,2016
(1):13.

任聪敏,石伟平. 城镇化进程中农村职业教育的新型定位与发展策略［J］. 教育发展
研究,2013(23):53—57.

日本农业经营大学校. 教育課程及び教育の方法［EB/OL］.［2022－04－22］.
https://jaiam. afj. or. jp/.

山梨県立農業大学校. 養成科・専攻科(専門課程)［EB/OL］.［2022－04－22］.
https://www. pref. yamanashi. jp/noudai/senmonkatei. html.

上野忠義. 日本における農業者教育［J］. 農林金融,2014(4):26—44.

尚俊杰,蒋宇. 2015 教育信息化七大态势［J］. 人民教育,2015(1):33.

石贵舟,余霞. 基于"互联网＋"的高校产学研协同创新［J］. 现代教育管理,2016
(1):7.

石伟平. 比较职业技术教育［M］. 上海:华东师范大学出版社,2001.

石伟平. 福斯特的职业教育思想及其影响［J］. 外国教育资料,1995(2):56—62.

孙帅帅. 国外关于巴洛夫职业教育思想的研究综述［J］. 职业教育研究,2019(8):
87—92.

孙馨月,陈艳珍. 论脱贫攻坚与乡村振兴的衔接逻辑［J］. 经济问题,2020(9):

12—17.

孙颖,刘红,杨英英.日本职业教育质量外部评价的经验与启示——以高等专门学校为例[J].外国教育究,2014,41(5):33—39.

唐智彬.论农业现代化、新型职业农民培养与农村职业教育改革创新[J].职教通讯,2015(13):30—35.

桐庐县人民政府.关于构建市民学习圈大力推进终身教育工作的实施意见(征求意见稿)[EB/OL].[2022-04-22].https://www.tonglu.gov.cn/art/2019/10/28/art_1228936921_39490095.html.

汪国新,项秉健.社区学习共同体,重拾共同体生活的现实载体[J].教育发展研究,2018,38(9):68.

王宝玺,迪尔特·欧拉.什么是欧洲应用科技大学——瑞士圣加仑大学迪尔特·欧拉教授访谈录[J].高校教育管理,2015,9(4):1—5.

王河滨.新型城镇化建设背景下职业教育的使命与策略[J].中国成人教育,2014(23):16—18.

王建华,张建平.高职院校专业动态调整机制建设研究[J].中国高教研究,2014(12):75—78.

王世伟.万物互联时代的中国大趋势——对"互联网+"的多维度观察[J].学术前沿,2015(10):15—24.

王晓静.职业教育集团化办学的运行机制研究——以山东省为例[D].济南:山东师范大学,2015.

王柱国,尹向毅.乡村振兴人才培育的类型定位与模式创新——基于农村职业教育的视角[J].中国职业技术教育,2021(6):57—61+83.

危浪,王翠霞.职业教育校企深度合作演化仿真研究[J].系统科学学报,2024,32(4):112—117.

文部科学省.学習指導要領(平成10年度改訂)[EB/OL].[2022-04-22].https://warp.ndl.go.jp/info:ndljp/pid/11293659/www.mext.go.jp/a_menu/shotou/cs/index.htm.

吴倍贝.新常态下职业教育供给侧改革的迫切要求及路向选择[J].教育与职业,2017(3):18—23.

吴芳,郝理想,吴芒.以需求促发展,以技能赢未来:新加坡职业教育与培训的历程、架构与特征[J].成人教育,2022,42(9):79—87.

吴昊,孙克竞,杨秉翰.教育公平内涵之辨析[J].湖南师范大学教育科学学报,2007,6(6):97—100.

吴莹,周嘉.试析近代日本实用主义教育思想的特点[J].东北师大学报(哲学社会科学版),2015(2):170—175.

习近平.把乡村振兴战略作为新时代"三农"工作总抓手[EB/OL].[2022-04-22].https://www.gov.cn/xinwen/2019-06/01/content_5396595.htm.

习近平.高举中国特色社会主义伟大旗帜　为全面建设社会主义现代化国家而团结奋斗——在中国共产党第二十次全国代表大会上的报告(2022年10月16日)[N].人民日报,2022-10-26(1).

习近平.论"三农"[EB/OL].[2022-04-22].https://www.12371.cn/2019/05/08/ARTI1557271175195140.shtml.

夏惠贤.教育公平视野下的新加坡教育分流制度研究[J].上海师范大学学报(哲学社会科学版),2018,47(5):98—107.

小田切德美.日本農政の総括と展望:農業基本法以降の農政展開[J].土地制度史学,1999:123—132.

谢宗顺.新加坡教育改革的核心理念[J].教育学术月刊,2013(10):14—18.

邢晖,曹润平,戴启培.高职院校产业学院现状调研与思考建议[J].国家教育行政学院学报,2022(9):20—29.

徐兰.以企业为主导的第三方职业教育质量评价体系构建[J].职业技术教育,2015(22):69.

徐晔.供给侧改革视角下构建我国现代职业教育体系的若干思考[J].中国职业技术教育,2017(6):52—54.

玄婷.对案例分析法的科学哲学的反思[D].大连:东北财经大学,2010.

亚当·斯密.国民财富的性质和原因的研究[M].郭大力,王亚南,译.北京:商务印书馆,1972.

杨红玉.职业教育纳入创业教育新内涵及功能价值定位[J].职教论坛,2011(1):69.

杨秀玉,刘平方.经济发展与日本农业的适应[J].世界农业,2015(9):191—195.

姚永龙.农业职业教育结构问题研究[M].镇江:江苏大学出版社,2014:177.

姚志友,仇苗苗,刘晓光,董维春.农业博士专业学位设置的必要性与可行性[J].学位与研究生教育,2022(2):34—42.

叶磊.日本技术科学大学的办学特色及其经验启示[J].职教论坛,2014(16):84—87.

伊藤淳史.農業者研修教育施設(農業大学校)の展開過程[J].農業経済研究,2003(75):97—106.

俞林,张路遥,许敏.新型城镇化进程中新生代农民工职业转换能力驱动因素[J].人口与经济,2016(6):102—113.

张慧青.基于产业结构演进的高职专业结构调整研究——以山东省为例[D].上海:华东师范大学,2017.

张宇.关于提高职业教育服务能力的研究[J].中国职业技术教育,2013(15):31.

张振.工作本位学习视域下职业教育师资发展:欧盟经验与中国镜鉴[J].教育发展研究,2021,41(13):48—54.

赵芳.日本农业教育的特点与发展趋势[J].现代日本经济,2000(6):42—46.

周吉友.职业教育要主动适应"互联网+"时代[J].中国印刷,2015(8):55.

周正.福斯特与巴洛夫论战对我国职业教育发展的启示[J].外国教育研究,2006(3):57—62.

朱庆生,蔡弘,丁仁船.农业劳动力结构变迁视角下农业现代化研究[J].江淮论坛,2020(2):113—119.

▊ 附 录

一、2016—2017 年中国职业教育发展的重大实践

(一) 教育部部长、副部长、职成司司长等教育主管部门领导班子调整

2016 年 10 月 13 日教育部党组决定,免去葛道凯同志的职业教育与成人教育司司长职务,另有任用。新一任职成司司长暂未确定。11 月,国务院决定任命原武汉大学校长李晓红为教育部副部长,主要负责发展规划、民办教育、职业教育、民族教育、继续教育、教师教育(师范教育)等方面工作。相信深受学生喜爱的网红校长"晓红哥"在部长职位上能继续发光发热。

(二) 加强职校教师队伍建设的新要求

2016 年 5 月 11 日,教育部等七部门印发《职业学校教师企业实践规定》要求进一步加强职业学校"双师型"教师队伍建设,促进职业学校教师专业发展,提升教师实践教学水平;职业学校专业课教师根据专业特点每 5 年必须累计不少于 6 个月到企业或生产服务一线实践。

2016 年 11 月,教育部、财政部两部门联合印发的《关于实施职业院校教师素质提高计划(2017—2020 年)的意见》,意见指出,将组织职业院校校长、专业带头人、"双师型"骨干教师、优秀青年教师分层分类参加国家级培训,开展中等职业、高等职业、应用型高校教师团队研修和协同创新,推进教师和企业人员双向交流合作,组织职业院校专业教师到企业进行为期不少于 4 周的企业实践。

(三) 开展职业院校教学诊改工作

2015 年 12 月 30 日,教育部继上年编制《高等职业教育创新发展行动计划(2015—2018 年)》《关于建立职业院校教学工作诊断与改进工作制度的通知》等文

件后,印发《高等职业院校内部质量保证体系诊断与改进指导方案(试行)》,决定从 2016 年秋季学期开始,逐步在全国职业院校推进建立教学工作诊断与改进制度,全面开展教学诊断与改进工作。6月,教育部职成司确定在天津市等 18 个省(区、市)分别开展中、高等职业学校教学"诊改"试点工作,中、高等职业试点各为 9 个省(直辖市、自治区)27 所院校,试点工作为期 3 年。建立"诊改"制度是一项事关职业院校内部管理体制改革的大胆探索,根本出发点是为了探索建立适应经济发展新常态需要的职业院校内部教育质量保证体系,营造中国特色、职业教育特点的现代质量文化。

(四) 中等职业生文明公约

9月1日,教育部发布《中等职业学校学生公约》。针对中等职业校学生的特点,提出了 8 条 48 字公约内容,对中等职业校学生道德品质和行为规范进行了高度浓缩,增强中等职业学校德育的针对性、实效性,教育引导学生自觉养成良好的思想品质和行为习惯。各地各院校也纷纷响应要求,在校内组织《中等职业学校学生公约》签约仪式,践行公约内容。中等职业生公约涵盖面广,涉及学生健康及成长的方方面面,期待公约成为中等职业生的"道德指南"。

(五) 纪念职业教育法公布实施 20 周年

自 1996 年《职业教育法》公布实施,到 2016 年已有 20 年历史,也标志着职业教育进入法治轨道 20 年。12 月 2 日,由教育部和中华职业教育社主办的"推进职业教育现代化座谈会——纪念职业教育法公布实施 20 周年"在京召开。李克强总理作出重要批示指出:加快发展现代职业教育,对于发挥我国人力和人才资源巨大优势、提升实体经济综合竞争力具有重要意义。教育部副部长李晓红作了题为"依法推进职业教育持续健康发展"的讲话。

(六) 关于技工教育的五年规划

2016 年 12 月,中国人力资源和社会保障部印发《技工教育"十三五"规划》,这是人社部第一个关于技工教育的五年规划。规划系统阐述了"十三五"时期技工教育事业发展的 4 条基本原则、6 大发展目标、10 项主要指标等若干重点举措。为全国技工教育事业描绘发展蓝图,推动全国技工院校科学发展。

(七) 高等职业学校开设增补多个专业

2016 年 8 月,内蒙古锡林郭勒职业院校开设国内首个电竞中专专业;9 月 2 日,教育部职成司公布《关于做好 2017 年高等职业学校拟招生专业申报工作的通知》,

同时公布教育部增补的 13 个专业,电子竞技运动与管理专业赫然出现在其中,专业类属于"体育类";当月末,湖南体育职业学院宣布,将于明年开设电竞运动与管理专业,培养包括电竞运动员在内的电竞相关从业人员,电竞从此步入中国高校;10月,国务院出台《关于加快发展健身休闲产业的指导意见》,要求推动电竞健康发展。顶层正逐步对电竞"松绑"。

(八)完善资格证书以及职业资格认证工作

自 2015 年起,人社部副部长就透露未来将有超过三分之一的资格证书被取消,并且九成地方职业资格都应该取消。2016 年 1 月 20 日,国务院公布取消包括"咖啡师""注册人力资源管理师"在内的 61 项职业资格许可;6 月 1 日,李克强总理主持召开国务院常务会议,决定再取消"招标师""物业管理师""插花员"等 47 项职业资格,这已是第六批决定取消职业资格;11 月 23 日,国务院召开常务会议,决定在已分六批取消 319 项职业资格的基础上,再取消 114 项职业资格许可和认定事项。至此,国务院部门设置的职业资格已取消 70%以上。

12 月 16 日,人社部发布《国家职业资格目录清单》,拟列入 151 项职业资格。取消纷繁的职业资格许可,对个人来说,从业范围变得更大了,就业门槛降低了,有利于就业工作。对企业而言,选择劳动者的门路也更广了,雇工也会变得越来越容易。清理不是废除,是为了更好地完善职业资格证书制度。

(九)五部门联合印发职校生实习规定,杜绝职校"廉价劳动力"

2016 年职校生"被实习"负面新闻频出:"实习补贴缩水一半""被派分拣快递一天工作 10 小时报酬 10 元"等严重损害了职校生权利,使之沦为"廉价劳动力"。

4 月 11 日,教育部、财政部等五部门联合印发了《职业学校学生实习管理规定》,对实习中的禁止情形作出明确要求:不得安排学生到酒吧、夜总会、歌厅、洗浴中心等营业性娱乐性场所实习;不得通过中介机构或有偿代理组织、安排和管理学生实习工作;不得安排参加实习的女学生从事《女职工劳动保护特别规定》中禁忌从事的劳动;不得安排未满 16 周岁的学生跟岗实习、顶岗实习……还首次提出职校生实习报酬底线,为职校生实习撑起保护伞;11 月 22 日,教育部发文点名通报 5 所职校违规组织学生顶岗实习,并将始终保持治理实习违规问题的高压态势!

(十)政府工作报告首提"工匠精神"

2016 年 3 月 5 日,李克强在《政府工作报告》中首次提出"工匠精神"这一新词,"工匠精神"一词迅速流行开来,成为制造行业的热词。随后,不仅制造行业,各行各业都开始提倡"工匠精神"其使用范围扩展,任何行业、任何人"精益求精,力求完美"的精神,都可称"工匠精神",每个行业也都需要这种精神!

12月14日,《咬文嚼字》杂志发布"2016年十大流行语":"工匠精神""洪荒之力""供给侧"等的出现率比较高的热词脱颖而出入选年度十大流行语。

(十一)我国首所应用技术大学诞生

2014年10月,国务院总理李克强向德国总理默克尔赠送由职业院校学生制作的鲁班锁,从那时起,天津中德职业技术学院开始成为教育界焦点。2015年12月,教育部批复同意在天津中德职业技术学院基础上建立天津中德应用技术大学,标志着国内首所由高等职业院校升格成功的应用技术类本科大学诞生!2016年5月28日天津中德应用技术大学正式揭牌。本科层次职业教育早已成为国际趋势,中德的这次升级转型在国内开创先河,希望天津中德应用技术大学早日将一套可以复制的应用技术大学的经验、标准、制度,摸索出来!

二、2016—2017年中国职业教育发展的重要政策

2016年

1月28日　教育部发布了《教育部关于做好普通高职(专科)招生计划管理工作的通知》(教发〔2016〕2号),决定自2016年起将分地区、分部门所属高校普通高等职业(专科)招生计划审批权下放至各省级教育行政部门和有关部门(单位)。

3月14日　国务院教育督导委员会办公室印发了《中等职业学校办学能力评估暂行办法》(国教督办〔2016〕2号),包括总则、内容与工具、组织实施、结果运用、附则及指标说明,有助于全面了解中等职业学校办学情况,促进各地改善学校办学条件,指导学校加强自身建设,规范学校管理,不断提升学校办学水平和质量。

3月14日　国务院教育督导委员会办公室印发了《高等职业院校适应社会需求能力评估暂行办法》(国教督办〔2016〕3号),包括总则、内容与工具、组织实施、结果运用、附则及指标说明,有助于全面了解高等职业院校办学情况,引导高等职业院校充分发挥办学主体作用,加强内涵建设,促进产教融合、校企合作,激发学校办学活力,提高高等职业院校人才培养能力,更好地服务地方经济社会发展,适应行业发展需要。

3月21日　教育部发布了《教育部办公厅关于开展中等职业学校学生学籍管理和资助工作专项治理的紧急通知》(教职成厅函〔2016〕15号),加强对重点领域

权力寻租问题的专项治理,进一步加强中等职业学校学生资助管理,规范资助行为。

4月18日 教育部发布了《职业学校学生实习管理规定》(教职成〔2016〕3号),规范职业学校学生实习工作,维护学生、学校和实习单位的合法权益,提高技术技能人才培养质量。

4月29日 教育部发布了《教育部关于举办2016年全国职业院校技能大赛的通知》(教职成函〔2016〕8号),决定于2016年5月—6月举办2016年全国职业院校技能大赛。2016年全国职业院校技能大赛在天津主赛区,以及北京、山西、吉林、江苏、浙江、安徽、福建、山东、河南、湖北、广东、重庆、甘肃和青岛、宁波等15个分赛区分别举行。大赛总开幕式于5月8日在天津举行。

5月11日 教育部等七部门发布了《职业学校教师企业实践规定》(教师〔2016〕3号),进一步加强职业学校"双师型"教师队伍建设,规定了教师企业实践的内容和形式、组织与管理、保障措施及考核与奖惩,促进职业学校教师专业发展,提升教师实践教学水平。

7月12日 教育部发布了《职业学校专业(类)顶岗实习标准》(教职成厅函〔2016〕29号),组织制定了首批涉及30个专业(类)的70个《职业学校专业(类)顶岗实习标准》,是明确实习目标与任务、内容与要求、考核与评价等的基本依据。

9月5日 教育部发布了《教育部办公厅关于举办2016年全国职业院校信息化教学大赛的通知》(教职成厅函〔2016〕39号),定于2016年11月26日至28日在山东济南市举办2016年全国职业院校信息化教学大赛,推动信息技术与教育教学深度融合,提高职业院校教师教育技术应用能力和信息化教学水平。

9月13日 教育部办公厅印发了《职业教育专业教学资源库建设资金管理办法》(教财厅函〔2016〕28号),加强职业教育专业教学资源库建设资金管理,提高资金使用的规范性、安全性和有效性,助推优质职业教育资源共享。

10月28日 教育部、财政部发布了《关于实施职业院校教师素质提高计划(2017—2020年)的意见》(教师〔2016〕10号),组织职业院校教师校长分层分类参加国家级培训,带动地方有计划、分步骤实施五年一周期的教师全员培训,提高教师"双师"素质和校长办学治校能力;支持开展中等职业、高等职业、应用型高校教师团队研修和协同创新,创建一批中高等职业教师专业技能创新示范团队;推进教师和企业人员双向交流合作,建立教师到企业实践和企业人才到学校兼职任教常态化机制,通过示范引领、创新机制、重点推进、以点带面,切实提升职业院校教师队伍整体素质和建设水平,加快建成一支师德高尚、素质优良、技艺精湛、结构合理、专兼结合的高素质专业化的"双师型"教师队伍。

11月2日 教育部印发了《教育部办公厅关于组织推荐新一届教育部职业院校教学(教育)指导委员会委员人选的通知》(教职成厅函〔2016〕44号),决定组织开展教指委换届工作,通过教指委换届工作,进一步明确各教指委职责范围和工作任务,强化主任委员的主体责任;进一步优化委员结构、充实专家力量,激发组织活力;进一步健全管理制度、创新工作机制,提升工作质量和服务水平。

11月2日 教育部发布了《教育部办公厅关于做好〈高等职业学校专业教学标准〉修(制)订工作的通知》(教职成厅函〔2016〕46号),该标准制订工作由教育部统一领导,教育部职成司统筹负责,委托教育部行业职业教育教学指导委员会工作办公室具体组织实施。

11月22日 教育部发布了《教育部关于公布职业教育专业教学资源库升级改进支持项目确定情况及2016年度预算安排的通知》(教职成函〔2016〕15号),确定会计、酒店管理、软件技术、金融等4个专业教学资源库为职业教育专业教学资源库2016年度升级改进支持项目;学前教育、民族文化与传承——中国传统金属及泥塑工艺美术、作物生产技术、水利水电建筑工程、食品加工技术等5个专业教学资源库为职业教育专业教学资源库2017年度升级改进支持项目;市场营销、生物技术及应用、应用电子技术等3个专业教学资源库列入职业教育专业教学资源升级改进支持项目备选库。

11月29日 教育部等六部门印发了《关于公布第一批国家级农村职业教育和成人教育示范县名单的通知》(教职成函〔2016〕16号),确定北京市房山区等59个单位为第一批国家级农村职业教育和成人教育示范县创建合格单位,并就示范县创建有关工作做出通知。

12月5日 教育部发布了《教育部办公厅关于召开现代职业教育发展推进会的通知》(教职成厅函〔2016〕55号),经研究,教育部与福建省人民政府联合召开现代职业教育发展推进会——纪念职业教育法公布实施20周年暨中国近现代职业教育发轫150周年。

12月22日 教育部印发了《关于公布2016年度职业教育专业教学资源库项目评审结果的通知》(教职成函〔2016〕17号),选定地下与隧道工程技术等49个资源库项目顺序入库备选,确定其中排名在前的地下与隧道工程技术等 19 个资源库项目为立项建设项目。

2017 年

1 月 4 日　教育部发布了《关于印发刘延东副总理在推进职业教育现代化座谈会上讲话的通知》(教职成〔2017〕1 号),刘延东副总理出席推进职业教育现代化座谈会并发表了《加快推进职业教育现代化　开创我国现代职业教育新局面》的讲话,讲话传达了李克强总理的批示,全面总结了职业教育改革发展的成就和经验,深刻分析了"十三五"时期职业教育面临的新形势新要求,强调要牢牢把握加快推进职业教育现代化这一战略任务,重点抓好提高认识水平、服务国家战略、全面深化改革、坚持内涵发展、完善条件保障、坚持依法治教等六个方面的工作。

1 月 13 日　教育部印发了《关于公布 2017 年普通高等学校高等职业教育专业设置备案和审批结果的通知》(教职成函〔2017〕1 号),对 2017 年经各省级教育行政部门备案的普通高等学校高等职业教育专业设置情况进行了汇总,并依法组织对 2017 年申请设置国家控制的高等职业专业进行审批。

3 月 14 日　教育部印发了《关于召开 2017 年度全国职业教育与继续教育工作会议的通知》(教职成厅函〔2017〕13 号),会议研究分析当前和今后一个时期的形势与任务,部署 2017 年工作,加快推进职业教育与继续教育现代化,以优异成绩迎接党的十九大的胜利召开。

3 月 31 日　教育部印发了《职业院校教师素质提高计划项目管理办法》(教师厅〔2017〕3 号),"计划"设置职业院校教师示范培训、中高等职业教师素质协同提升、校企人员双向交流合作三项任务。具体任务是:2017—2020 年,分年度组织职业院校教师校长分层分类参加国家级培训,提高教师教育教学水平和校长办学治校能力;开展中等职业学校、高等职业学校、应用型高校教师团队研修和协同创新,创建一批教师专业技能创新示范团队;推进教师到企业实践和设立兼职教师特聘岗位,畅通校企人员双向交流合作渠道。

4 月 6 日　教育部印发了《关于做好 2017 年度现代学徒制试点工作的通知》(教职成厅函〔2017〕17 号),按照"自愿申报、省级推荐、部级评议"的程序遴选确定第二批现代学徒制试点单位。

4 月 18 日　教育部等六部门发布了《关于做好 2017 年职业教育活动周相关工作的通知》(教职成函〔2017〕4 号),决定于 2017 年 5 月 7 日—13 日开展主题为"共

筑职教梦　喜迎十九大"的职业教育活动周。

4月21日　教育部印发了《关于举办2017年全国职业院校技能大赛的通知》(教职成函〔2017〕5号),决定于2017年5月至6月举办2017年全国职业院校技能大赛,天津主赛区比赛期间,将同期举办中华优秀传统文化艺术表演赛、职业教育国际研讨会、"一带一路"现代职业教育"鲁班工坊"国际交流活动、"脱贫攻坚·职教帮扶"协同创新发展论坛、全国大赛获奖选手就业洽谈会、"精彩十年"——全国职业院校技能大赛成果参观活动等。

5月22日　教育部办公厅、国务院扶贫办综合司印发了《贯彻落实〈职业教育东西协作行动计划(2016—2020年)〉实施方案》(教职成厅〔2017〕3号),按照中央确定的东西部扶贫协作关系和教育部推动相关省(区、市)建立的教育对口支援关系,全面落实东西职业院校协作全覆盖行动、东西协作中等职业招生兜底行动、职业院校参与东西劳务协作各项工作任务,确保不让一个地方掉队。

5月27日　教育部印发了《关于做好职业教育专业教学资源库2017年度相关工作的通知》(教职成厅函〔2017〕23号),就2017年度国家级备选资源库申请、升级改进支持资源库遴选和年度验收工作有关事项做出通知。

5月27日　教育部印发了《关于公布第四批国家级农村职业教育和成人教育示范县创建入围名单及开展第五批示范县创建工作的通知》(教职成厅函〔2017〕24号),提出各省级教育行政部门要高度重视、认真指导、精心组织,出台示范县创建工作方案和评估细则,开展省级评估,研究制定政策措施,切实推动农村职业教育和成人教育改革发展。参加创建工作的县(市、区)要认识到位、加强统筹、认真实施,要切实履行创建申报书的承诺,出台扎实有效的措施办法,努力达到示范县提出的工作要求。

6月1日　教育部发布了《关于商请推荐全国教师企业实践基地的函》(教师厅函〔2017〕9号),请有关行业主管部门、行业组织及有关单位遴选、推荐一批大型企事业单位,建立全国教师企业实践基地。基地主要承担职业院校、应用型本科高校教师国家级培训任务,接纳教师定期到企业进行工程技术实践、专业技能实训,与合作院校互派人员交流兼职、开展产教研发合作等。

8月16日　教育部印发了《关于举办2017年全国职业院校信息化教学大赛的通知》(教职成厅函〔2017〕34号),定于2017年11月25日至27日在山东济南举办2017年全国职业院校信息化教学大赛,本次大赛由教育部主办,山东省教育厅、济南市教育局、教育部职业院校信息化教学指导委员会承办,济南职业学院、济南电子机械工程学校协办,高等教育出版社参与支持。

8月23日　教育部印发了《关于公布第二批现代学徒制试点和第一批试点年度检查结果的通知》(教职成厅函〔2017〕35号),按照"自愿申报、省级推荐、部级评议"的工作程序,确定第二批203个现代学徒制试点,按照"单位自检、省级检查、部级抽检"的程序,组织专家对第一批试点提交的自检报告进行核查。

8月31日　教育部印发了《关于进一步推进职业教育信息化发展的指导意见》(教职成〔2017〕4号),指出要准确把握进一步推进职业教育信息化发展的重要机遇与基本要求、全面落实推进职业教育信息化发展的重点任务、着力完善推进职业教育信息化发展的各项保障措施,全面提升信息技术支撑和引领职业教育创新发展的能力,加快推进职业教育现代化。

9月7日　教育部印发了《职业教育东西协作行动计划滇西实施方案(2017—2020年)》(教职成厅〔2017〕4号),请各部门、各单位结合本地区、本部门实际情况,完成东西职业院校协作全覆盖行动、东西协作中等职业招生兜底行动、职业院校参与东西劳务协作等各项工作任务。

11月27日　教育部发布了《关于各地出台中等职业学校教职工编制标准情况的通报》(教师厅〔2017〕12号),梳理归纳了上海、安徽、福建、山东、河南、湖南、广东、广西、重庆、四川、西藏、甘肃、新疆等13个省(直辖市、自治区)出台中等职业学校教职工编制标准的经验做法,包括:明确编制标准,体现职业教育特点;实行附加编制,满足实际发展需求;创新补充方式,提高编制使用效益;实行动态调整,加强编制规范管理。

三、2016—2017年中国职业教育研究的学术成果

(一)10篇期刊论文(按照发表时间排序)

1. 徐国庆. 智能化时代职业教育人才培养模式的根本转型[J]. 教育研究,2016,37(3):72—78.

智能化生产系统对技术技能人才工作模式有五个根本性影响,即工作过程去分工化、人才结构去分层化、技能操作高端化、工作方式研究化及服务与生产一体化。智能化生产系统需要高度复合的专业型技术技能人才,他们是支撑未来工业的基础力量。智能化时代,必将带来职业教育人才培养模式的根本性变革。其核

中国职业教育发展报告(2016—2017)

心框架应为,构建从中等职业到专业学位的一贯制技术技能人才培养体系,构建基于深度校企合作的高端现代学徒制,构建以"工作系统分析"与"职业能力研究"相结合的课程开发方法。

2. 唐智彬,刘青."精准扶贫"与发展定向农村职业教育——基于湖南武陵山片区的思考[J]. 教育发展研究,2016,36(7):79—84.

"精准扶贫"是我国新时期扶贫工作的战略选择,需要配套的教育扶贫方案,定向农村职业教育是服务精准扶贫的重要方式。基于定位培养人群、培养目标、培养内容、培养手段以及管理模式,确立发展面向"精准扶贫"战略的定向农村职业教育的基本思路。通过加大投入、构建区域政府推进定向农村职业教育统筹机制、推动区域协同定向农村职业教育发展多方联动,建立完善区域内职业院校跨区域帮扶合作机制,建设师资队伍,推进服务"精准扶贫"的定向农村职业教育发展。

3. 朱德全,徐小容. 协同共治与携手共赢:职业教育质量治理的生成逻辑与推进机制[J]. 西南大学学报(社会科学版),2016,42(4):74—83+190.

受经济社会发展"提优增质"对职业教育提出的新要求、职业教育系统的半开放性质以及质量管理从"个域共同体"走向"公域共同体"的现实可能性影响,职业教育质量系统必将走上从"管理"到"治理"之路。质量治理主体间性关系的生成逻辑是围绕职业教育质量产品的输入、加工和输出这一"制造过程"而形成的,集职业教育质量输入、质量过程和质量输出为一体的"立体"治理关系。通过制度推进机制、权责明晰机制、利益协调机制和督导评估机制等多元机制的建构,以确保在职业教育质量共治基础上的效益共赢。

4. 肖凤翔,于晨,肖艳婷. 国家高等职业教育项目制治理的生成动因、效用限度及优化策略——以"国家示范性高等职业院校建设计划"为例[J]. 教育发展研究,2016,36(13):64—70.

项目制作为兼有财政分配方式与公共管理手段双重意蕴的国家治理模式,在我国高等职业教育治理中的地位作用日益凸显。通过对"国家示范性高等职业院校建设计划"的案例研究发现,国家高等职业教育项目制治理的产生,是内嵌于我国特定社会政治经济结构中的中央教育行政部门的理性选择。尽管项目制在国家高等职业教育治理中的积极作用必须得到肯定,但其也由于设计实施上的若干逻辑瓶颈而存在一定的效用限度。在国家财政转移支付制度改革持续推进的大背景下,国家高等职业教育项目制治理的发展与改革呈现出特定的要求及趋向。

5. 刘晓,黄卓君.青少年儿童职业启蒙教育:内涵、内容与实施策略[J].中国职业技术教育,2016,(23):32—37.

职业启蒙教育是开展职业教育的根基,它是针对青少年儿童实施的有关职业道德、职业态度、职业知识、职业技能等方面的教育活动。作为一种有意识地影响学生对职业的体验、认知、探索以及规划的活动,目的是指导学生从"校园人"到"职场人"的过渡。在实施过程中,首先要形成家庭、学校、社会多方联动的局面,其次要打造"职业学"的研究和推广平台,最后还要创新职业启蒙教育的普及形式。

6. 潘海生,高常水.企业参与职业教育策略变迁机理及政策启示[J].教育研究,2016,37(8):64—69.

成本与收益是影响企业培训的决定性变量。不完全竞争市场条件下的工资挤压效应改变了企业培训成本与收益的格局,形成了成本偏好和技能偏好等不同的企业培训策略。由于培训策略增长空间的差异,在"技术进步——技能变动——边际生产率提升——工资挤压效应"的动力传导机制影响下,企业培训策略由成本偏好性向技能偏好性变迁。在我国企业整体表现出成本偏好为主的企业培训策略的现实背景下,推动企业培训策略变迁,应提升技能需求与技能供给的对接效率,构建技能需求与技能供给有效对接的组织保障,完善技能需求与技能供给有效对接的制度保障,降低技能需求与技能供给有效对接的经济成本。

7. 闫广芬,张栋科."互联网＋职业教育"体系架构与创新应用[J].中国电化教育,2016(8):7—13.

"互联网＋职业教育"是"供给侧"改革背景下,职业教育提升人才培养质量、增加技术技能人才精准有效供给的必然选择,而其体系架构与创新应用成为制约"互联网＋职业教育"行动计划推进的关键。以此为背景,该文尝试构建了"互联网＋职业教育"的体系架构,可以概括为"一个智慧平台、两个数据库、三项支撑技术、四类参与主体、五种服务功能"。智慧管理平台是"互联网＋职业教育"体系架构的系统应用平台;"培养过程数据库"和"教学资源数据库"是体系架构运行的重要载体;云计算、大数据和泛在网络是支撑体系架构的三项关键技术;职业院校、用人企业、行业协会、政府部门是四类主要参与主体;有效支撑连通、聚合、预测、协作与体验等五种服务功能。在"互联网＋职业教育"体系实践运行中,设计了需求与反馈结合的招生决策机制、产教深度融合的人才培养体系、网络众创空间支持的职业生涯发展等创新应用思路。

8. 关晶. 英国和德国现代学徒制的比较研究——基于制度互补性的视角[J]. 华东师范大学学报(教育科学版),2017,35(1):39—46+118.

西方国家现代学徒制的发展不是制度趋同的过程,而是制度多样化的过程。制度互补性理论为现代学徒制度的多样性发展提供了解释。制度互补性分析框架由规制性要素、规范性要素和文化—认知性要素三个互补性维度组成。对英国和德国现代学徒制的比较亦在此框架下围绕学徒激励、企业激励和质量保障三大制度基本功能分别展开。比较结果表明:相互加强或相互弥补是现代学徒制制度互补的两大形式,均衡性系统倾向于相互加强,发展性系统倾向于相互弥补;制度弥补的着力点在于规制性的制度要素;学徒激励的制度互补性核心在于提供良好的学徒职业前景预期;企业激励的制度互补性核心在于降低学徒培训外部性偷猎风险;质量保障的制度互补性依赖学徒培养资质、标准、过程、评价多环节制度保障的相互加强;数量功能和质量功能的制度亦存在互补性。

9. 匡瑛,石伟平. 职业院校"双创"教育辨析:基于现实审视与理性思考[J]. 教育研究,2017,38(2):97—103.

我国已步入"众创"时代,职业院校积极回应。通过审视"双创"教育实践的现实生态和师生对于"双创"的基本认识,暴露出对"双创"内涵理解的偏差、重点投射的偏离以及实施方式的偏颇。职业院校须从观念上进一步明确"双创"的内涵与重点,依托资源优势开展有针对性的、分类分层的"双创"教育,立足区域层面搭建"双创"教育资源平台,站在战略高度建立"双创"教育的协同治理体系。

10. 庄西真. 多维视角下的工匠精神:内涵剖析与解读[J]. 中国高教研究,2017,(5):92—97.

随着中国经济发展进入新常态时期,以精益求精为特征的工匠精神再次回归大众视野。为更好地挖掘工匠精神的重要价值,有必要对工匠精神的内涵进行一个全方位、多视角的剖析与解读。从地域上看,东西方工匠精神的内涵虽有不同之处,但也有相通之处;从时空上看,传统与现代交织下的工匠精神内涵有所不同;从领域上看,不能将工匠精神局限于制造业领域,而应从更加多元的视角理解工匠精神内涵;从层次上看,道德层面的工匠精神固然需要,但制度层面的工匠精神更有现实价值;从育人上看,工匠精神的培育离不开学校与企业两大主体的协作配合。

(二) 3 部学术著作

1. 关晶. 职业教育现代学徒制的比较与借鉴[M]. 长沙:湖南师范大学出版

社,2016.

该书依照学徒制形态的变化,将以西欧国家为代表的西方学徒制的历史发展划分为前学徒制、手工业行会学徒制、国家干预的行会学徒制、集体商议的工厂学徒制、现代学徒制五个阶段,分别描述了各阶段学徒制的发展背景及形态差异,还通过比较框架的建立与运用,阐释了西方学徒制历史演变的规律特征。同时,完整地呈现了德国、英国、瑞士、法国、澳大利亚五个国家学徒制的历史、现状和改革动向,并总结了各国学徒制的基本特征。从国际比较的视角,梳理和分析了西方主要学徒制国家的现代学徒制在政策制度、形态类型及发展模式上的差异与启示。基于前文的历史比较和国际比较,还进一步探讨了现代学徒制的概念内涵、开展价值、影响因素、利益相关者机制、企业参与、青年参与、质量控制、政府角色等基本理论问题。最后立足我国职业教育实际,借鉴西方现代学徒制的经验,探讨了现代学徒制对于我国职业教育工学结合的借鉴意义,并将视角延伸至农民工培训,探讨以现代学徒制开展农民工培训的意义,以及中国特色现代学徒制的操作定义、目标取向、发展路径、基本模式及关键点。

2. 朱德全.职业教育统筹发展论[M].北京:科学出版社,2016.

该书以问题为导向,从分析职业教育统筹的背景出发,洞悉国内新时期社会发展的大趋势和职业教育研究的新动向,借鉴国外经验,寻找多维理论,采用多元研究方法,着力于职业教育的统筹发展的治理逻辑、改革方向、战略模式、技术平台和评价体系的研究。以城乡职业教育统筹发展为研究起点,以职业教育与区域经济联动发展为着力点,系统分析和研究职业教育统筹发展的各种理论与实践问题,问题意识明显;城乡职业教育、区域职业教育与不同层次职业教育的统筹发展研究,反映了国内新时期社会发展的大趋势和职业教育研究的新内容。同时,广泛地借用了国内外前沿的文献和数据,运用多元研究方法分析论证研究问题。既有传统研究方法的演绎范式和经验范式,也有新时代教育研究的创新。质性研究与量化研究相结合,理论探索与实证研究为依存。最后,研究致力于解决城乡二元分离、区域间职业教育发展不平衡以及不同层次职业教育发展不协调的问题,进而推动城乡二元经济的融合、区域间经济社会的协调统筹发展。

3. 徐国庆,李政,等.职业教育国家专业教学标准开发理论与方法[M].上海:华东师范大学出版社,2017.

我国已确立了现代职业教育这一建设目标,而专业教学标准是整个职业教育体系运行的基础,它在规范职业院校教学、全面提高教学质量、深化人才培养模式改革等方面具有极为重要的战略意义。因此,专业教学标准建设水平是一个国家或地区职业教育现代化水平的重要标志,我国的现代职业教育建设要抓住这一关键要素。但是,我国在这一领域研究工作起步晚,任务紧迫。职业教育专业教学标准可在国家层面开发,也可在省市层面开发。该书重点探讨的是国家层面专业教学标准开发的基础理论与技术方案问题,探索了职业教育国家专业教学标准建设中的理论与方法,主要从国家层面专业教学标准建设的意义入手,介绍了开发的基础理论以及结合十几个专业大类展开的开发技术规范,并解析了依据标准制定相应课程建设的理论和方法,形成完整的基于国家标准的职教课程建设方案理论探索。

(三) 3 篇博士论文

1. 徐宏伟. 省思与构建—技术哲学视野下的职业教育根本问题新探[D]. 天津:天津大学,2016.

该论文对技术哲学的相关理论进行阐释、对职业教育相关理论进行梳理;把握技术哲学与职业教育的历史发展脉络及二者的内在关联;对职业教育的根本问题进行分析:揭示职业教育与技术生存的内在关系,运用技术认识论分析职业教育的认识论基础,运用技术价值论阐明职业教育的存在意义,从理论层面构建职业教育实践的理想图景。研究首先综述和整理技术哲学相关理论,挖掘技术和技术哲学的内涵,重点阐明技术哲学的理论框架的三个维度,即技术生存之维、技术认识之维以及技术价值之维。以三个理论维度为分析框架和理论依据,对职业教育的本体、认识论基础以及价值三方面根本问题进行诠释与分析:立足于技术生存论的视角,通过对职业教育本体基础与本体诉求两个维度的考察,提出职业教育本体在于人的技术生存与教育允诺的统一;以技术认识论作为分析工具,探究职业教育目的确立过程中技术理性与技术合理性的博弈,阐明职业教育课程学问化的技术认识论根源、职业教育课程的知识选择和组织所依据的技术知识的转化规律、课程模式演变遵循的从“初级工具化”到“次级工具化”的技术逻辑,明晰技术在职业教育教学中的存在方式、教学方法的选择所依据的技术知识的意会性特点、教学过程所遵循的技术认识逻辑;从技术价值论出发,运用哈贝马斯的“兴趣”理论来分析职业教育对于主体发展需求的满足作用,阐明其所具有的技术价值、实践价值、解放价值等三方面的内在价值。以技术作为价值中介,从技以致用、技进乎道、天人合一三方面论证职业教育的经济价值、文化价值以及自然价值等外在价值。最后,立足于以上对职业教育根本问题的阐释,从四个方面提出了关于职业教育实践的理论构想:培养"整体性"技术生存能力,彰显职业教育的本体允诺;以"技术知识"为中心,实现课程内容整合;遵循技术认识规律,实施合理的职业教育教学;立足内外统一的价值旨趣,实行对人才的综合评价。

2. 何谐. 我国高等职业教育学位制度的构建研究[D]. 重庆:西南大学,2017.

该论文认为高等职业教育学位是专科层次的应用型学位,具有实践知识评价属性、实践文化属性和职业权力属性。高等职业教育学位与职业资格证书不同,它是系统化、有计划、有目标的应用技术人才评价体系。完整的高等职业教育学位制度分为"学位点设置、授予标准、管理机制以及衔接机制"四个要素。其中,高等职业学位点建设要突破传统学科目录的规训,在高等职业教育专业目录范围内遴选达标建设的专业设立学位点,组建非政府部门的专业咨询与指导委员会,实施以产业和行业区域性需求为导向的学位点设置与评估机制。高等职业学位授予的国家标准分为目标、过程、结果三个维度,高等职业学位的目标标准指向具体的职业知识、职业技能与技术伦理,并有能力升入应用型本科、专业学位研究生教育的毕业生。同时,建立以省级政府为主导,行业、企业参与授权审核和授予决策的学位管理机制,以及高等职业学位与学士学位、职业资格的衔接融通机制。此外,高等职业学位与职业资格的对接,应该明晰高等职业学位与职业资格的关系,建立国家资历框架,以知识、技能和能力为维度制定各资历等级标准,以此为常模参照,实现高等职业学位与职业资格等级的衔接。最后,高等职业教育学位制度有三条合法化途径:第一,在法律层面上,应该处理好高等职业学位授予权中行政属性和行业属性的关系,在现有的《学位条例》和《职业教育法》中补充制订关于高等职业教育学位的实体法律和程序法律内容。第二,在组织层面上,重构高等职业教育机构的组织目标,各高等职业院校加大力度制定与完善学校章程,选拔具有变革能力的领导者。第三,在文化—认知层面上,培育以学生和教师为制度核心主体"精益求精"的价值认同,完善互补性制度以诱致技术文化实践,打破学科文化,建构高等职业学位制度的技术文化,最终升华为高等职业教育学位的制度文化。

3. 王启龙. 欧盟职业教育质量同行评议模式及本土化应用[D]. 上海:华东师范大学,2017.

该论文从欧盟职业教育质量同行评议模式入手,以该模式具有哪些本质特征、具备哪些优势、是否在我国适用、我国职业教育质量评价的潜在问题和现实需求是什么、如何完善职业教育质量评价模式、如何提供政策保障等为逻辑线索展开研究。研究分析了欧盟职业教育同行评议模式产生的背景、发展历程与主要特点。同行评议主要是伴随着欧盟一体化进程的加快,技术人员跨国就业日渐频繁,需要通过质量评价的方式来确保欧洲劳动力水平整体提升,以及国家间职业教育质量相对均衡发展等背景下引入的。其发展先后经过了初步试验、规模拓展和成熟推进三个阶段。该模式具有评议动力多源、程序高效、过程民主、结果有效等特点。同时,同行评议实施程序包括评议准备、同行访问、结果反馈和质量改进四部分。其相关主体呈现出一种"双次级"委托代理关系,因此同行评议不存在传统评价模式中的结构塌陷问题,但存在"知识剽窃""效率低下"等固有问题。将该模式引入上海四所职业院校进行试点应用后,发现样本职业院校具有开展同行评议的主观需求,同行评议能够发现潜隐的教育教学质量问题,并能够协助学校解决;同行结构与校内质量保障体系是影响评议效果的关键因素,评议的过程设计需要进一步完善。另外,由于我国现有职业教育质量评价呈现出"套层式"结构,面临着道德风险和逆向选择问题。可通过完善评价导向与标准、建立约束与激励机制、健全"代理人市场"、建立多主体参与机制、优化评价过程与方法等方面进行完善,需要政府尽快出台第三方评价相关法律法规,发挥职业教育行政部门引导作用,建立评价机构的准入与激励制度和质量评价的元评价制度,以及培育职业教育评价市场。

■ 后 记

　　经过一年多的筹划、调研与写作,《中国职业教育发展报告(2016—2017)》定稿付梓。这又是华东师范大学职业教育研究所大家庭所有成员团队攻关、集体创作和协同创新的成果。《中国职业教育发展报告(2016—2017)》的编写团队以华东师范大学职业教育研究所教师、研究生、毕业的校友为主体,同时包括了来自江苏、山东、浙江、上海等省市的研究者、管理者和一线教师,从发展报告的内容设计、数据搜集、调研走访直至最终书稿付梓,都离不开每位参与编写人员的辛勤与汗水。石伟平教授负责整个报告的设计、统稿与修订。李鹏、郝天聪负责各个章节撰写人的联络、统筹,也参与了全书的统稿与修订。林玥茹、井文、徐梅焕、兰金林参与书稿的多次审阅、修订与校对。具体各章节的撰写:宏观发展报告,石伟平、杨顺光;区域发展报告,徐梅焕、井文;供给侧结构性改革报告、"互联网＋"职业教育发展报告和新型城镇化建设与职业教育发展报告,石伟平、郝天聪、林玥茹、胡微等;案例报告,李鹏、黄松洁、周芷莹;日本农业职业教育报告,徐梅焕、石伟平;新加坡产教融合报告,娄珊、李鹏;应用型本科国际经验报告,林玥茹、石伟平;附件等相关材料,徐榕霞、范乔尼、聂梓欣、崔宇馨。

　　《中国职业教育发展报告(2016—2017)》的调研得到了全国众多职业院校、研究所的支持。特别是济南工程职业技术学院齐守泉书记、教育部职业技术教育中心研究所涂三广博士、河南省职业技术教育教学研究室王会莉研究员、中原工学院陆俊杰副教授、湖南师范大学唐智彬教授、南通市教科院钱维存博士、杭州职业技术学院贾文胜校长、宁波外事学校何新哲校长、南京信息职业技术学院徐坚副教授、金华职业技术学院王亚南博士等职成所校友在数据收集中作了巨大贡献。上海工艺美术职业学院、无锡科技职业学院、上海民航职业学院等调研单位接受了我们的访谈并提供了相关资料,在此一并表示感谢。

《中国职业教育发展报告(2016—2017)》不仅得到了教育部哲学社会科学发展报告培育项目的资助,而且被纳入了教育部发展规划司、华东师范大学国家教育宏观政策研究院的年度报告研究项目,成为华东师范大学智库建设的重要成果之一。在此,特别感谢两个基金的资助!同时,也感谢华东师范大学出版社编辑的辛勤劳动。

《中国职业教育发展报告》是一个系列出版物,我们通过不懈的努力,最终形成了一个成熟的、具有中国特色的发展报告系列,为中国职业教育事业的发展、为中国职业教育的研究贡献有限的力量。

课题组

2018 年 5 月 3 日